A IDEIA DE RAÇA

TÍTULO ORIGINAL
The Idea of Race

© Michael Banton 1977
Todos os direitos reservados.
Tradução autorizada a partir da edição em língua inglesa
publicada pela Tavistock, membro do Taylor & Francis Group

TRADUÇÃO
António Marques Bessa

DESIGN DE CAPA
FBA

DEPÓSITO LEGAL
305820/10

Biblioteca Nacional de Portugal - Catalogação na Publicação
BANTON, Michael
A ideia de raça. – Reimp. (Perspectivas do homem; 9)
ISBN 978-972-44-1478-2
CDU 316
39
572

ISBN da 1ª edição: 972-44-0375-0

PAGINAÇÃO, IMPRESSÃO E ACABAMENTO
PAPELMUNDE
para
EDIÇÕES 70, LDA.
em Fevereiro de 2010

Direitos reservados para todos os países de Língua Portuguesa, por
EDIÇÕES 70

EDIÇÕES 70, Lda.
Rua Luciano Cordeiro, 123 – 1º Esqº
1069-157 Lisboa / Portugal
Telefs.: 213190240 – Fax: 213190249
e-mail: geral@edicoes70.pt

www.edicoes70.pt

Esta obra está protegida pela lei. Não pode ser reproduzida,
no todo ou em parte, qualquer que seja o modo utilizado,
incluindo fotocópia e xerocópia, sem prévia autorização do Editor.
Qualquer transgressão à lei dos Direitos de Autor será passível
de procedimento judicial.

A IDEIA DE RAÇA
MICHAEL BANTON

A IDEIA DE RAÇA

MICHAEL BANTON

Agradecimentos

Alguns amigos e colegas leram amavelmente certos capítulos deste livro ainda em rascunho e contribuíram com a sua crítica. Alguns deles continuaram cépticos perante os meus argumentos, mas ajudaram-me a formular mais claramente os meus pontos de vista, quer nos assuntos em que estávamos de acordo quer naqueles em que as opiniões divergiam.

Tenho uma dívida muito particular para com Michael Biddiss, Steve Fenton, Michael Lyon, David Mason e Hannah Rose.

Universidade de Bristol, Outubro de 1975.

M. B.

I

A Herança Intelectual

A 14 de Agosto de 1862, Abraham Lincoln convocou um grupo de negros americanos para a Casa Branca, para lhes explicar o seu desespero a respeito do futuro da raça negra nos Estados Unidos e o seu interesse em esquemas que os enviassem para a África. Começou assim:

«Vós e nós somos raças diferentes. Existe entre ambas uma diferença maior do que aquela que separa quaisquer outras duas raças. Pouco importa se isto é verdadeiro ou falso, mas o certo é que esta diferença física é uma grande desvantagem mútua, pois penso que muitos de vós sofrem enormemente ao viver entre nós, ao passo que os nossos sofrem com a vossa presença...»

O Congresso dotou-se de fundos para levar a cabo a instalação dos negros fora do país. Lincoln sublinhou que «neste vasto continente não há um único homem da vossa raça que seja considerado igual a um único da nossa». Na sua opinião, eles estavam a sofrer «a maior injustiça infligida a qualquer povo». O Presidente contudo não deu a sua própria explicação para o facto de eles estarem a ser tratados dessa maneira. Ao que parece, pensava que, por qualquer razão não especificada, os americanos brancos eram incapazes de se comportar com justiça para com os negros. Criticando os partidários da instalação dos negros fora do país, um contemporâneo perguntava se era concebível que Cristo tivesse mandado que os homens se amassem uns aos outros e não lhes tivesse dado o poder para o fazer. Lincoln não se refere a esta objecção. Ele parece ter encarado o preconceito racial como um dado moral, mas não completamente.

A IDEIA DE RAÇA

O que ele denominava «esta diferença física» marca aparentemente uma fronteira dentro da qual operam os sentimentos comunitários (Sinkler, 1971: 37-53).

As observações de Lincoln reflectem a crença de que há qualquer coisa nas relações entre pessoas de diferentes raças que as distingue das relações entre pessoas da mesma raça. Esta crença era alimentada pela teoria dos tipos raciais formulada em meados do século e orientava-se para dar plausibilidade à ideia de que as relações raciais constituíam um campo especial de estudo. Hoje em dia, todos estarão de acordo em que a posição de subordinação dos negros nos Estados Unidos, em 1862, não resultava de diferenças de natureza biológica de negros e brancos, mas de causas políticas, económicas e sociais. Segundo esta interpretação, as relações raciais são relações entre membros de categorias sociais que acontece serem identificadas com rótulos rácicos.

Este livro explora o contexto intelectual em que surgiu a velha concepção de relações raciais, e prossegue discutindo as principais lições a aprender das mudanças de atitude a respeito destas matérias. Estuda as relações raciais como um corpo geral de conhecimentos que tenta juntar num mesmo quadro estudos de relações de grupo em diferentes países e em diferentes períodos da História. Se tal quadro geral existir, está hoje em dia muito longe de ser o adequado. Na verdade, vale a pena considerar se a tentativa de o melhorar conduz a qualquer promessa, já que muitos académicos não teriam dúvidas em considerar isso como uma tarefa sem fundamento. Eles mantêm que «raça» significou diferentes coisas em diferentes circunstâncias e que as categorias a que o rótulo foi aplicado em determinadas circunstâncias foram tão variadas que o estudioso mais não poderá fazer do que escrever a história de sociedades particulares ou de determinados conflitos. Por exemplo, nos princípios do nosso século, uma referência às relações raciais na África do Sul é normalmente uma referência a relações entre brancos de língua *afrikaans* e brancos de língua inglesa, enquanto hoje em dia a mesma referência diz respeito seguramente às relações entre brancos e negros. Quando um grupo começa a conceber as suas relações com outro grupo como «raciais», isso pressagia uma modificação na natureza dessas relações e, neste sentido, merece uma atenção particular. De igual modo, a compreensão das crenças de Lincoln sobre a natureza da raça pode ajudar os historiadores a interpretar as acções do Presidente, mas ninguém que investigasse as relações raciais americanas em 1862 poderia ter seriamente como ponto de partida para o seu trabalho as ideias de Lincoln sobre a natureza da raça. O estudioso das relações raciais não se pode limitar às concepções dos protagonistas sobre o que é racial, ainda que o seu material tenha de ser considerado em contexto histórico.

Perguntar o que aprendemos sobre as relações raciais é, por isso, uma pergunta complexa. Ela implica, em primeiro lugar, o estudo do desenvolvimento do conhecimento; em segundo lugar, o exame do conhecimento sobre uma matéria em mudança, que parece transformar-se à medida que se alteram as concepções das pessoas sobre a raça; em terceiro lugar, requer o estudo das obras dos académicos que não se afastaram do seu objecto, mas que compartilharam as concepções raciais das pessoas que estavam a estudar. Pelo menos por esta última razão, é imprudente separar rigorosamente a sociologia das relações raciais da história da ideia de raça. A teoria sociológica é edificada com ideias e essas ideias têm a sua história, de modo que a relação entre a teoria e as histórias é uma coisa que o sociólogo deve manter sob o seu olhar.

Como as pessoas só podem entender a sua história por meio dos conceitos da sua época, é continuamente necessário reescrever a história à luz de novas preocupações e conhecimentos. Do mesmo modo, as pessoas interpretam a sua própria época à luz das suas crenças sobre o passado, e se elas não compreendem o seu passado não podem entender adequadamente o seu presente. Nas coisas humanas há uma contínua inter-relação entre o presente e o passado, que se reflecte em todas as ciências sociais e tem uma relevância especial num campo como as relações raciais, que têm de se fundar sobre bases incertas.

É também imprudente estudar a ideia de raça separada de duas outras ideias que renasceram nos primeiros anos do século XIX. As ideias modernas de raça, classe e nação surgiram no mesmo meio europeu e têm muitas similaridades. As três foram exportadas para os pontos mais longínquos do globo e floresceram em muitos solos estrangeiros. Enquanto os homens acreditaram que era correcto identificarem-se com base na raça, na classe e na nação, ou que estas seriam as maiores linhas de divisão, estas ideias justificaram-se a si próprias. Mas os acontecimentos não confirmaram as previsões. A nação foi, das três ideias, a mais afortunada. A ideia prometida de que todo o homem teria uma nacionalidade como atributo natural e teria o direito a ser governado apenas como membro da sua nação. Isto implicava que o Estado devia coincidir com a nação e que as minorias se deveriam separar e juntar-se com os indivíduos da sua nação. Esta promessa não foi cumprida. Alguns Estados, como o Reino Unido, integram mais do que uma nação. Quase qualquer Estado inclui uma ou mais minorias (a Islândia, a mais antiga nação da Europa, é uma excepção que pouco afecta a regra). Se um Estado trata de expulsar uma das suas minorias, como o Uganda fez[1], isso só faz aumentar os problemas com as minorias dos outros Estados. A noção de classe prometia um padrão sempre crescente de aliança de grupo baseada na situação comum perante a propriedade dos meios de produção. Contudo, em vez de maiores e mais profundas descontinuidades, actualmente a estratificação social na maior parte dos países industrializados caracteriza-se por uma distribuição contínua de posições ao longo de uma escala de estatutos sociais. Há comunidades ocupacionais que demonstram possuir um sentido de identidade colectiva, mas, ao longo do amplo leque social, a consciência de classe é uma força frágil comparada com a consciência da diferenciação de posição social. A terceira ideia, a de raça, prometia em primeiro lugar que cada tipo racial tomaria posse do território que naturalmente lhe fosse mais adequado, mas este conceito deu lugar à crença de que os brancos tinham herdado uma superioridade que os habilitava a estabelecer o seu poder em todas as regiões do mundo. A previsão também não se cumpriu, quer numa quer noutra forma. A autoconfiança dos anglo-saxões foi abalada e o aparecimento de uma base biológica para as teorias raciais desintegrou-se.

Uma abordagem ao estudo das relações raciais parte da afirmação grandiloquente de Marx de que «as ideias dominantes (de qualquer época) não são mais do que a expressão ideal da relação

---

[1] Referência à ordem de expulsão dada por Idi Amin, em 1972, aos cidadãos asiáticos que estavam no país (na maioria eram indianos) (*N.R.*)

material dominante» (Marx, 1956: 93). Esta declaração pode ser tomada em sentido forte e em sentido fraco. Em sentido fraco, como conselho para examinar a relação entre a popularidade de determinadas ideias e a estrutura das relações económicas e políticas numa sociedade, é da maior importância. Em sentido forte, pode ser entendida como uma insistência em que raça, classe e nação são ideias políticas originadas pelas estruturas económicas e políticas subjacentes. Raça e nação podem ser vistas como ideias propagadas pela classe dirigente, enquanto a ideia de classe emergia de um despertar dos subordinados da estrutura que promove a sua exploração. Mas, nesta matéria, há muitas considerações independentes das estruturas sociais e isso deve demonstrar que a definição do que constitui uma ideia é muito mais problemático do que a citação deixa ver. O sentimento de nacionalidade é obviamente influenciado pelos limites naturais da geografia, pela língua comum, pela aparência exterior e pela cultura. E a raça também não pode ser olhada como uma mera ideia política; ela apareceu sob formas diversas e mudou de características, mas esteve, ao longo do tempo, sempre ligada a um universo de conhecimentos biológicos, em que o conceito permaneceu menos sujeito às influências políticas. Os que defendem a interpretação forte da afirmação de Marx pouco fizeram para demonstrar que ela pode ser satisfatoriamente aplicada à compreensão das categorias raciais.

«Classe» tornou-se um conceito central na tradição sociológica, mas o conceito de «nação» tem sido esquecido, enquanto os problemas derivados do uso de «raça» vêm sendo iludidos. A partir do momento em que algumas relações sociais foram geralmente definidas como relações raciais, não é de surpreender que isso haja sido considerado como um campo mais ou menos distinto de preocupação política e investigação social. Os estudiosos andaram atormentados durante muitos anos pelas dúvidas acerca da legitimidade da definição de uma área de estudo social em termos de um conceito aparentemente contencioso e no qual a autoridade são os biólogos. A tese deste livro é a de que o estudioso que queira entender a natureza do campo de estudo das relações raciais (incluindo a recente viragem na direcção das «relações étnicas») tem de o abordar do ponto de vista do crescimento do saber. Isto dar-lhe-á uma boa compreensão do carácter do campo e daquilo que lhe confere esse carácter. Ajuda-lo-á também a formular a sua opinião sobre o campo de estudos e sobre aquilo em que ele se pode vir a tornar.

Não há no século XIX qualquer ideia clara e definida de raça. Havia muitas classificações e teorias, e bastantes controvérsias. Foi a doutrina dos tipos humanos permanentes, reflectida nas palavras de Abraham Lincoln, que, como concepção simples, conquistou a atenção popular e conduziu à noção de relações raciais. Esta doutrina foi construída lentamente na primeira metade do século e alcançou a sua mais sistemática exposição num livro chamado *Types of Mankind*, que foi publicado em Filadélfia, em 1854. A influência desta escola de pensamento é evidente na crença de Lincoln de que há um número finito de raças ou tipos (sendo os pretos e brancos os mais distanciados); que as diferenças eram permanentes; e que as diferenças têm uma influência decisiva no tipo de relações sociais possíveis entre membros de raças diferentes, talvez porque cada raça pertence a uma determinada parte do Globo. A doutrina tem mais algumas formulações, mas Lincoln, seguramente, só apanhou algumas das suas linhas fundamentais. No capítulo I, demonstrarei que é útil voltar à distinção entre raça e tipo, estabelecida por muitos antropólogos do século XIX, e que a teoria que influenciou Lincoln foi uma teoria da tipologia racial. Antes disso, discutirei no capítulo II e em parte do capítulo III algumas fontes desta teoria, que tem merecido pouca atenção nos últimos trabalhos.

A teoria da tipologia racial introduz-se no princípio do estudo das relações raciais, porque embora fosse uma teoria sobre a raça, sustentava que a natureza das raças determinava as relações entre elas. Se procurarmos um acontecimento e uma data para assinalar este desenvolvimento, o melhor é a publicação, em 1850, do livro intitulado *The Races of Men*, de Robert Knox. Livros anteriores tinham já proposto classificações raciais e alguns contemporâneos de Knox deram, para a teoria, contribuições com tanta ou maior importância do que a do autor, mas Knox foi o primeiro a avançar com uma exposição que, embora baralhada e confusa, era compreensiva. Contudo, as obras de Charles Darwin roubaram quase imediatamente as bases às teorizações de Knox, Gobineau, Nott, Gliddon e outros tipologistas, ao mostrar que na natureza as espécies não são

A HERANÇA INTELECTUAL

entidades permanentes, antes conjuntos submetidos à evolução por adaptação e selecção. Os estudos de Darwin levantaram problemas que ninguém no seu tempo estava à altura de responder, nomeadamente os que diziam respeito à origem da variação e à unidade sobre a qual operava a selecção. As características adaptativas são transmitidas e tendem a surgir em bloco, como por exemplo a cor da pele, a textura do cabelo, e a forma do nariz e dos lábios dos negros da África Ocidental. Foi difícil eliminar o enganador conceito de tipo racial até ao momento em que a compreensão desse bloco de características desse origem a algo que pudesse ocupar o seu lugar.

Levou mais de setenta anos a alcançar este objectivo e para que se tornasse evidente a natureza da revolução operada por Darwin. Foi só nos primeiros anos do decénio de 30, com o desenvolvimento da genética de populações, que se tornou claro que o conceito que tinha de ocupar o lugar do tipo racial era o de população, e que a população tinha de ser estudada estatisticamente em vez de tipologicamente. As populações estão constantemente em mudança, não por causa da natureza do conjunto, mas porque os seus membros individuais estão submetidos às pressões da selecção enquanto se adaptam às transformações ambientais. Se este facto foi cientificamente provado, quererá isso dizer que o estudo das relações raciais se funda num terrível erro e que a palavra raça, onde quer que apareça, deve ser substituída por população?

Tal substituição reflectiria na verdade as lições extraídas das investigações genéticas, mas há várias circunstâncias que militam contra uma solução tão simples. Primeiro, as populações com que lidamos na maior parte das vezes constituem o que se tem denominado raças geográficas. Têm na sua base um banco genético que inclui, com muita frequência, genes que lhes asseguram que quase todos os membros das sucessivas gerações hão-de possuir a aparência que motiva as pessoas em geral a classificá-los numa determinada raça. Esta aparência que os profanos identificam com a raça é persistente, e o público em geral mostra sempre uma tendência para se atrasar relativamente às concepções mais sofisticadas dos cientistas. Em segundo lugar, a ideia de raça do século XIX insinuou-se na tapeçaria da história mundial e adquiriu um significado político e social que é amplamente, embora não completamente, independente do significado que pode ser atribuído ao conceito de raça na ciência biológica. Também por este motivo, a substituição pela palavra «população» seria de pouca utilidade. O terceiro grupo de circunstâncias desfavoráveis a esta substituição gira à volta de outras considerações. Quando um conceito parece já não ser suficientemente operativo e, além disso, provoca falhas de compreensão, a tarefa principal não é banir um mau rótulo, antes encontrar outro melhor para colocar em seu lugar. Os geneticistas foram capazes de maiores progressos pondo «população» no sítio de raça, mas os cientistas sociais têm interesses diferentes. Têm de identificar, para seu benefício, quais as formas-chave das espécies de categorias sociais que têm sido designadas por raça. Ainda que isto não seja uma solução completamente satisfatória, parece que para o objectivo das ciências sociais seria melhor usar os conceitos de maiorias e minorias. Os argumentos a favor desta solução são examinados no fim do livro.

Alguns dos escritores do século XIX que tentaram sintetizar o novo conhecimento sobre a natureza social do homem raciocinaram como se o indivíduo, isoladamente considerado, possuísse os atributos da raça, nacionalidade e classe, atributos que, quando livremente expressos, o levariam a juntar-se a outros da sua espécie, de tal modo que a história da humanidade, no passado e no futuro, não seria mais do que o produto desta natureza interior abrindo o seu caminho até à superfície dos negócios humanos. A ciência social contemporânea vê a raça, a nação e a classe como grupos sociais, o resultado de um processo pelo qual os indivíduos se juntam uns aos outros para formar tanto coligações, facções e cliques, como unidades mais vastas. Este processo social de alinhamento está inter-relacionado com um processo psicológico pelo qual os indivíduos são condicionados a identificar-se com outros e a apreender o mundo social em termos de associações em que se participa. Uma criança inglesa criada entre crianças que fossem todas de tez rosada seria seguramente levada a encarar crianças de outra cor como socialmente diferentes. Há muitas características que se associam às diferenças raciais e que depois são transmitidas ao longo das gerações como parte de um processo cultural. Nesta categoria entram não só juízos desfavoráveis relativamente a outros como também os modos como os indivíduos concebem os seus próprios grupos. As ideias sobre a raça integram-se nestas categorizações e juízos de um modo que

A HERANÇA INTELECTUAL

difere de uma para outra parte do mundo e que, às vezes, é bastante diferente das originadas pela tipologia racial.

Os que pregaram o nacionalismo no século XIX estavam ansiosos por juntar em unidades políticas singulares os povos que eles pensavam ter uma origem comum. Os grupos intermédios e as minorias nacionais destruíram este esquema. Em vez de serem eliminados de um ou outro modo, estes grupos multiplicaram-se e tornaram-se mais significativos. As transformações revolucionárias nos transportes e no custo da viagem tornaram possível ao homem mudar-se para outros continentes em busca de trabalho. Os membros das minorias podem agora manter-se em contacto com as suas terras de origem, revisitá-las, e cultivar os laços com a pátria com uma facilidade antes desconhecida. Podem manter durante muito tempo o pensamento de regressar ao país natal e não são obrigados a contemplar um futuro em que a única alternativa é a assimilação. Da importância decrescente da nacionalidade nestas circunstâncias deriva o aumento do significado da etnicidade. Se as nações são populações que convergiram ou que estão dispostas a convergir em Estados-nações, as minorias étnicas são grupos que, possuindo atributos nacionais, desejam viver em Estados que não têm como base os seus costumes, língua, religião e valores. As noções de raça passaram a envolver-se tão estreitamente com os problemas de minorias étnicas que é frequentemente improdutivo tentar demarcar o estudo das relações raciais no respeitante ao estudo das relações étnicas. A investigação da história de muitas minorias mostra que é impossível separar a influência de factores como raça, etnia, classe, religião, e assim por diante, como se fossem factores de uma equação algébrica. A história humana não é assim tão simples.

Hoje em dia, as relações raciais têm de ser entendidas não como o resultado de qualidades biológicas, mas como o modo de os indivíduos, em diferentes situações, alinharem com aqueles que percebem como aliados, e em oposição a outros. A maneira como alinham depende de muitos factores, e não exclusivamente de oposições políticas, interesses económicos, crenças a respeito da natureza dos grupos sociais e outras circunstâncias gerais. Depende também das escolhas humanas, da liderança e da responsabilidade em situações críticas que marcam os princípios de novos períodos na história política.

Embora as descobertas de Darwin sublinhassem o fim do conceito de tipos raciais permanentes, foram necessários vários decénios para se apreciar a sua importância. Durante este período, parecia que a teoria da selecção natural tinha dado uma nova vida a alguns elementos da primitiva teoria da raça. Surgiu uma nova escola de pensamento, normalmente chamada darwinismo social, na qual a raça mais uma vez aparecia como uma importante categoria social, mas diferindo contudo da anterior em vários e importantes aspectos. Não há uma data clara que assinale esta nova fase, mas 1875 é uma data tão boa como qualquer outra. Foi o ano em que Ludwig Gumplowicz publicou *Rasse und Staat*. O entusiasmo inicial de Gumplowicz pela explicação biológica das relações sociais foi-se desvanecendo com os anos, mas houve muitos outros autores que desenvolveram esta linha de pensamento com grande estridência, sustentando que a raça é a chave para entender as relações raciais. A sua influência, tal como a dos tipologistas, pode discernir-se ainda hoje.

Com o desenvolvimento da sociologia nos Estados Unidos, surgiu outra abordagem das entranhas do darwinismo social. A mudança foi gradual, mas encontra-se perfeitamente assinalada pelo aparecimento, em 1921, de um influente livro académico editado por Robert E. Park e Ernest W. Burgess, intitulado *An Introduction to the Science of Sociology*. Park apresentava uma concepção geral das relações raciais como produto da expansão europeia. Tinham de ser consideradas no seu contexto histórico e vistas como o resultado das mesmas forças que originam as outras características da história humana. Os estudiosos americanos desenvolveram principalmente os aspectos desta abordagem que podiam ser aplicados a um contexto doméstico. A sociologia conquistou decisivamente este campo, tornando-se a disciplina de vanguarda nestes estudos, e a ênfase deslocou-se para o estudo das relações sociais caracterizadas pela raça. Este foi o trabalho de Charles S. Johnson, John Dollard, W. Lloyd Warner, Allison Davis, Burleigh Gardner, Gunnar Myrdal, Oliver C. Cox, E. Franklin Frazier, Everett C. Hughes e a sua geração, muitos deles alunos de Park. Estabeleceu-se, com eles, uma tradição de inquérito na sociologia americana. Tradições mais fracas, isoladas e tributárias (que tenho de omitir neste livro) podem ser mais tarde detectadas na influência de estudiosos como Max

A HERANÇA INTELECTUAL

Gluckman, que abordou o problema a partir das circunstâncias sul--africanas e numa perspectiva mais ligada à antropologia social, e Roger Bastide, que juntou as perspectivas francesas da sociologia e da psiquiatria e exerceu uma grande influência nos estudos das relações raciais no Brasil. Mas enquanto a investigação na África do Sul e no Brasil, tal como a iniciada por Kenneth Little na Grã-Bretanha, não for adequadamente relacionada com o trabalho americano, de modo a constituir uma disciplina internacional com capacidade para beneficiar da variedade proporcionada pelas diferentes situações locais, estas só podem confundir com a sua grande complexidade.

Uma tradição de estudo incorpora conjuntos de ideias sobre o modo como se há-de trabalhar, que temas investigar e que métodos usar. Qualquer livro bem sucedido tende a converter-se num modelo para os investigadores, que depois começam no mesmo campo. Um professor com sucesso não pode deixar de indicar aos seus estudantes que há perguntas que têm de ser feitas; muitas vezes, os estudantes concentram-se na tentativa de melhorar as respostas que os seus professores avançaram. Quando vários estudiosos estão a trabalhar nos mesmos temas, tendem a tornar-se excessivamente críticos a respeito uns dos outros e há vantagens no aparecimento ocasional de diferentes «escolas» de interpretação. Toda uma geração de estudiosos pode concentrar-se numa linha particular de estudo até que, bruscamente, alguém aparece com uma nova espécie de problemas e uma nova espécie de respostas. Se a nova abordagem encontra apoio, adoptam-se novos critérios que substituem os velhos e a tradição é reorientada. Tais mudanças de orientação no estudo das relações raciais podem ser localizadas por volta de 1875 e 1921. Surgiram novas teorias que não só pretendiam explicar tudo o que as antigas cobriam como também explicá-lo mais convincentemente e resolver ainda novos problemas.

É mais importante do que normalmente se pensa estudar a herança intelectual neste campo, porque as relações raciais são uma área que as pessoas consideram objecto de uma preocupação política urgente. Pensam acertadamente que, se os homens tivessem um pouco de determinação, poderiam reduzir significativamente as hostilidades e a falta de compreensão, tão frequentemente associada às divisões raciais. Isto tem conferido e ainda confere aos estudos das relações raciais uma preocupação com os negócios contemporâneos e com a previsão de futuros desenvolvimentos. Mas a pressa nem sempre significa velocidade. Uma das razões pelas quais o estudo das relações raciais não registou maiores progressos é que lhe falta uma tradição crítica adequada. Em outros ramos de estudo relacionados com este sector, as obras clássicas têm sido submetidas a uma frequente reanálise. Os investigadores posteriores descobriram no material das ilhas Tobriand e da fábrica Hawthorne dados para extrair conclusões não detectadas por Malinowski ou por Roethlisberger e Dickson. Os estudantes partem os seus dentes sociológicos mastigando os erros da investigação na cidade ianque. Mas onde é que está a bibliografia crítica sobre *Caste and Class*, de Dollard, ou sobre *Caste, Class and Race*, de Cox? Onde estão as reinterpretações do rico material incluído em *Deep South* ou em *American Dilemma*? O que tem passado por crítica no estudo das relações raciais foi, na maior parte das vezes, mero abuso ou denúncia.

As tradições existem para que os estudantes reajam contra elas e para fornecer uma orientação aos que aceitam as conclusões dos seus antecessores. Em qualquer assunto, há sempre um lugar para o livro escolar que tenta dar uma perspectiva actualizada da matéria e para o livro que ensina o estudante a dominar e a avançar no assunto, mostrando-lhe como se obteve a compreensão dos seus princípios. Se se seguiu a segunda via, é importante não tomar o conhecimento contemporâneo como ponto de partida, ignorando as falsas pistas e julgando os primeiros escritores pelo seu relativo sucesso na contribuição para um conjunto de teorias que – quem sabe? – podem exigir uma revisão radical num espaço de poucos anos. O estudo da história de uma matéria é mais valioso para o estudante se o trabalho dos primeiros estudiosos for examinado dentro do contexto da sua geração; reconstruindo os problemas com que se defrontaram, revendo as razões por que certas soluções tiveram êxito e outras falharam, ele pode obter uma perspectiva sobre os seus próprios problemas. Pode aprender com os erros deles e, ao estudar as suas suposições, torna-se mais consciente daqueles que ele próprio tem. O estudo dos erros é fundamental para qualquer revisão do crescimento do saber e pode ser muito compensador, porque é mais fácil reconhecer o erro do que a verdade. Ao descobrir porque é que

A HERANÇA INTELECTUAL

uma solução conjectural é insatisfatória, o estudioso dá um passo mais em direcção à verdade.

Qualquer estudioso, ao investigar um determinado sector, tem de assumir uma posição relativamente à tradição dominante. Tem de tentar alargá-la ou mudá-la. Se estudar a sua herança torna-se mais consciente da sua posição e de como se situa em relação aos outros. Ganha assim uma dimensão extra de autoconsciência. O escritor que não lê os trabalhos dos seus predecessores corre o risco de repetir os seus erros. O estudante que examina a tradição que lhe é proposta tem algo valioso em que treinar o seu próprio intelecto. Tem de examinar a tradição existente se quiser ir para lá dela e se (e este é um ponto importante) quiser ser capaz de explicar às outras pessoas em que medida as suas soluções são melhores do que aquelas que ele deseja superar.

A tradição de estudo inaugurada por Park estava preocupada com os problemas raciais dos Estados Unidos. Buscando designações sociais, em vez de biológicas, para as categorias branco e negro, muitos dos escritores anteriormente mencionados pensaram que seria melhor chamar-lhes castas, em lugar de raças. Todos eles supuseram que o futuro dos negros americanos residia no seu direito à nacionalidade americana e à cidadania completa. O livro de Oliver Cox *Caste, Class and Race* foi o primeiro grande desafio a esta tradição. Cox não pôs em causa as suposições relativas à nacionalidade, mas atacou a noção de casta com toda a sua força. E, mais do que isso, delineou um método de análise que subordinava a raça e a nação à classe. Era na relação entre classes exploradoras e exploradas que estava a dinâmica da história. Chegaria o dia em que os trabalhadores negros e brancos perceberiam claramente as racionalizações do sistema capitalista e, unindo-se, derrubá-lo-iam.

O livro de Cox não recebeu nas universidades americanas a atenção que merecia, mas quando no decénio de sessenta o grito «poder negro» veio evocar uma resposta entusiástica, a tradição de estudo das relações raciais encontrou um desafio tão grande que a reorientação da investigação académica foi quase excessivamente precipitada. As três fases que até agora descrevi (tipologia racial, darwinismo social e estudos proto-sociológicos começados com Park) podem ser identificadas com mudanças no pensamento dos estudiosos. As duas primeiras emergiram de descobertas no reino biológico e a terceira da tentativa de os investigadores americanos formularem explicações sociológicas para aquilo que acreditavam constituir problemas sociais. A nova fase começou de modo diferente. Foi inaugurada por mudanças no comportamento das pessoas, que tinham sido até aí encaradas como constituindo a maior parte do objecto de estudo, senão mesmo do problema. A mudança de atitude comunicou-se rapidamente em toda a parte aos negros, passou às minorias e ao movimento das mulheres. O vocabulário da raça foi um idioma de exclusão utilizado pela categoria social dominante. O movimento negro adoptou um vocabulário nacionalista e usou-o como um idioma de identificação para os dominados. Os seus intelectuais desafiaram as suposições feitas sobre assimilação e nacionalidade na ortodoxia sociológica, que não tinha sido abordada sequer na arremetida de Cox. Atribuíram a culpa das más relações raciais à maioria da sociedade. E esse era um problema dos brancos; as suas energias deviam ser devotadas à mobilização da força dos negros, cultivando o seu orgulho e ensinando-os a gostar de ser negros. Os negros tornavam-se deste modo mais uma minoria étnica como tantos outros grupos que também lutavam para preservar a sua herança distintiva, combatendo as influências que apontavam para a uniformidade cultural.

Na análise das minorias étnicas, as ideias de raça, classe e nacionalidade mais uma vez se encontram. As noções de raça deixaram a sua marca no modo como são encaradas muitas minorias e na maneira como muitos elementos das minorias se olham a si mesmos. A crença nas diferenças nacionais é muitas vezes fundamental para a imagem que os membros das minorias étnicas têm de si próprios. Mas a ideia de classe é importante por outra via. Os exemplos mais eficazes de organização de minorias étnicas estão relacionados com minorias que se acham numa posição mais baixa no sistema de estratificação social do que aquela que o seu orgulho pode tolerar. Enquanto considerarem estar erradamente colocados, colaborarão na tentativa de melhorar a sua posição. Logo que tenham atingido o seu objectivo, o impulso para a organização da minoria desaparece e os membros da minoria esfumam-se na estrutura de estatutos da maioria. Para os indivíduos empenhados na organização das minorias,

A HERANÇA INTELECTUAL

o sucesso completo acarreta desapontamentos amargos. Por estes motivos, é particularmente interessante estudar agora os desenvolvimentos associativos entre os brancos falantes de *afrikaans* na África do Sul. Eles tornaram-se um povo distinto durante o domínio colonial inglês; elaboraram a sua própria língua; lutaram numa guerra desesperada pela sua independência; acharam-se novamente num Estado dominado pelo inglês e com pessoas relativamente pobres, rurais, mobilizaram a sua força, ascenderam ao governo e desenvolveram o seu poder económico. Hoje, o seu êxito reflecte-se apenas nos desafios externos, e os laços internos vão-se enfraquecendo. A história dos africânderes sugere algumas perguntas a fazer às minorias, que presentemente parecem muito diferentes umas das outras. A comparação das variações de consciência étnica em minorias diferentes, das mudanças de carácter das minorias e das relações entre estas e as estruturas das minorias pode ajudar a descobrir fundamentos sociológicos mais sólidos para os tipos de investigação que hoje interessa fazer na esfera das relações raciais.

Os capítulos que se seguem são contribuições para o estudo de como a ideia de raça interagiu no crescimento do conhecimento sociológico. Discutem as categorias que os sociólogos desenvolveram na tentativa de entender o fenómeno, que, segundo lhes parecia, estava dentro do campo das relações raciais, e apontam para conceptualizações alternativas que espero poder melhorar e utilizar em estudos sobre a situação contemporânea. Embora tentasse colocar o início da obra num contexto histórico, o livro não é uma história da ideia de raça. Há muito pouca investigação básica (especialmente no período posterior a 1870) para que alguém possa escrever uma história satisfatória da ideia de raça, mas, quando for tentada, talvez venha mostrar que a influência da sociologia é um tema fundamental no período que cobre os últimos cem anos.

II

A Racialização do Ocidente

Às vezes pensa-se que as concepções ocidentais contemporâneas sobre a raça emergiram dos contactos entre brancos e negros que acompanharam as viagens de exploração dos europeus à América, África e Ásia, nos séculos xv e xvi. Esta perspectiva é excessivamente limitada e subestima o significado das mudanças sociais na Europa. A raça, como a classe e a nação, foi um conceito desenvolvido primeiramente na Europa para ajudar a interpretação de novas relações sociais. Todas três devem ser olhadas como modos de categorização que foram sendo cada vez mais utilizados à medida que um maior número de europeus se apercebeu da existência de um crescente número de pessoas ultramarinas que pareciam ser diferentes deles. E porque o seu continente atravessou em primeiro lugar o processo de industrialização e era muito mais poderoso do que os outros, os europeus impuseram inconscientemente as suas categorias sociais aos povos que em muitos casos agora as adoptaram como suas.

É óbvio que o contacto entre os aventureiros e colonizadores europeus e os povos da África, América e Ásia foi importante para o desenvolvimento europeu das categorias raciais. É também evidente que o interesse material dos europeus na exploração desses contactos influenciou provavelmente essas categorias. Alguns escritores, notando a ausência de consciência e antagonismo racial no mundo clássico e medieval, sugeriram que é possível datar a origem do preconceito racial como uma característica da cultura europeia e atribuir o seu aparecimento a causas específicas. As mesmas causas, no seu ponto de vista, influenciariam as ideias dos europeus a respeito de si próprios. Oliver C. Cox indica os anos 1493-94, quando as esferas de influência de Portugueses e Espanhóis no Novo Mundo foram

A IDEIA DE RAÇA

delimitadas, como o princípio das modernas relações raciais. Imagina que é o espírito capitalista a causa das mudanças fundamentais (1948: 331-33). Marvin Harris pensa que o preconceito racial surge como uma justificação ideológica do interesse das nações europeias na exploração do trabalho negro (1964: 70). Arnold Rose detecta a sua origem em 1793, data em que, com a invenção da máquina de separar o algodão bruto das suas sementes, se renovou o interesse dos plantadores em conservar escravos (1951: 17). Mas as tentativas de fazer remontar o preconceito racial a uma única «raiz», «fonte» ou causa histórica têm-se revelado pouco convincentes. Tudo parece como se a consciência da diferença racial tivesse crescido gradualmente e como se a natureza do fenómeno que rotulamos de «preconceito» tivesse mudado significativamente.

Sempre houve uma tendência nas pessoas para preferirem as da sua «própria espécie» e serem desconfiadas relativamente aos estranhos. Na Europa medieval, o branco tinha um valor positivo e o negro um valor negativo (Hunter, 1967). Na cultura árabe, a negrura tornou-se menoscabada logo que os árabes começaram a adquirir escravos negros (Lewis 1971: 27-28). A grande era da exploração inglesa, no século anterior à revolução de 1640, foi uma época dirigida pelos espíritos de aventura e controlo. A sociedade estava irrequieta. As classes mais altas andavam preocupadas com a aparente dissolução dos controlos morais e sociais, enquanto os «homens sem senhor», que antes possuíam um lugar próprio na ordem social, magicavam a possibilidade de pedir, roubar e violar (Jordan, 1968). O esbatimento dos controlos liberta novas energias e muitos homens procuraram tirar o máximo das suas oportunidades, quer no país, quer no estrangeiro. Estas foram as gerações que deram uma imagem dos africanos como seres radicalmente diferentes. Os europeus parecem ter deslocado para aqueles algumas das suas próprias ansiedades. George P. Rawick assevera que a organização capitalista da sociedade exigiu uma nova perspectiva aos seus membros. Eles tinham de se autodisciplinar para cumprir um horário de trabalho mais exigente e, porque tiveram de suprimir muito daquilo que era anteriormente importante para as suas vidas, acabaram por ter uma enorme necessidade de bodes expiatórios. Os negros preencheram esta necessidade (Rawick, 1972: 128-33). Tudo se passa

A RACIALIZAÇÃO DO OCIDENTE

como se tivesse havido muitas influências para o crescimento gradual do preconceito. A sua história é a história da Europa Ocidental e é impossível separar os vários elementos numa única sequência de acontecimentos.

Na criação das diferentes doutrinas raciais do século XIX, a antropologia desempenha um papel fundamental. Os biólogos dos séculos XVII e XVIII acreditavam que Deus tinha criado, ao princípio, um número limitado de espécies, que permaneceram imutáveis. Cada uma teria o seu lugar no esquema divino. Uma consequência desta doutrina é que, quando os ossos de mamute foram encontrados pela primeira vez nos Estados Unidos, argumentou-se que deveria haver mamutes vivos em algum lugar, dado que Deus nunca poderia ter criado uma espécie a não ser que houvesse sempre um lugar para ela no plano simples da Natureza. Os escritores que propuseram em primeiro lugar a teoria da poligenia, ou seja, que as diferentes raças já existiam desde o princípio, foram perseguidos. A doutrina ortodoxa defendia nessa altura que todos os homens descendiam de Adão e que o mundo tinha seis mil anos. Então, como era possível que alguns povos fossem mais atrasados que os europeus e nem sequer possuíssem os rudimentos da civilização, como a arte de escrever? Quais as causas deste barbarismo? Foram discutidas duas espécies de causas, físicas ou biológicas, e morais, pelas quais se pretendia designar os factores da história, a geografia e os modos de vida, que hoje em dia incluiríamos na designação geral de «cultura». Uma linha de pensamento do século das luzes era hostil à explicação em termos morais. Lineu, por exemplo, acreditava que o homem, em vez de viver de acordo com o costume, bem poderia viver de acordo com a razão. As nossas ideias acerca do mundo podiam, num vocábulo moderno, ser desmistificadas. O homem, na realidade, não necessitava de mitos. A razão podia fornecer as bases para uma concepção de Homem, independente de Deus e da Natureza. Punha menos ênfase no estatuto moral do homem e mais no novo saber acerca da natureza humana concebida em termos físicos. Quando, por conseguinte, os antropólogos deixaram de escrever em latim e, depois de certa hesitação, tomaram a palavra raça para qualificar determinadas variedades da humanidade, o desenvolvimento foi importante.

A IDEIA DE RAÇA

Outros autores reuniram e reviram dados sobre as relações entre povos europeus e não europeus do século xv ao século xvii e o desenvolvimento das teorias antropológicas contemporâneas (especialmente Curtin, 1964, e Jordan, 1968). Embora não queira caminhar na sua esteira, também não quero minimizar a importância das conclusões destes autores. Pretendo é chamar a atenção para uma linha que corre ao longo dos dados históricos, e que é, segundo penso, mais significativa do que se tem considerado até hoje. É o caso dos Ingleses, que se pensaram a si próprios como indivíduos pertencentes a uma raça, embora as razões que estiveram na origem desta atitude fossem independentes do seu contacto com não europeus.

Quando um amplo grupo de pessoas responde à pergunta «quem somos nós?», socorre-se normalmente de uma genealogia, de um relato histórico da sua *proveniência* e dos modos como reforçaram a sua unidade (este ponto de vista foi recentemente sublinhado em profundidade por Leon Poliakov num estudo que reforça e amplia as teses deste capítulo). Durante vários séculos, até aos princípios do século xix, as noções dos Ingleses sobre si mesmos e sobre todos os outros homens estavam dominadas pela antropologia da Bíblia. A cabeça da genealogia dos Ingleses era, por conseguinte, Adão. Contudo, no terceiro quartel do século, à cabeça das genealogias de muitos cavalheiros ingleses ilustrados estavam Hengist e Horsa, os chefes saxões que desembarcaram nas praias da ilha em 449. Esta reformulação da imagem das suas origens foi um elemento importante na mudança das relações entre eles e o resto do mundo.

Muitos dos ingredientes necessários à construção de uma doutrina racial já estavam presentes desde há algum tempo. Jacques Barzum (1932; cf. Poliakov, 1974: 17-36) mostra como uma oposição entre Teutões e Latinos atravessa muitos dos escritos históricos franceses, desde o século xvi ao século xviii. Nos últimos decénios do século v, Clovis, chefe do pequeno reino franco, conquistou a Gália e estabeleceu um novo império. Nos fins do século vii, os Francos e os Gauleses romanizados fundiram-se num só povo, mas os historiadores posteriores persistiram em afirmar que os Francos e os Gauleses continuaram a ser duas raças diferentes durante mais de trezentos anos. O motivo fundamental desta disputa era político. Os Francos eram bárbaros de origem germânica (embora alguns escrito-

28

res mantenham que eles descendiam dos Troianos) e o nome «franco» era suposto significar «livre». A nobreza reclamava uma origem que entroncava nos Francos e derivava dessa origem privilégios de direito de conquista. A esta versão da história opunha-se a tese de que os Francos foram convidados pelos Gauleses para os ajudar a repelir os Romanos (Hotman) e de que Clovis não veio como um conquistador, mas com a autoridade conferida pelo imperador romano (Abbé Dubos), e que, portanto, não havia privilégios especiais garantidos às famílias principais. Os historiadores passaram a pente fino os escritos de César e de Tácito para ver o que estes diziam sobre os Franceses primitivos, como se os costumes mais antigos tivessem a maior legitimidade. Ainda que a palavra «raça» seja usada nestes escritos de um modo compatível com as noções de distinções naturais, não tinha nesta altura quaisquer conotações biológicas.

Nos escritos políticos ingleses do século XVII encontra-se um paralelismo fantasticamente semelhante. Perante as ambições dos monarcas Stuarts, que queriam enfraquecer o Parlamento e governar por direito divino, certos defensores da causa parlamentar voltaram-se para os registos históricos. Mantiveram que os Ingleses eram descendentes dos Germanos descritos por Tácito. Richard Verstegan, num livro chamado *Restitution of Decayed Intelligence*, publicado pela primeira vez em 1605 e em quinta edição em 1673, deu suporte académico a estas reivindicações. Abria o seu primeiro capítulo com a proclamação de que «os Ingleses são descendentes da raça germânica e são geralmente denominados Saxões» e continuava nesta orientação para explicar porque «são os Germanos uma das nações mais nobres». Tácito atestou que entre os Germanos «a autoridade dos reis não era ilimitada»; «em matérias de pouca monta, os chefes deliberam, em questões de maior importância, toda a tribo», e «o rei ou chefe é escutado mais em razão da sua persuasão autoritária que pelo poder de mandar». A raça germânica entrou em Inglaterra em 449, com Hengist, Horsa e seus seguidores que eram saxões, dinamarqueses e anglos. No século XVII em Inglaterra, o adjectivo germânico não era usado com frequência; «góticos» usava-se, por vezes, para identificar os Jutos, mas mais geralmente, porém, para referir todos os povos de origem germânica, por oposição aos Romanos e sua cultura. Mais tarde tornou-se comum referir os invasores do século V como o ramo anglo-saxão da raça germânica (cf. Kliger, 1952).

Tal como Boulainvilliers acreditava que a época de Carlos Magno tinha sido uma idade de ouro para os Franceses, também alguns ingleses pensaram que os séculos dominados pelos Anglo--Saxões, até 1066, tinham sido igualmente uma época semelhante para os seus antepassados. Esta ideia foi incorporada no mito do jugo normando sobre os Anglo-Saxões. Este é autenticamente um mito, no verdadeiro sentido da palavra, porque embora reivindique um carácter histórico, a sua essência reside na sua mensagem mais geral. Implica que a desigualdade e a exploração datam da conquista normanda; que eram factos desconhecidos até 1066 e que, anulando a Conquista, os homens poderiam voltar a uma vida de liberdade e igualdade. A classe dirigente é pintada como descendente de uma raça estranha e opressora, que não tem direito a estar no país nem a exigir obediência aos Ingleses. Este mito tinha um atractivo muito peculiar para aqueles que desejavam reformar a Igreja, porque gostavam de pensar que os Ingleses praticavam a fé pura antes de a garra papal se cerrar sobre os seus pescoços. De igual modo, o mito podia unir o terceiro estado contra a Coroa, a Igreja e os senhores da terra. Christopher Hill relata que o mito foi utilizado pela primeira vez no século XIII e descoberto quatro séculos depois. David Douglas observa que a Conquista é apresentada por muitos historiadores ingleses tardios como uma tragédia nacional e até mesmo como um desastre nacional. Sugere que foi por ser vista como um facto vergonhoso que Shakespeare a não utilizou como tema para uma das suas peças históricas. Durante muito tempo, a interpretação liberal da história inglesa foi hostil a Guilherme (Douglas, 1946). Também aqui a experiência francesa denota certos paralelismos, porque escritores ingleses como Philip Hunton, em 1643, e John Hare, em 1647, sustentaram que «o duque Guilherme pretendia a concessão e a herança do rei Eduardo, que morreu sem filhos; e veio com as suas forças a este reino, não para conquistar, mas para fazer valer o seu título contra os seus inimigos» (Kliger, 1952: 132). Contudo, o Parlamento ganhou a prova de força e esta interpretação não foi necessária aos democratas do século seguinte. Os acontecimentos de 1066 a 1215 permaneceram sendo uma história de conquista, quiçá

A RACIALIZAÇÃO DO OCIDENTE

colonização, por um povo invasor. Mas ela foi tão facilmente transformada na história de um conflito racial, que imprimiu um selo especial nas ideias das origens dos ingleses como nação. Há ainda um aspecto mais filosófico nesta questão. Os estudiosos do século XVII sentiram-se fascinados pelas sombrias profecias dos capítulos 2 e 7 do livro de Daniel. Dois séculos depois, Dean Stanley qualificaria estes capítulos como a primeira tentativa da filosofia da história, porque eles parecem descrever uma sequência de quatro reinos – de ouro, de prata, de latão e de ferro –, a que se segue um quinto reino, instaurado por Deus e eterno. A afirmação de que os santos de maior dimensão iriam para este quinto reino e o possuiriam para sempre inspirou o «quinto homem da monarquia» da era de Cromwell. A interpretação gótica, contudo, era a de que o Império Romano tinha sido o quarto reino e que a sucessão estava nesse momento a passar para os teutões. Portanto, elaborou-se assim uma teoria racial em embrião, a partir de uma interpretação inglesa da história, num período bastante remoto.

Quer em França quer em Inglaterra, a palavra «raça» começou a mudar de significado por volta de 1800. Anteriormente, o termo foi utilizado inicialmente no sentido de «linhagem»; as diferenças entre raças derivavam das circunstâncias da sua história e, embora se mantivessem através das gerações, não eram fixas. Esta aplicação, em Inglaterra, foi reforçada pelos modos de falar bíblicos, porque embora a tradução da Bíblia feita pelo rei Jaime não usasse a palavra «raça» para se referir aos homens, Foxe, em 1570, escrevia sobre «a raça e os descendentes de Abraão» e, mais tarde, Milton aludia à «raça de Satã». As razões pelas quais a palavra começou a ter uma utilização crescente merecem um estudo separado, mas esse facto deve estar associado ao alargamento dos contactos humanos tornado possível pelos melhoramentos nos meios de transporte e comunicação. No século XIX, o termo «raça» passou a significar uma qualidade física intrínseca. Os outros povos passavam a ser vistos como biologicamente diferentes. Embora a definição continuasse incerta, as pessoas começaram a pensar que a humanidade estava dividida em raças. Tinha, portanto, de se explicar a razão destas diferenças raciais. Seriam umas raças superiores a outras? Ou suceder-se-iam as raças na liderança da humanidade? Ou teria cada raça uma con-

31

A IDEIA DE RAÇA

tribuição peculiar a dar à humanidade? Em qualquer caso, tratava-se sempre de descobrir a natureza da raça.

O novo uso da palavra «raça» fazia dela uma categoria física. Levou a negligenciar o modo como o termo era socialmente utilizado, como categoria para organizar a percepção que as pessoas tinham da população do mundo. Havia um processo social, que poderia ser denominado racialização, pelo qual se desenvolveu um modo de categorização, aplicado com hesitação nos trabalhos históricos europeus, e depois, mais confiadamente, às populações do mundo. Tem-se falado muito dos malefícios associados às classificações raciais, mas o trabalho sistemático sobre este assunto é muito reduzido (cfr. Guillaumin, 1972, para uma contribuição de vanguarda). Este capítulo sugere que a primeira aplicação do conceito de raça aos assuntos europeus tem de ser relacionada com as lutas políticas desse tempo. A utilidade política da classificação racial para o colonialismo dos últimos quartéis do século XIX é tão óbvia que leva alguns investigadores a passar por alto a profundidade e a extensão em que o processo de racialização foi influenciado pelas inspirações e erros de intelectuais, que tentavam extrair algumas conclusões da nova e espantosa informação que lhes vinha parar às mãos. Nem tão-pouco houve ainda muitas comparações sistemáticas do modo como as classificações raciais eram utilizadas no governo das diversas regiões, das transformações que sofreram as concepções originais de raça e dos modos como elas foram relacionadas com os recentes desenvolvimentos, agora que o mundo parece ter entrado num período de desracialização em que muitos políticos e educadores procuram corrigir os erros do passado.

As preocupações actuais mostram que tem alguma importância averiguar que tipo de mudança ocorreu no uso da palavra «raça» no decurso do século XIX. Um bom método para detectar essa trajectória na língua inglesa, que também revela a maneira como as mudanças estão ligadas às concepções que os europeus têm de si próprios, é examinar os escritos contemporâneos de carácter histórico. Na sua *History of England* (1754), David Hume utiliza raça no sentido de uma linha de descendência, mas ele chama aos Germanos uma nação, aos Saxões uma tribo do povo germânico e aos Normandos também um povo. Não tinha, obviamente, um critério para classificar as

32

unidades sociais. Nem ainda o tinha Sharon Turner, que publicou o primeiro volume da sua *History of the Anglo-Saxons* em 1799. Afirma que a Europa foi povoada, a partir de este, por três grandes correntes de população: os Kimmerianos e raça céltica; as tribos citas, góticas e germânicas; e as nações eslavonianas e sármatas. Zomba da «opinião fantasiosa, mas não científica, de que houve várias raças aborígenes» e da ideia de «dezassete raças primevas» avançada por «alguns sonhadores parisienses». O principal interesse dos livros de Turner, que atingiram a sua quinta edição em 1828, é o testemunho da «patriótica curiosidade dos leitores» e de um tema que havia de ser ouvido com insistência crescente na historiografia do século XIX. O autor maravilha-se como de um começo tão pouco auspicioso se formou, no decurso de doze séculos, uma nação que, inferior a nenhuma outra em matéria de méritos morais e intelectuais, é superior a todas no amor e possessão da liberdade útil! (1828, vol. 3: 1). Os Ingleses do século XIX celebravam continuamente a sua liberdade e agradeciam à Providência ter-lhes dado instituições políticas tão notavelmente superiores às dos outros países. Olhavam para a sua história à procura da origem dessa liberdade e dessas instituições. Encontraram as respostas para estas perguntas na herança anglo-saxónica.

Christopher Hill declara que, no século XIX, o mito de um *jugo normando* já não era utilizado pelos políticos radicais. Quando deixou de ser perigoso para o Estado, este tema foi tomado por novos contistas e novos auditores. «Só quando a liberdade saxónica deixou de ser um grito de união para as massas descontentes é que começou a ser entusiasticamente ensinada nas salas de aula de Oxford» (1958: 118). Esta generalização não pode ser sustentada (Briggs, 1966: 6-8), mas a noção central passou a ser um veículo para o novo mito ancestral de que as principais virtudes inglesas derivavam dos seus antepassados anglo-saxões. Sir Walter Scott tomou esta ideia de uma peça teatral sobre Runnymede e tornou-a tema de um dos romances com mais êxito do século. *Ivanhoe; a Romance*, publicado em 1820. A história de Scott passa-se na Inglaterra, quando Ricardo-Coração-de-Leão está ausente numa cruzada na Palestina e o país é governado pelo seu irmão João (por volta de 1194). O tema é o sentimento de mal-estar entre o campesinato saxão e os seus cruéis

A IDEIA DE RAÇA

dirigentes normandos, resumido num velho «provérbio» citado por uma das personagens:

> Os Normandos serram o carvalho inglês,
> No pescoço inglês o jugo normando;
> Os Normandos comem do prato inglês
> E a Inglaterra é governada como os Normandos querem;
> Alegre-se o mundo porque a Inglaterra não será nada
> Até se livrar destes quatro males.[1]

Um dos heróis da resistência inglesa é Robin dos Bosques e há uma parte secundária do enredo que se centra num prestamista judeu e sua belíssima filha. Mas a característica mais extraordinária é que Scott apresenta a oposição entre Saxões e Normandos como uma luta entre duas raças. Pelas minhas contas, usa a palavra «raça» cinquenta e sete vezes. Em duas ocasiões usa-a livremente, ao modo dos literatos antigos, para referir «uma raça de bobos ou truões» e as novas gerações como «a raça jovem». Em vinte e seis ocasiões emprega o termo para se referir a Normandos, Saxões ou, ocasionalmente, a outros povos semelhantes; dezoito vezes para referir os judeus, frequentemente como uma raça maldita e desprezada (na verdade, o modo como trata Isaac está longe de ser simpático). Porém, em outras oito vezes, indica com a palavra uma linhagem, como, por exemplo, a «raça do imortal Alfredo» ou a «raça de Hengist». Certas vezes as raças são apresentadas como se possuíssem determinados atributos: os Saxões têm determinadas habilidades na interpretação da fisionomia; os Normandos são «uma raça moderada à mesa» e «sendo uma raça mista... perderam a maior parte dos seus preconceitos supersticiosos». Finalmente, ao considerar o efeito de Scott sobre os seus leitores, deve-se sublinhar que ele faz os seus personagens falar como se eles próprios pensassem pertencer a grupos raciais e culturais diferentes, pelo que dizem «a minha raça» e «a vossa raça».

---

[1] O provérbio traduzido fica longe da acutilância e sonoridade do inglês, que é: *Norman saw on English oak / On English neck a Norman yoke; / Norman spoon on English dish / And England ruled as Norman wish; / Blythe world to England never will be more / Till England's rid of all lhe four. (N. T.)*

A RACIALIZAÇÃO DO OCIDENTE

Os romances históricos de Scott foram uma fonte de inspiração para Edward Bulwer-Lytton, um romancista prolífero e um político conservador. Em 1843 Lytton publicou *The Last of the Barons*, uma história baseada nos acontecimentos de 1460 e 1470, quando havia relações pouco facéis entre o poderoso conde de Warwick e o jovem Eduardo IV, que deram origem à rebelião do primeiro e à sua morte no campo de batalha. É uma luta trilateral entre «o rei, o seu nobre normando e o seu povo saxão», com o próprio povo dividido em população rural e cidades comerciais. Há uma referência explícita ao mito do jugo normando, quando Warwick pronuncia estas palavras:

> «Nós bem sabemos que sempre em Inglaterra, mas especialmente a partir do reinado de Eduardo III, flutuaram e se espalharam, através das terras, noções delirantes de uma espécie de liberdade diferente daquela que desfrutamos. Entre o povo comum, a lembrança semiconsciente de que os nobres são de uma raça diferente alimenta um secreto rancor e malquerença que, em qualquer momento oportuno para o motim, se revela amargo e rude – como na rebelião de Cade e outras.»

Lytton utiliza a palavra «raça» oito vezes para designar quer os Normandos quer os Saxões, e outras tantas vezes no sentido de linhagem. Usa-a duas vezes para referir a geração mais nova, uma para dizer que a família da rainha ganhou para a raça literária os favores reais e outra para afirmar que os orgulhosos guardas de Warwick pareciam como se «pertencessem a outra casta, outra raça, diferente do povo comum». A oposição entre Normandos e Saxões não é apresentada em termos tão claros como no *Ivanhoe*, mas Lytton pôde escrever sobre «a meia raça normanda, da qual Nicholas Alwyn e a sua classe de Saxões era o princípio antagónico rival» e algumas das suas personagens estão muito conscientes de pertencerem a uma ou a outra.

O conteúdo ideológico do romance é espantoso. Lytton apresenta as cidades comerciais como favoráveis ao rei e hostis à aristocracia. «A evolução recente foi uma evolução de que as cidades *não tiraram a sua parte*... Desde sempre as classes tiveram um instinto muito claro dos seus interesses de classe. A revolução que o conde

A IDEIA DE RAÇA

efectuou foi o triunfo da aristocracia.» Warwick vê o rei como o primeiro dos nobres e pensa que ambos dependem do apoio da população agrícola. O que aconteceu – afirma Lytton – foi que o rei se separou da nobreza, desenvolvendo um governo despótico baseado numa aliança com a classe dos mercadores. «O espírito da época lutou pelo falso Eduardo e contra o honesto conde.»

Cinco anos mais tarde Lytton publicou um romance histórico intitulado *Harold: the Last of Saxon Kings*, que se baseia em acontecimentos até à conquista normanda. Usa aqui «raça» cinquenta e duas vezes, trinta e duas para referir grupos étnicos como Saxões, Dinamarqueses e Normandos, mas também as «raças mistas de Hertfordshire e Essex», e uma vez para falar de «raças piratas». Dezasseis vezes o termo refere-se a linhagem e quatro a qualidades comuns em determinado grupo: os Normandos são poetas por raça, os Saxões são uma raça limpa e um chefe antinormando provinha de Kent, «onde eram fortíssimos todos os preconceitos da sua raça». Na maior parte das vezes, «raça» é utilizada para referir divisões entre a população inglesa. Os Normandos estavam divididos por classes, pois a sua instalação na Normandia era tão recente que não houve tempo para criar aquela «integração, entre uma classe e outra, que os séculos criaram em Inglaterra». Mais uma vez as personagens se revelam conscientes das suas identidades raciais e um normando pode dizer a um dinamarquês: «Nós, os Normandos, somos da vossa própria raça.»

O *Harold* de Lytton foi um modelo para o *Hereward, last of the English* de Charles Kingsley, publicado em 1866, que repete as duas representações do herói, à maneira de Lytton, como o último da sua estirpe. Kingsley usa «raça» em onze ocasiões. No começo da história, diz-se que «a raça dos anglo-saxões está acabada»; no fim, os Ingleses estão desanimados ao ver «a sua raça escravizada». Às vezes, a palavra tem ainda o sentido de linhagem, embora se possa discernir uma nova tónica em expressões como «um apelo às antipatias de raça». Em trabalhos posteriores, Kingsley negou o mito do jugo normando, afirmando que os conquistadores eram o ramo civilizado da raça norueguesa.

Mas ao descrever a utilização de temas históricos no romantismo literário, estou a adiantar-me aos desenvolvimentos que se registam em trabalhos históricos muito mais sérios.

36

A RACIALIZAÇÃO DO OCIDENTE

O *Ivanhoe* de Scott influenciou um historiador francês muito imaginoso, Augustin Thierry, que, descontente com a vida política francesa, olhava favoravelmente para as instituições inglesas, tentando descobrir a sua origem (foi aquele a quem Marx chamou «o pai da "luta de classes" nos escritos históricos franceses»). Thierry concluiu que as instituições inglesas eram o fruto duma conquista, e escreveu, em 1825, uma *História da Inglaterra pelos Normandos*, que tomava partido pelos conquistados e sublinhava as amarguras que tiveram de sofrer. Este livro foi mais tarde reeditado na popular Everyman's Library. Thierry abre o seu trabalho expressando a esperança de que estas novas investigações possam iluminar um problema com bastante importância na ciência moral – «o que diz respeito às diferentes variedades da espécie humana na Europa, e as grandes raças primitivas donde saíram essas variedades». Faz um uso contínuo da palavra «raça» na interpretação das relações entre os grupos. «Pensei que o que estava a fazer era realmente uma contribuição para o progresso do conhecimento, ao construir (se se puder usar esta expressão) a história dos Galeses, dos antigos Irlandeses, dos Escoceses e das velhas e mescladas raças dos Bretões e Normandos do continente...» Thierry não diz que a sua história é determinada pelas qualidades biológicas das raças, mas o seu modo de escrever é compatível com tal interpretação. Não seria rebuscado ver o livro de Thierry como uma cópia desenvolvida e académica do *Ivanhoe* de Scott.

Outro passo no crescimento da «curiosidade patriótica» sobre as origens nacionais está documentado pelo livro *The Saxons in England*, publicado por John Mitchell Kemble em 1849, com o interessante subtítulo «Uma história da comunidade inglesa até ao período da conquista normanda». Mitchel entra na hipérbole racial quando escreve: «Depois, primeiro indistintamente, no crepúsculo em que o sol de Roma se iria pôr para sempre, assomava o colosso da raça germânica, gigantesca, terrível, inexplicável; e a vaga tentativa de explicar as suas terríveis formas veio tarde de mais para ter completo sucesso.» A tentativa foi fundamentalmente de Tácito; os seus capítulos curtos eram ainda examinados com o maior cuidado pelos historiadores dos primeiros tempos da Europa. Kemble continuava: «Vamos limitar a nossa atenção a essa parte da raça que se instalou nas nossas próprias praias.» O seu livro era apresentado como uma

A IDEIA DE RAÇA

«história dos princípios que deram ao império grande proeminência entre as nações da Europa», mas quais eram na verdade esses princípios? Os capítulos de Kemble levavam títulos como estes: «The Mark», «The Gá or Scir» ,«Land Possession. The Edel, Hid or Alod», «The Mutual Guarantee. Maegburh, Tithing, Hundred», «Fáehde Wergyld», «Folcland, Bécland, Láenland». Para Kemble, estas matérias constituíam um assunto sério, grave e solene, «a história da infância da nossa época – a explicação da sua virilidade». Mas a explicação não está aí. A ligação entre estes assuntos recônditos e o triunfo da rainha Vitória não está estabelecida. Qualquer leitor, salvo os especialistas, tinha de possuir uma grande dose de tolerância para o tédio e, acima de tudo, teve de aceitar a ligação como matéria de fé.

Em 1948 apareceu a primeira edição do livro de Thomas Macaulay, *The History of England to the Accession of James II*, que trata a conquista nos mesmos termos que Scott. A batalha de Hastings atirou toda a população da Inglaterra para a tirania da raça normanda, a mais ilustre raça da cristandade. A raça dominada foi calcada, a ponto de, durante os seguintes cento e cinquenta anos, «não ter havido, em rigor, história inglesa». A Inglaterra foi governada por reis franceses até os Normandos descobrirem que tinham de escolher entre a Normandia e a Inglaterra. O primeiro sinal de reconciliação foi a Magna Carta. Depois, cresceu o interesse comum. Afirma Macaulay que «em nenhum país se levou mais longe a inimizade de raça que na Inglaterra. E em nenhum país foi esta inimizade tão completamente erradicada». Escreve que se deu uma amalgamação de raças, sugerindo a existência de um processo biológico, ainda que ele próprio não estivesse convencido disso, porque explica: «As causas morais apagaram sem ruído, primeiro as distinções entre Normandos e Saxões, depois a distinção entre o senhor e escravo.» Com o seguinte resultado: «Os nossos avós foram o povo mais bem governado da Europa.» O primeiro volume em que esta tese é proclamada vendeu 133 653 exemplares, em 1875 (Altick. 1957: 388).

Kemble e Macaulay empregaram categorias raciais ao escrever a história de Inglaterra, mas alguns anos antes, em 1841, Thomas Arnold usou-as em muito maior escala na sua lição inaugural como professor de História Moderna em Oxford. Para Arnold, «os grandes

38

A RACIALIZAÇÃO DO OCIDENTE

elementos da nacionalidade» eram «raça, língua, instituições e religião». O primeiro elemento pode ser crucial porque:

«Se considerarmos o império romano no século IV da era cristã, nele encontraremos a cristandade, nele encontraremos todos os tesouros intelectuais da Grécia, toda a sabedoria social e política de Roma. O que não se encontraria nele seria simplesmente a raça germânica e as qualidades peculiares que a caracterizam. Esta única parcela, uma vez adicionada, era de tanto poder que mudou o carácter de toda a massa» (Arnold, 1842: 26-27).

Nós, esta grande nação inglesa – entoava ele –, cuja raça e língua cobrem agora a Terra, somos de origem teutónica ou germânica, porque «embora os nossos pais normandos tivessem aprendido a falar uma língua estranha, eram no sangue, como sabemos, Saxões». A Europa era a terceira grande civilização, mas seria também a última? «Procurando agora ansiosamente em todo o mundo novas raças que possam, num solo ameno mas vigoroso, receber a semente da nossa história actual, para a reproduzir (a mesma mas contudo nova, num período futuro) não sabemos onde encontrá-las.» Se não havia uma raça sucessora neste período tardio, então o estudo da história moderna deve ser especialmente significativo (cf. Faverty, 1951; Forbes, 1952: 68; e, para uma correcção às interpretações demasiado simples, Barcksdale, 1957).

Tudo decorre como se, em 1850, uma parte significativa da classe alta inglesa subscrevesse uma rudimentar filosofia racial da história. Benjamim Disraeli é um caso especial, porque pretendia reivindicar uma superioridade precisamente nas mesmas bases. A aristocracia inglesa, dizia ele, «saiu duma horda de piratas bálticos de que nunca se ouvira falar nos grandes anais do mundo». A genealogia judaica era muito mais remota. Esta é uma das componentes da sua trilogia, *Conningsby, Sibyl* e *Tancred*. Nesta última, publicada em 1847, uma personagem central explica que o sucesso histórico da Inglaterra é uma «questão de raça». Uma raça de Saxões, protegida pela sua posição insular, imprimiu o seu carácter diligente e metódico no século. E quando uma raça superior, com

39

uma ideia superior de trabalho e ordem, avança, o seu Estado será progressivo e nós talvez sigamos o exemplo dos países desolados. Tudo é raça; não há outra verdade. Cinco anos mais tarde, Disraeli repetia: «Na estrutura, decadência e desenvolvimento das várias famílias do homem, as vicissitudes da história encontram as suas próprias soluções. Tudo é raça.»

Algumas publicações periódicas versaram o tema e a ideia de raça entrou numa nova fase da sua carreira. Mas ainda faltava qualquer coisa. As ideias evolucionistas eram um lugar-comum antes de 1859, quando Darwin explicou como se operava, na realidade, o processo evolutivo. As filosofias raciais estavam muito espalhadas, mas faltava-lhes uma explicação satisfatória para a superioridade de umas raças sobre as outras. Sobre este tema é importante ver o que alguns dos escritores contemporâneos não conseguiram dizer. Thomas Arnold, apesar da ênfase no significado histórico da raça, parece inclinar-se para a ideia de que a superioridade de determinadas raças era acidental e temporária (1842: 156-57). Considere-se também o caso de Bulwer-Lytton, que foi mais tarde nobilitado e serviu como secretário de Estado das Colónias. Como tantos outros, remontava a Tácito quando dizia, perante a Câmara dos Comuns: «Foi nas florestas livres da Germânia que se criou o génio da nossa liberdade. Foi dos altares livres da Germânia que vieram os nossos monarcas constitucionais» (citado por Curtis, 1968: 11). Em 1854, disse no Instituto de Mecânica de Leeds: «Em toda a Europa apenas existem três grandes raças em todo o vigor de uma vida progressiva – a grande raça germânica, o povo de França e o povo da Grã-Bretanha.» O mais próximo de uma explicação é quando afirma, tempos depois: «A diferença entre uma e outra raça está relacionada com a organização mental pela qual qualquer raça pode receber ideias de outra mais civilizada, à qual está submetida ou com a qual entrou em contacto... A Inglaterra parece nunca ter sido habitada por uma raça que não aceitasse ideias de uma civilização mais avançada» (Lytton, 1874, vol. I: 175, vol. II: 196).

Noutras ocasiões, Lytton sugeriu que a vida de montanha torna as raças robustas e vigorosas. Elas descem, então, e conquistam os homens da planície. Provavelmente, cedem depois o lugar a outras hordas vindas das montanhas. Mas parece deixar um papel às causas

A RACIALIZAÇÃO DO OCIDENTE

morais. No Canadá, homens de diferentes países mas de raça aparentada juntaram-se, tomando a têmpera e a cor da terra em que se instalaram: «Não interessa o lugar donde o homem vem; colocado em terra coberta pela bandeira inglesa, à sombra, ainda que a distância, do suave ceptro britânico, depressa se tornará britânico nos sentimentos e na sensibilidade.» Os membros do Parlamento tinham um interesse comum em «realizar a missão dos Anglo-Saxões, ao espalhar inteligência, liberdade e fé cristã em toda a parte onde a Providência nos der o domínio do solo» (1874, vol. 1: 92-7; vol. II: 92, 96).

A esta luz torna-se possível aceitar a afirmação, de outro modo inacreditável, de Luke Owen Pike, no seu livro *The English and their Origin*, de 1866.

> «Provavelmente, estão vivos poucos ingleses educados que não tivessem na sua infância aprendido que a nação inglesa é uma nação de sangue teutónico quase puro, que a sua constituição política, os seus costumes sociais, a sua prosperidade interna, o êxito das suas armas e o número das suas colónias derivam necessariamente da chegada, em três navios, de certos guerreiros germânicos sob o comando de Hengist e Horsa [...] quando a Alemanha está imersa em dificuldades, lembram-nos invariavelmente que os Germanos são da nossa linhagem» (1866: 15-16).

Nos últimos anos do século, o reforço desta linhagem tornou-se a base de uma indústria histórica em que se destacaram Seely, Freeman, Stubbs e J. R. Green. Freeman tinha lido *Harold* de Lytton, e o seu entusiasmo levou-o a afirmar que teria combatido alegremente contra Guilherme, em Hastings. Douglas observa que Freeman tratou as lutas do século XI quase como um assunto da política quotidiana; mas esta é uma época mais tardia e um capítulo diferente da história.

III

A Racialização do Mundo

O capítulo anterior discutiu alguns dos factores da história da Europa que encorajaram as pessoas a pensar em si mesmas como pertencentes a raças e que prepararam o caminho para a elaboração de uma forma de classificação que incluía todos os povos do mundo em categorias raciais. No século XVIII, a palavra «raça» era primeiramente usada para a descendência comum de um conjunto de pessoas; as suas características distintivas eram dadas por assentes e a categoria «raça» usava-se para explicar como as conseguiram. No século XIX, «raça» tornou-se um meio de classificar as pessoas por essas características, como se pode ver nas citações de Abraham Lincoln, no princípio do capítulo I. Como também sugere essa citação, as categorizações raciais podiam então ser aplicadas sem adesão a qualquer teoria sobre as origens de tais distinções. Por detrás das observações de Lincoln descortina-se a doutrina de que a humanidade se encontra dividida numa série de tipos raciais diferentes e permanentes ou, por outras palavras, que os brancos e os pretos são espécies diferentes. Este capítulo discute o crescente significado das categorizações raciais no século XIX até ao momento em que Darwin provocou uma reorientação na matéria. Muitos escritores em França, Alemanha, Grã-Bretanha e Estados Unidos, teólogos, anatomistas, fisiologistas, etnólogos, poetas, viajantes, contribuíram para o vigoroso e confuso debate sobre a raça, e o exame histórico deste assunto continua ainda longe de estar completo. Como o termo «raça» significa diferentes coisas para diferentes escritores e é a origem de muita confusão, é mais conveniente usar o conceito de «tipo» como chave para atravessar o labirinto. Para o sentido que nos interessa, o conceito de tipo tem origem nos trabalhos de Cuvier, nos primeiros anos do século XIX. Chegou ao pensamento inglês por

A IDEIA DE RAÇA

meio de uma das maiores figuras do estudo da raça, James Cowles Prichard, e rapidamente se espalhou, especialmente nos Estados Unidos, onde se desenvolveu em nova doutrina, sistematizada no livro de Nott e Gliddon intitulado *Types of Mankind*, publicado em 1854. Se se deve encarar ou não Gobineau como expositor desta doutrina, é uma questão menos simples. No seu *Essai sur l'inégalité des races humaines* utilizou a doutrina dos tipos e o seu ensaio sobre a desigualdade das raças é interpretado em muitos livros a partir deste ponto de vista. Mas o seu ensaio também foi olhado como uma extensão do conceito romântico de complementaridade das raças e como um manifesto pessoal que desenvolveu um conceito de raça que expunha uma filosofia política pessimista.

O tipo era uma noção muito conveniente por não estar ligada a qualquer nível classificatório peculiar na zoologia, tornando assim fácil referir tipos físicos característicos de determinadas nações, «tipos de conformação craniana» ou dizer que um crânio «se aproximava do tipo Negro» sem ter de estabelecer em que consistia exactamente esse tipo. Este paradoxo foi notado naquele tempo, já que W. F. Edwards observava, no seu importante ensaio datado de 1829:

> «Na identificação de uma combinação de caracteres bem definidos como um tipo – uma palavra que tem o mesmo sentido no discurso vulgar e na história natural –, evito todas as discussões sobre a posição que um grupo assim caracterizado ocuparia numa classificação geral, dado que corresponde igualmente bem às distinções entre variedade, raça, família, espécie, género e outras categorias ainda mais gerais» (1829: 125).

À medida que se acumulavam os dados sobre a diversidade das formas humanas, os autores tendiam cada vez mais a referir várias espécies de tipos, e na verdade a elaboração de tipologias de várias espécies tornou-se a característica do academismo do século xix. A concepção dos tipos raciais é mais central para o debate sobre a raça do que a tentativa de classificar as pessoas de diversas regiões. Contrasta brutalmente com o aparelho conceptual que Darwin elaborou e permanece como centro de uma ideologia política de deter-

A RACIALIZAÇÃO DO MUNDO

minismo racial agora desacreditada, retendo ainda, ao que parece, algum significado político para o resto do século XIX.

No princípio da controvérsia, o termo «raça» nem sequer apareceu. No século XIX houve uma forte tendência para ordenar todas as coisas do mundo – objectos minerais, vegetais e animais, dos mais baixos aos mais elevados –, constituindo como que uma «enorme cadeia do Ser». Argumentava-se que cada forma se reflectia imperceptivelmente na seguinte, pelo que era arbitrário e enganador separá-las em diferentes categorias. O botânico sueco Lineu, contudo, elaborou uma classificação que conquistou grande aceitação geral. As plantas e as aves eram identificadas primeiramente como membros de uma classe, depois de ordens, em seguida de géneros e, finalmente, de espécies (ainda que possa haver variedades dentro das espécies). Lineu introduziu a prática de identificar as espécies por duas palavras, em que a primeira é o nome do género. Cada género e cada espécie apenas têm um nome correcto. Muitos cientistas do seu tempo pensaram que uma compreensão mais sistemática da criação de Deus os levava um passo mais perto do Criador. O conhecimento desenvolvia-se rapidamente e havia um desejo de síntese que atingiu o seu máximo em meados do século XIX. Os estudos médicos de anatomia e fisiologia dos europeus estavam a tornar-se mais sistemáticos. Por outro lado, começavam a chegar melhores informações sobre o carácter físico e a cultura dos homens de regiões distantes, e os cientistas principiaram a organizar logicamente os dados, anteriormente confusos, sobre os primatas superiores e as variedades de *Homo sapiens* reputadas inferiores.

Se houvesse um número finito de espécies na Terra, então não seria difícil acreditar que Deus fez cada uma delas para um determinado propósito. Sendo assim, porque criou uma tão ampla variedade de homens? É a humanidade um género dividido em espécies ou uma espécie dividida em variedades? Lineu integrou o homem no seu esquema, mas só de maneira aproximada. Era problemático continuar a sua linha de investigação, já que a Bíblia apresentava claramente toda a humanidade como descendente de Adão e Eva e, portanto, como tendo a mesma origem. As cronologias bíblicas sugeriam que a Terra tinha cerca de seis mil anos, embora os geólogos viessem desenterrando dados que apontavam para uma história muito mais antiga. Estavam também a descobrir restos fósseis de criaturas já extintas. Começou então a surgir um crescente cepticismo quanto ao valor do Antigo Testamento como fonte de dados para a história da Terra, de modo que os cristãos ortodoxos se viram na necessidade de explicar como foi possível divergirem tanto os diferentes ramos da humanidade, havendo só uma única origem. Inevitavelmente, suspeitaram que as diferenças de clima e *habitat* eram as responsáveis pela mudança, mas não podiam explicar convenientemente como se processaram essas mudanças e se a sua orientação geral era de decadência ou de progresso.

Se há um homem cuja obra reflecte a tentativa para organizar o conhecimento sobre a diversidade humana dentro de um quadro compatível com as concepções do Antigo Testamento, esse homem é James Cowles Prichard (1786-1848), o médico de Bristol que nos seus dias era considerado a maior autoridade do mundo em raça.

A sua dissertação para o grau académico de mestre, «De Generis Humani Varietate», foi a base donde sairiam duas obras, *Physical History of Mankind* e *Natural History*, que cresceram ao longo dos anos até que, na sua quarta edição, a primeira atingia cinco volumes e a outra dois. No seu primeiro trabalho, Prichard preocupou-se em defender o relato bíblico, criticando as sugestões de que a diversidade humana tinha sido constante desde o começo e argumentando que não havia dados suficientes para indicar que os caracteres adquiridos podiam ser transmitidos pela hereditariedade às gerações seguintes. Estes dois argumentos aparecem constantemente nos seus livros posteriores. Em primeiro lugar, surge a pergunta se as raças da humanidade «constituem espécies separadas ou se são apenas variedades de uma espécie». As espécies deviam ser identificadas por «peculiaridades de estrutura que sempre foram constantes e sem desvios». Utiliza raça para referir nações fisicamente distintas, mas também não faz questão em usar com a mesma intenção «as tribos do homem» (cf. 1826: 90). Fiel à interpretação tradicional do Génesis, Prichard crê que a Criação ocorreu seis mil anos antes. O seu problema consistia em explicar, por qualquer hipótese, o aparecimento de diferenças raciais dentro deste período, salvo a da herança das características adquiridas, mas, no estádio de conhecimento do seu tempo, ele não o podia fazer. Baseava-se constantemente nesta

A RACIALIZAÇÃO DO MUNDO

orientação, como quando escrevia «algumas vezes […] as formas de diversos animais parecem tão semelhantes a determinado tipo que levam a imaginar que poderiam ter florescido a partir da mesma raça» (1826: 91), ou como quando explicava o uso correcto da palavra «raça»:

> «As raças são na verdade sucessões de indivíduos que se propagam a partir de uma mesma origem; e o termo deve ser usado sem qualquer ideia de que tal progénie ou matriz comum tenha possuído sempre um carácter particular. A importância real do termo foi muitas vezes desatendida, e a palavra «raça» tem sido utilizada como se implicasse uma diferença no carácter físico de diversas séries de indivíduos. Nos autores de Antropologia, que adoptaram o termo, parte-se a maior parte das vezes do princípio de que tais distinções são fundamentais e que a sua transmissão sucessiva nunca foi interrompida. Se isso fosse verdade, uma raça caracterizada deste modo seria realmente uma espécie no significado mais estrito do termo e, portanto, era assim que devia ser denominada» (1836: 109).

Rejeitando embora a tese de que os caracteres adquiridos podiam ser herdados, Prichard estava consciente de que as crianças não se pareciam tanto com os pais que essas semelhanças pudessem ser preditas; defendia, no entanto, que quanto mais exacta fosse a investigação sobre a etnografia do mundo tanto menos bases haveria para a opinião de que as características das raças humanas eram permanentes. Assim, perguntava: «Recebeu o homem do seu Criador um princípio de adaptação pelo qual fica apto a possuir toda a Terra? Ele modifica o impacto dos elementos sobre si próprio, mas não o modificará a ele próprio esse impacto? Não o teriam tornado diferente na sua própria organização em diferentes regiões?» (1843: 3-4). Em certa altura, Prichard andou muito perto do que nós hoje sabemos ser a resposta. Salientou que colónias completas de animais podem morrer quando transferidas para climas aos quais não estão adaptadas. Quando levados para o Paraguai e deixados à solta, os cavalos e o gado sofreram uma transformação, mas os animais domesticados, não. Talvez haja, afirmou, uma analogia com as raças do homem, e se

A IDEIA DE RAÇA

as variedades se estabeleceram recentemente a partir de uma matriz comum, continuam a existir muito tempo depois de a raça ter sido transferida do clima em que se originou (1826: 581-83).

Dos seus estudos anatómicos Prichard concluiu, a título de ensaio, que havia três tipos de crânio: prógnato, piramidal e oval; cada tipo apresentava desvios pelos quais se operava a transição entre uns e outros, por gradações insensíveis. Os três tipos de crânio podiam encontrar-se entre os negros e pareciam estar associados mais estreitamente com graus de civilização do que com populações de certas áreas. Cada espécie, diz Prichard, tem um carácter psicológico, mas o tipo está preservado nas variedades individuais; assim, estudou as características psicológicas das raças humanas e concluiu que estas se apoiavam nas conclusões extraídas dos caracteres externos, e que a humanidade constitui uma única espécie (cf. Stocking, 1973).

A habilidade com que Prichard reuniu dados provenientes de tantas fontes e a sobriedade dos seus juízos deram aos seus livros uma autoridade especial, mas o problemático é que muito veio a modificar-se no conceito de espécie. O seu uso variou. Em 1826, Desmoulins, um anatomista parisiense, avançou uma classificação do homem em dezasseis espécies; algumas destas espécies estavam divididas em raças, o que transformou a raça numa categoria subespecífica. Passados mais de dois decénios, um previdente etnólogo inglês escrevia que «uma raça é uma classe de indivíduos a respeito dos quais há dúvidas sobre se constituem uma espécie diferente ou uma variedade de uma espécie conhecida. Por conseguinte, o termo é *subjectivo* [...]. Este escritor [...] ou nunca usou o termo raça ou então usou-o inadvertidamente» (Latham, 1850: 29).

O debate sobre a raça no século XIX foi afectado pelas convicções que diferentes autores foram capazes de exprimir sobre a idade da Terra. Se o homem se diferenciou tanto no decurso de seis mil anos, como pensava Prichard, a sua estrutura física não podia ser uma determinante estável da sua cultura e modo de vida. A sua cultura podia muito bem determinar o seu físico. Os autores que se permitiam pressupor uma idade muito maior para a Terra também estavam preparados para argumentar que a estrutura física determinava a cultura dos povos. Esta viragem decisiva tornou-se bastante mais clara com Cuvier que, juntamente com um homem de um

A RACIALIZAÇÃO DO MUNDO

temperamento muito diferente chamado Degerando (Moore, 1969), foi envolvido na preparação de uma expedição científica francesa à Australásia, em 1799 (Stocking, 1968: 13-41). A carreira de Cuvier prosperou e, com Napoleão, tornou-se uma das figuras dominantes da ciência francesa.

Cuvier era um protestante que aceitava a história bíblica da origem comum do homem, mas não acreditava que o Génesis fornecesse uma cronologia completa. Tomou a história da Criação e da classificação de modo mais aberto que os seus predecessores, acreditando que um cientista se deve concentrar nos problemas onde existam dados disponíveis, susceptíveis de ser reunidos, e deve deixar de lado aqueles que, nesse momento, estão fora do seu alcance. Na esfera da zoologia, Cuvier continuou o trabalho de Lineu, compilando um estudo magistral do reino animal. Distinguiu quatro ramos principais neste reino, vertebrados, moluscos, articulados e zoófitos, que se dividiam depois em géneros e subgéneros. Cuvier tinha muita confiança no conceito de tipo biológico, pensando que uma vez este percebido poder-se-ia entender perfeitamente o essencial da categoria. Sublinhou a importância do tipo, em oposição àqueles que consideravam que as diversas formas se esfumavam umas nas outras imperceptivelmente. Os géneros e as espécies são ambos discretos, morfologicamente unidades estáveis e, por conseguinte, exemplos de tipos. No seu longo estudo sobre os peixes, cada volume trata de um género e o primeiro capítulo está dedicado à descrição do seu tipo. Cuvier é provavelmente mais conhecido pela sua teoria geológica, em que afirma ter havido uma série de catástrofes naturais (por exemplo, enchentes) que mataram um grande número de espécies e dividiram a história natural em oito épocas diferentes. O seu mais recente biógrafo concluiu que ele não acreditava, como se tinha frequentemente pensado, e muito compreensivelmente, que cada época começasse com uma nova criação, mas, antes, que alguns indivíduos sobreviviam, podendo as migrações e a troca de espécies entre territórios responder pelas diferenças subsequentes. Deste modo, ele podia aceitar todos os homens como descendentes de Adão, sugerindo ao mesmo tempo que as três raças principais fugiram em diferentes direcções depois da última catástrofe, há cerca de cinco mil anos, e se desenvolveram em isolamento (para um exame crí-

A IDEIA DE RAÇA

tico contemporâneo, do ponto de vista monogenésico, consulte-se Salles, 1849). Uma variante desta teoria, às vezes associada com Cuvier (por exemplo, Prichard, 1843: 133), olha as três raças principais como originárias de determinadas vertentes montanhosas: a branca, da região do monte Cáucaso; a amarela, da zona do monte Altai; e, a negra, da face sul da cadeia do monte Atlas.

Para Cuvier, o *Homo sapiens* era uma divisão dos vertebrados e subdividia-se em três subespécies: caucasiana, mongólica e etiópica. Cada uma destas três dividiu-se, mais tarde, segundo linhas geográficas, físicas e linguísticas. Malaios, esquimós e índios americanos ficavam fora desta subdivisão, mas, sendo interfértil, toda a humanidade constitui uma única espécie. Há duas características, na concepção de Cuvier, das raças humanas que merecem atenção. A primeira é a sua representação das raças como uma hierarquia, com os brancos no topo e os negros na base. A segunda é a sua opinião de que as diferenças de cultura e de qualidade mental são produzidas pelas diferenças no físico. «Não foi por acaso» – escreveu Cuvier – «que os caucasianos ganharam domínio sobre o mundo e operaram o mais rápido progresso nas ciências.» Os Chineses estavam menos avançados. Tinham crânios com uma forma mais próxima da dos animais. Os negros estavam «imersos na escravidão e no prazer dos sentidos», embora fossem «criaturas racionais e sensíveis». Por seu lado, a «escravidão é degradante, quer para os escravos quer para os senhores, e deve ser abolida» (Coleman, 1964: 166).

Dizer que o homem era um animal constituía afirmação pouco arrojada. A questão-chave estava em saber se ele era só um animal. O homem podia criar o seu próprio mundo, erguer uma civilização e estudar-se a si mesmo. Poderia isto ser explicado pelos mesmos princípios que parecem regular o seu ser físico? A resposta afirmativa de Cuvier a esta pergunta é um dos passos mais importantes em direcção à doutrina dos tipos raciais. Pode também ser olhada como um critério de distinção entre dois paradigmas no estudo do homem: a abordagem antropológica, que esperava explicar o físico e a cultura numa teoria unificada baseando as causas da diferenciação nas leis biológicas; e a abordagem etnológica, que estabelece uma clara diferença entre a natureza física do homem e a sua cultura, pensando que a última exige uma explicação de outra natureza (cf. Stocking,

50

A RACIALIZAÇÃO DO MUNDO

1973: c). Não foi este o modo como a maior parte dos autores do século XIX viu a diferença. Latham, por exemplo, viu a antropologia como o estudo das relações do homem com os outros mamíferos e a etnologia como o estudo das relações das diferentes variedades da humanidade entre si; investigavam ambas as influências físicas, sendo deixado à história o estudo das causas morais (1850: 559). Autores houve, porém, que traçaram a linha divisória ainda em outros lugares, mas tornou-se cada vez mais claro que a questão-chave era a relação entre a explicação física e a cultural, sendo conveniente rotular cada uma das respostas como «antropológica» e «etnológica».

Um franco apoio ao paradigma antropológico era susceptível de atrair a hostilidade daqueles que o consideravam contrário à religião revelada e subversivo para a moralidade. Os que o favoreceram tinham portanto outras razões para além das decorrentes de uma prudência científica normal, que aconselhava evitar qualquer confrontação e testemunhar que, a partir de um ponto de vista zoológico, continuava a ser uma questão em aberto o facto de o homem ser uma única espécie ou «ter emergido sucessivamente, ou simultaneamente, de um género, possuindo pelo menos três espécies diferentes». A citação é de Charles Hamilton Smith (1776-1859), um discípulo e amigo de Cuvier que cumpriu serviço militar com as tropas britânicas na África Ocidental, nas Índias Ocidentais e em ambas as partes do continente americano, entre 1797 e 1807, e que posteriormente traduziu as obras do mestre quando estava em manobras. Em 1848 publicou *The Natural History of the Human Species* que, sobre as bases de Cuvier, construiu uma superstrutura especulativa acerca das origens do homem em três tipos de aborígenes, que se dispersaram a partir de um centro comum, perto do deserto de Gobi, «porque este era, aproximadamente, o lugar do desenvolvimento do homem [...] ou o espaço onde uma parte dos seres humanos encontrou segurança quando as convulsões e as mudanças afectavam a superfície da Terra, destruindo possivelmente uma zoologia mais antiga e abrindo uma nova ordem das coisas» (1848: 169). Chegou mesmo a incluir no seu esquema ideias sobre a história dos Godos, colhidas nos escritos de Jordanes, no século VI. O diagrama que sintetiza a sua teoria reproduz-se na figura da página seguinte.

51

(Fonte: Smith, 1848: 187)

Diagrama 1: Concepção de Charles Hamilton Smith da localização primitiva da humanidade e os três tipos fundamentais.

Smith mantinha que a zoologia limitava as possibilidades de colonização. Uma raça só pode ter o domínio provisório de uma região até ao momento em que surge a forma típica e indestrutível para dominar o território que lhe está destinado por natureza. A conquista implicava o extermínio, salvo se tratar da expansão de um grande tipo fundamental que vai incorporar ramos que lhe pertencem. A variedade dos mulatos é eventualmente caracterizada pela infertilidade. Para Smith os três grandes tipos fundamentais são: o de cabelos como lã ou negro; sem barba ou mongólico; e com barba ou caucasóide. O lugar inferior dos negros na ordem humana é uma consequência do pequeno volume do seu cérebro (o autor viu como até mesmo o mais pequeno capacete do exército britânico fabricado para as tropas negras nas Índias Ocidentais mostrou ser excessivamente grande, exigindo para a sua adaptação local um aumento de espessura da ordem de uma polegada e meia; mostrou também que as crianças brancas alimentadas com leite de negras apresentam mais tarde um temperamento e uma compleição diferentes). Os mongóis, «indubitavelmente por causa da ajuda de elementos caucasóides», atingiram uma civilização homogénea. Os caucasóides são a mais alta realização da Natureza. Para mais, Smith descobriu a obra de

A. E. R. A. Serres (1786-1868), um anatomista francês citado às vezes como uma autoridade sobre a permanência dos tipos: Serres foi um dos que apresentaram a teoria da recapitulação («a ontogénese recapitula a filogénese») segundo a qual qualquer ser humano, enquanto se desenvolve no embrião, repete o desenvolvimento de um peixe, de um réptil, de uma ave e de um mamífero, antes de emergir como um humano. As descobertas de Serres, escreveu Smith, mostram que as condições do progresso cerebral à nascença são mais completas no tipo caucasóide: «O cérebro humano assume sucessivamente a forma dos negros, dos malaios, dos americanos e dos mongóis, antes de atingir a forma caucasiana. Um dos primeiros pontos onde começa a ossificação é a mandíbula inferior. Este osso completa-se portanto mais depressa que qualquer outro da cabeça e adquire, nos negros, uma predominância que nunca perde» (1848: 125-27). Nas lições que depois deu na Instituição Plymouth, entre 1832 e 1837, foi principalmente a teoria que provocou as controvérsias de 1850. Não abordava os antagonismos raciais e envolvia-se em termos menos combativos que os trabalhos posteriores, o que pode ajudar a explicar porque parece ter sido esquecida muito mais rapidamente.

Pareceria que os trabalhos de Cuvier teriam muito menos influência no desenvolvimento das teorias raciais na Alemanha, dada a ligação especial neste país entre o desenvolvimento daquilo que hoje se poderia chamar «ciências da vida» e o movimento literário conhecido por romantismo. Este movimento tinha diversas orientações; pode ser mais bem identificado como uma série de modificações no objecto e na perspectivação das coisas, que é o que caracteriza a maior parte da literatura e das artes entre 1760 e 1870. Os ensinamentos de Jean-Jacques Rousseau marcam o seu começo, e na sua primeira fase o romantismo reflecte-se em imagens como o «bom selvagem» – o que implicava que o homem era naturalmente bom e que o mal era provocado para uma organização social errada. Tem de se olhar o romantismo como uma reacção contra o neoclassicismo, contra a opinião de que os melhores elementos da cultura da Europa Ocidental remontavam à herança romana e contra a orientação racionalista do Iluminismo. Portanto, estava associado, em alguns escritores, com uma tendência para procurar inspiração mais na cultura nórdica do que na latina, e lembrar as liberdades

A IDEIA DE RAÇA

bárbaras tão apreciadas por Tácito. Insatisfeitos com a limitada natureza de uma interpretação do universo baseada na causa-efeito, os românticos davam mais fé à imaginação humana e interpretavam o mundo segundo uma visão fundada num conjunto de forças misteriosas que chamavam divinas. Em vez de, como Cuvier, só fazerem as perguntas para as quais podiam obter certas respostas, tentaram explorar as relações entre os fenómenos do Espírito e os da Natureza, de uma maneira que levaria mais às verdades da poesia do que às da ciência. Na Alemanha, Goethe combinou o seu trabalho de índole literária com investigações científicas sérias e o romantismo teve uma influência significativa em alguns dos primeiros teóricos novecentistas da natureza humana.

O significado do romantismo nas primeiras teorias raciais germânicas está bem clarificado num estudo de Hermann Blome que, tendo sido publicado em Munique em 1943, deveria dar o maior peso possível aos elementos biológicos. Blome integra-se na genealogia intelectual que, depois de Kant e de Blumenbach, prossegue através de diversos autores, incluindo Schelling, Steffens, até teorias como as de Lorenz Oken e Wolfgang Menzel. Oken perguntava porque não havia raças azuis e verdes. (Pensava que a cor era uma base insatisfatória para ordenar as diferenças e apresentou uma classificação em cinco partes baseada nos sentidos humanos: homens-olho, homens-nariz, homens-orelha, etc. Menzel descreve o Sol, a Lua, as estrelas, como reinos simbólicos a que devem corresponder as divisões da humanidade. Esta abordagem lembra mais a tentativa da filosofia grega em explicar o Mundo em termos dos quatro elementos, fogo, terra, ar e água, do que o método empírico da ciência.

Blome afirma que o ponto mais alto da concepção romântica de raça é representado pela obra de Carl Gustav Carus, que avançou uma filosofia do homem que compreendia quer a dimensão física quer a espiritual, e que detectou uma simetria subjacente nas relações das raças (cf. Poliakov, 1974: 239-42).

Carl Gustav Carus (1789-1869) era um homem de talentos quase tão variados como Goethe. Médico da família real, conselheiro privado, professor em Dresden, amigo de Goethe, crítico de arte e pintor de paisagens, publicou também importantes obras sobre temas médicos, sobre psicologia, sobre o simbolismo da forma humana, e

54

um relato das suas viagens em Inglaterra e na Escócia. Entre os livros que publicou, de 1835 a 1861, há nove em que Carus apresenta alguns factos sobre a raça, mas isso ocupa uma parte relativamente pequena no conjunto dos seus escritos e raramente é lembrado por causa da sua teoria racial. Carus ficou impressionado pela influência dos grandes homens no curso da história e especulou sobre se a sua proeminência não revelaria mais qualquer coisa sobre diferenças mais gerais nas capacidades humanas. Isto explica porque o seu ensaio de cem páginas intitulado «Sobre a Desigual Capacidade das Diferentes Divisões da Humanidade para o Desenvolvimento Espiritual Mais Elevado» (sua principal tese sobre a raça) foi publicado como uma memória dedicada a Goethe, no centenário do seu nascimento. Carus conhecia as classificações anteriores e as obras de Klemm e de J. C. Prichard, mas estava pouco satisfeito com as classificações unicamente baseadas na forma física externa. Pensou que tinha encontrado uma base melhor nas relações das divisões da humanidade com a Terra como planeta e em particular com o Sol. Isto separava os povos da Terra em povos do dia, do crepúsculo oriental, do crepúsculo ocidental e povos da noite. Refere uma lei reconhecida, mas ainda não explicada, segundo a qual o progresso segue uma direcção que vai de este para oeste. As grandes migrações humanas processaram-se nesta direcção, e também as doenças epidémicas. Mas não se apresenta qualquer argumento em como o sol possa ter um efeito de diferenciação sobre a humanidade; a terminologia é metafórica. Carus debate o problema em termos muitas vezes simbólicos e não faz qualquer tentativa para responder às dificuldades óbvias inerentes a tal teoria. Refere as medições de Merton sobre a capacidade craniana, mas em vez de sustentar que os caracteres físicos determinam a cultura, entende que ambas as estruturas físicas e culturais são manifestações da própria entidade.

Carus escreve: «Os povos do dia, que atingem a sua forma mais pura na região do Cáucaso, espalharam o seu tipo, umas vezes com maior perfeição e outras com menor, por toda a Europa [...]», mas esta é a única vez em que utiliza a palavra «tipo» e a sua teoria não depende tanto de tal concepção como sugere a exposição de Voegelin (Carus, 1849: 17; Voegelin, 1933a: 155-57). Os povos do crepúsculo oriental são os Mongóis, Malaios, Hindus, Turcos e Es-

A IDEIA DE RAÇA

lavos; os povos do crepúsculo ocidental são os índios americanos; os povos da noite são os africanos e os australianos. Carus abre o seu debate sobre os povos do dia com uma afirmação da teoria da recapitulação, estabelecendo uma lista dos doze povos mais notáveis: Caucasianos, Persas, Arménios, Semitas, Pelasgos, Etruscos, Trácios, Ilírios,Iberos, Romanos, Celtas e Germanos. Aparentemente, o último da lista recapitula no seu desenvolvimento embrionário, não só os seus onze antepassados mas também certos povos dos outros três quartos da humanidade. Deste facto emerge, segundo Carus, um importante fenómeno: «Os grandes movimentos na história dos povos, se provêm de um núcleo especial, demonstram sempre a energia especial desse núcleo original [...] na infância dos povos a força material é dominante, mas, em circunstâncias mais evoluídas, o princípio espiritual vem à superfície (1849: 81-2). Constitui dever dos povos do dia o guiar e ajudar os outros menos favorecidos. Ainda que não seja completamente explícito neste ponto, Carus deixa perceber que um povo, numa situação adequada, se pode civilizar a si mesmo, o que provocou a discordância de Gobineau.

O outro grande teórico racial alemão deste período também viveu em Dresden. Foi Gustav Klemm (1802-1867), que esteve a maior parte da sua vida como director da biblioteca real dessa cidade. Durante os anos 1843-52 publicou um estudo em dez volumes intitulado *Allegemeine Kultur-Geschichte der Menscheit*, sintetizando trabalhos etnográficos sobre os povos do mundo. Aí distingue três estádios na evolução cultural; selvajaria, domesticação e liberdade. Dividiu a humanidade em raças passivas e raças activas, estabelecendo que os povos diferem na mentalidade e no temperamento. A maior parte das suas opiniões estão sintetizadas num ensaio sobre as ideias fundamentais de uma ciência geral da cultura (Klemm, 1851). A concepção que Klemm tinha da cultura histórica era uma filosofia da história no género das de Herder e de Kant; sublinhava as influências ambientais e culturais sobre o desenvolvimento humano e opõe-se a uma orientação mais idealista inspirada por Fichte, em que os diferentes aspectos da cultura se encontram subordinados à evolução política (Voegelin, 1933b: 159). Em política, Klemm era um democrata liberal, que achava a decadência do antigo regime uma coisa agradável e via a ascensão da democracia igualitária como o ponto mais alto da História.

A RACIALIZAÇÃO DO MUNDO

Um problema importante consiste em decidir se Carus e Klemn propuseram uma concepção das raças como tipos humanos permanentes ou se utilizaram a terminologia da raça metaforicamente. Já se opinou que Klemm, pelo menos, está «profundamente comprometido com a biologização da história» (Harris, 1968: 101-102), mas esta afirmação parece não ser mais do que uma invenção preconceituosa baseada numa fonte secundária. Há muitas passagens nas fontes originais que apoiam a segunda interpretação, mas a sua intenção é muitas vezes obscura para um leitor moderno. Além disso, as duas maiores autoridades nesta matéria, Erich Voegelin (refugiado da Alemanha nazi) e Hermann Blome (que escreveu num meio intelectual favorável à concepção tipológica da raça), não estão de acordo. Blome mostra-se intransigente na tese de que a concepção de Carus acerca da raça não tinha nada em comum com as definições enraizadas em categorias biológicas; as suas quatro raças são aspectos de similitudes, que apenas existem como manifestações simbólicas das relações planetárias. Quanto à concepção de raça de Klemm, ela encontra-se liberta das influências românticas nas suas bases etnológicas e histórico-culturais; porém, a sua teoria da raça revela a filosofia e o espírito românticos (1943: 221, 253). Blome escreve:

«Tal como Klemm pensou que foi do "casamento dos povos" e da penetração dos passivos pelos activos que a humanidade começou um desenvolvimento cultural geral, também Carus viu a desigualdade das raças humanas como um imperativo da Natureza à interacção, a dar e a receber, enquanto a humanidade, como um organismo global, beneficiava com tudo isto. A tribo dos povos do dia "tinha o direito de olhar para si própria como as autênticas flores da humanidade", mas, para Carus, isto não só significava que esta tribo era a portadora da civilização mas também que, em razão da sua superioridade, poder, determinação e perseverança, tinha o "dever" de guiar as tribos mais fracas, e menos favorecidas, iluminando-lhes o caminho e auxiliando-as ao longo dele; fazendo isto, ela mostrar-se-á autêntica perante si mesma [citação de Carus, 1849: 85]. Como esta tarefa foi atribuída aos povos do dia ou tribos activas, é uma pergunta a que Carus e Klemm dão extensa res-

A IDEIA DE RAÇA

posta. Vêem toda a humanidade como um grande organismo; as suas partes desiguais, as raças, têm de estar numa activa inter-relação de troca de progresso, para que, sob a liderança da raça branca, a "ideia" de humanidade possa ser realizada» (Blome, 1943: 254-55).

As gravuras dos crânios caucasóides e etiópicos nos volumes de Blumenbach eram pouco satisfatórias, porque o autor não podia dizer qual o significado das suas peculiaridades. Na nova visão romântica, estas gravuras ganhavam vida. Os homens já não pertenciam a categorias abstractas, mas a raças cujas características físicas e culturais estão relacionadas com os princípios básicos da Criação.

Voegelin também sublinha o modo como a teoria de Carus juntou o corpo e a mente. Ele crê que, na teologia cristã, deve haver uma rigorosa distinção entre estes dois reinos e deplora a maneira como as diferenças biológicas podem ser usadas para dividir a comunidade humana. Por isso, vira-se mais ansiosamente para a filosofia básica de Carus e afirma que a sua síntese foi importante para o desenvolvimento posterior de teorias raciais mais funestas. Voegelin não se impressiona com a interpretação de Klemm, descrevendo a sua teoria racial como «uma conglomeração bastante banal de todas as sugestões que um investigador diligente pode receber da sua geração», mas prossegue para concluir que Klemm e Gobineau estavam de acordo nas suas teses fundamentais, nomeadamente em que: 1) todas as culturas importantes na história têm na sua base uma simbiose de raças; 2) há diferentes tipos humanos, chamados por Gobineau fortes e fracos e por Klemm activos e passivos; 3) as raças migram, ou, pelo menos, migram as activas; 4) a migração leva à conquista dos fracos pelos fortes; 5) como resultado da conquista, as raças entram numa simbiose que, por miscigenação ou extermínio, acaba com a dissolução da raça activa conquistadora como uma unidade diferente; 6) quando se dissolve a raça activa, desaparece a tensão política e estabelece-se uma sociedade igualitária (oportunidade para Klemm manifestar a sua satisfação e para Gobineau mostrar o seu desespero).

Esta apreciação não interpreta correctamente as diferenças entre ambos os escritores. Klemm não emprega o conceito de tipo; nem é

A RACIALIZAÇÃO DO MUNDO

evidente que ele considere os caracteres raciais como inatos e permanentes. Ele escreve sobre a humanidade como se esta estivesse dividida em duas espécies de raças, tal como a divisão em dois sexos ou à divisão da atmosfera em oxigénio e azoto, pelo que a argumentação parece fundamentar-se num plano metafórico. Embora seleccione os caucasóides para personificar as raças activas, e os povos de cor para representar as passivas, e preste considerável atenção à expansão das primeiras, qualquer ideia da sua superioridade apenas se encontra implicitamente no texto. Explicitamente, ele sublinha a natureza complementar das duas metades. As raças activas, isoladas das suas parceiras passivas (como os mongóis nómadas), são incompletas e não podem alcançar uma verdadeira cultura. Às vezes, refere-se a castas passivas e activas. «É através, principalmente, da mistura das duas raças, a activa e a passiva, ou, como gostaria de dizer, através do casamento dos povos, que a humanidade se torna completa; desta maneira desperta para a vida e alimenta o desabrochar das flores da cultura» (1843i: 192-204; 1851: 169, 179).

A mundividência romântica de um escritor como Carus necessita ser explorada com o cuidado de um antropólogo cultural tentando descobrir a estrutura conceptual de uma cultura estranha. A sua representação mental da raça tem mais em comum com a história bíblica da criação do que com a abordagem de um cientista moderno. Embora formule claramente a teoria da superioridade dos europeus, fá-lo dentro da concepção das raças como um todo simétrico e, longe de interpretar as suas acções como predeterminadas, chega a conclusões sobre o modo como os povos se deveriam comportar. Estas considerações são também relevantes para a apreciação do *Ensaio* de Gobineau, que precisa de ser estudado porque tem sido, a maior parte das vezes, apresentado como o poço envenenado donde brotou toda a teorização racista posterior, sem que se tenha prestado atenção aos seus antecedentes no pensamento do século XIX.

Antes de escrever o seu trabalho, Gobineau leu extensamente a literatura germânica, pelo que não admira encontrarem-se nas suas obras traços do mesmo tipo de romantismo. Quando trabalhou num romance do tipo que Scott tornou popular com o seu famoso *Ivanhoe*, Gobineau estudou cuidadosamente a obra de Thierry e os escritos de outros autores franceses, cujos livros se discutiram no

59

capítulo anterior. Apesar de não se poder integrar perfeitamente na linha do debate sobre as duas raças de França, pois era antinacionalista e pró-europeu, pode-se constatar, nas suas obras, a influência de uma genealogia francesa, anti-romana, que lhe vem de Montesquieu, através de Boulainvilliers, e de Montlosier. O romance intitulado *L'Abbaye de Typhaines* tratava de uma revolta no século XII. Gobineau, caracteristicamente, não toma partido nos conflitos entre os camponeses, a burguesia e o clero. Demonstrou alguma preocupação pelas liberdades locais, mas pensava que o mero amor à liberdade era insuficiente para assegurar que o povo fosse capaz de a exercer.

A primeira vez que Gobineau faz um uso significativo da palavra «raça» para exprimir a nobreza humana é num poema épico, e no *Ensaio* faz comparativamente poucas referências às autoridades antropológicas para justificar as suas concepções. Os seus argumentos são menos originais do que ele afirma. Muitos deles tinham sido expostos por Victor Courtet de l'Isle (1813-1867), o autor saint-simoniano de *La Science politique fondeé sur la science de l'homme*, publicado em 1837. Courtet foi eleito secretário da Sociedade Etnográfica, de Paris, em 1846, e reeleito em 1848; no ano seguinte, publicou o seu *Tableau ethnographique* e, como muitos dos seus colegas eram conhecidos de Gobineau, parece quase certo que este tirou muitas ideias daquele sem sequer lhe atribuir o crédito (Boissel, 1972: 83, 178-80). Courtet identificou os Germanos como uma raça superior que antigamente se espalhou pela Europa como «o óleo das Nações». Enquanto Thierry sublinhou os conflitos de raças, Courtet viu na mistura de sangues um fenómeno com importantes consequências «químicas», que julgou realmente benéficas. Gobineau menospreza Prichard («um historiador medíocre e um teólogo ainda mais medíocre»), mas dá relevo à tabela das capacidades cranianas das diferentes raças que Carus repescou de uma das notas de pé de página de Morton. Embora não tivesse o livro de Klemm na sua posse, Gobineau ouviu seguramente falar da sua distinção entre raças activas e raças passivas. Quando ele afirma que as actividades humanas têm a sua origem nas correntes «masculinas» e «femininas» no seio da humanidade e que as civilizações emergem da mistura das raças, a semelhança é quase total, mas Gobineau pensava que, se estavam ambos a percorrer o mesmo caminho, não seria de estranhar que chegassem às mesmas verdades.

No capítulo intitulado «As Diferenças Raciais São Permanentes», a influência de Cuvier é evidente. Gobineau observa aqui que «o leitor não deixará de notar que toda a questão gira em torno da permanência dos tipos». Utiliza o conceito de tipo em dois sentidos. O primeiro está relacionado com a declaração inserida na dedicatória do livro, em que afirma que está a elaborar uma geologia moral que apenas trata, ao longo de séries de séculos, de unidades étnicas, raramente se ocupando dos indivíduos. A geologia abarca quatro períodos. O tipo de homem criado em primeiro lugar foi o adamita, mas deve-se pô-lo de lado, dado que nada pode saber-se do seu carácter. Nos seus primeiros estádios, o homem deveria ter assumido formas instáveis e as mudanças deveriam então ter sido mais fáceis, produzindo raças que difeririam tanto dos seus antepassados originais como entre si. Na segunda fase, havia três raças: branca, negra e amarela, ainda que «seja provável que jamais se encontrem os três tipos originais no seu estado de simplicidade absoluta». A miscigenação, afirma Gobineau, é a origem do que poderíamos chamar tipos terciários, «embora o nosso conhecimento sobre a vida destas raças terciárias seja muito diminuto. Só nos nebulosos começos da história humana podemos, em certos lugares, aperceber-nos da raça branca quando ela ainda se encontrava neste estádio – um estádio que por toda a parte parece ter sido um período de curta duração. Às raças terciárias sucederam outras, a que chamarei quaternárias» (1853: 155-57). Uma raça quaternária pode modificar-se posteriormente, pela intervenção de um novo tipo. Gobineau escreveu que as raças existentes descendiam das raças secundárias, como se as populações actuais representassem o segundo, terceiro ou quarto estádio, ou até mesmo um estádio posterior do processo.

O segundo uso do termo tipo é utilizado no sentido em que se tornou importante na teorização antropológica: a ideia de que havia ou houve uma forma física pura por detrás da aparente diversidade. Gobineau nunca define a raça e mostra claramente que considera todos os grupos contemporâneos, aos quais se poderia aplicar este rótulo, como unidades que perderam em diversos graus o seu verdadeiro carácter através da miscigenação. Escreveu, por exemplo: «No

A IDEIA DE RAÇA

sentido científico da palavra, já não existe raça persa, tal como não existe raça francesa, e entre todos os povos da Europa nós somos certamente aquele em que o tipo foi mais profundamente obliterado. E é ainda esta obliteração que nós aceitamos, no físico e na cultura, como sendo o nosso próprio tipo. Passa-se o mesmo com os persas» (Buenzod, 1967: 558 n38).

O *Ensaio* começa com uma afirmação de que tudo o que é grande, nobre e fértil nos trabalhos dos homens nesta terra emana da família ariana. Ele expõe os seus princípios para explicar o nascimento e a queda das civilizações e mostra depois como funcionaram, numa longa revisão das dez mais notáveis (para um resumo, ver Biddiss, 1970: 112-31). A história começa depois de uma das catástrofes cósmicas teorizadas por Cuvier: os Arianos viviam em pequenas comunidades independentes, incapazes de olhar como iguais as outras criaturas que, com a sua hostilidade maligna, a sua repugnante fealdade, a sua inteligência brutal e a sua pretensão de descender dos macacos, pareciam cair ao nível dos animais (1853: 442). A partir desta base os Arianos expandiram-se, primeiro para criar a civilização indostânica, depois a egípcia, a assíria, a grega, a chinesa, a romana, a germânica, a alegeniana, a mexicana e a peruana. A preocupação do autor centra-se na degeneração. Celebra o vigor da raça dos senhores e afirma que «o antagonismo irreconciliável entre as diversas raças e culturas encontra-se claramente estabelecido pela história» (1853: 181); apesar de tudo, para evitar desaparecer nas massas que governa, «a família branca necessita de acrescentar ao poder do seu génio e coragem uma certa garantia do número» (1853: 393) e, consequentemente, perde parte da sua potência, salvo se reforçada com migrações posteriores de outras populações arianas. A afirmação mais citada no livro é a seguinte: «Tal é a lição da história. Ela mostra-nos que todas as civilizações derivam da raça branca, e que nenhuma outra pode existir sem a sua ajuda, e que uma sociedade só é grande e brilhante enquanto preservar o sangue do grupo nobre que a criou, desde que esse grupo também pertença ao ramo mais ilustre da nossa espécie» (1853: 209).

Mas há um tema secundário que pode ser detectado em certas passagens e que leva Janine Buenzod a dizer, no seu profundo estudo do *Ensaio*, que a afirmação citada simplifica de tal modo a tese

A RACIALIZAÇÃO DO MUNDO

do autor sobre as relações entre as raças que dá dela uma imagem incorrecta. O tema subsidiário lida com a contribuição que outras raças podem dar para a criação de civilizações, para a emergência de elites, e com a incapacidade da raça branca para progredir em espaços fechados (como o da Terra Nova). À «geologia moral» pode--se acrescentar outra expressão evocativa (que também aparece na Dedicatória), e que é «química histórica». Gobineau não pensa nos cruzamentos raciais em termos de combinação de heranças, como se a progénie herdasse de ambos os lados igualmente. Pelo contrário, olha a raça superior, especialmente a ariana, como um agente catalítico, revelador dos poderes latentes nos outros (como o fermento faz a massa levedar), ou, quando demasiado forte, destruidor deles (Buenzod, 1967: 328, 384 – mas note-se que Gobineau se revelava aqui inconsistente, como em outras coisas). Os princípios desta mistura não foram compreendidos, conclusão que lembra a nota prévia do autor avisando que «a ciência da anatomia social está na sua infância» (1853: 58).

Os elementos que se combinam na química histórica já não são puros e todas as raças contêm as suas próprias diferenças de qualidade. «Quando é uma questão de mérito individual», escreve Gobineau:

> «Recuso-me totalmente a utilizar o tipo de argumento de que "todo o negro é estúpido", e a minha objecção principal é que, para completar a comparação, ver-me-ia obrigado a conceder que todo o europeu é inteligente; e o céu me livre de cair em tal paradoxo... Não tenho qualquer dúvida de que muitos chefes negros são superiores, na riqueza das suas ideias, no poder sintético das suas mentes e na força da sua capacidade para a acção, ao nível normalmente atingido pelos nossos camponeses, ou até mesmo pela média dos indivíduos meio educados da nossa burguesia... Deixemo-nos destas puerilidades, e comparemos, não os homens, mas os grupos» (1853: 182).

É a partir da comparação dos grupos que Gobineau conclui que os Arianos se superaram e que a química se degradou. Não é difícil aceitar a tese de que o «principal elemento no *Ensaio* é a ideia da

63

A IDEIA DE RAÇA

decadência das civilizações, e não a desigualdade das raças. A explicação em termos de raça é uma chave; mas a porta que deve ser aberta – a de entender a história nas suas mais amplas dimensões – vem antes da chave». Exige muito mais esforço concordar com a afirmação do mesmo escritor quando diz: «A ideia central, a autêntica e fértil ideia no *Ensaio* é a da complementaridade das raças» (Buenzod, 1967: 328-29, 471). Se houvesse dados que provassem que Gobineau viu a química como Carus as fases do dia e da noite, como um todo, como uma parte de um projecto significante para o universo, seria muito mais fácil concordar.

Se Gobineau derivou estas ideias de Carus e de outros escritores, deu pouca importância a esse facto. A principal passagem vem perto do fim do primeiro livro, quando escreve sobre as vantagens que se seguiram à mistura de sangues: «O génio artístico, que é igualmente estranho aos três grandes tipos, só apareceu depois dos cruzamentos entre brancos e negros. Também com a variedade malaia se produziu uma família humana a partir dos amarelos e negros, que apresenta uma maior inteligência que ambos os seus ancestrais [...] É às misturas raciais que se deve o refinamento dos costumes e das crenças, e especialmente a temperança da paixão e do desejo» (1853: 208). Gobineau mantém, noutro ponto da sua obra, que para se expandir o movimento mundial de fusão cultural não basta que um meio civilizador aplique toda a sua energia; é necessário que em diferentes regiões se instalem autênticas oficinas étnicas, a trabalhar com as suas próprias disponibilidades (1853: 867-68). A articulação desta tese com a restante parte da sua obra é problemática. Também é difícil saber o que quereria ele quando escreveu acerca da discussão da casta hindu:

«Uma leve mistura da espécie negra desenvolve inteligência na raça branca, tornando-a mais imaginativa, mais artística, dando-lhe umas asas maiores; ao mesmo tempo, enfraquece o poder do raciocínio da raça branca, diminui a intensidade das suas faculdades práticas; é um golpe irremediável nas suas actividades e no seu poder físico, e quase sempre elimina, do grupo resultante desta mistura, senão o direito de brilharem mais claramente do que os brancos e pensarem mais profunda-

A RACIALIZAÇÃO DO MUNDO

mente, pelo menos o de o tentarem com paciência, tenacidade e sabedoria» (1853: 346).

Às vezes, Gobineau despeja o novo vinho da tipologia racial nos velhos odres do romantismo, mas nem sempre o despeja correctamente e a ideia de complementaridade fica, numa passagem crucial, claramente subordinada à de aristocracia natural:

> «Se as misturas de sangue são, até certa medida, benéficas para a massa da humanidade, se a elevam e a enobrecem, tal facto faz-se meramente à custa da própria humanidade, que é atrofiada, rebaixada, enervada e humilhada na pessoa dos seus mais nobres filhos. Mesmo que se admita que é melhor transformar uma miríade de seres degradados em homens medíocres do que preservar a raça dos príncipes cujo sangue é adulterado e empobrecido ao suportar esta transformação desonrosa, há ainda o desafortunado facto de que a transformação não acaba aqui» (1853: 209).

Prossegue a obra esboçando o modo como a união dos degradados leva as sociedades aos abismos do nada.

Tem-se sublinhado uma e outra vez que aqueles que escrevem a história de períodos distantes fazem-no normalmente a partir do ponto de vista da sua própria geração. Evocam as velhas disputas em termos vivos, à medida que escrevem. Estas observações são particularmente relevantes no caso do *Ensaio*. Gobineau começa com uma referência à revolução de 1848, que ele considera um acontecimento sintomático da decadência da Europa, e continua a escrever na perspectiva de um homem em desarmonia com o seu tempo. Como explica Michael Biddiss, a sua hipótese funda-se no mundo contemporâneo: ela é mais social e política que propriamente biológica (1970: 132). Ao contrário da maior parte daqueles com quem poderia ser comparado, Gobineau não expõe uma teoria para pressionar uma determinada solução nos seus leitores. Ele não possui uma solução e no seu pensamento, a teoria trabalhava em direcção ao aniquilamento do sentido e da vontade política. Ainda que a sua crença na aristocracia natural, e na raça como uma das suas formas, surja em outros escritos de sua autoria, não há um único livro, dos dezassete que escreveu depois do *Ensaio*, que desenvolva a sua compaixão pelas grandes raças. É só a história de uma raça que lhe interessa e os seus livros sobre ela são como que uma declaração muito pessoal.

A concordância entre o uso do conceito de tipo por Gobineau e a noção da ciência francesa do seu tempo foi sugerida por um ensaio publicado em 1859-60. Aí criticava Paul Broca, fundador da Sociedade Antropológica de Paris, a ideia de que «o cruzamento de raças produz constantemente efeitos desastrosos». Esta asserção é de longe demasiado geral, porque, em determinadas condições, dá resultados positivos. Broca insistia na necessidade de distinguir entre raça e tipo. A opinião popular de que as pessoas com cabelos de cor diferente não pertencem à mesma raça apreende o verdadeiro significado do termo raça, enquanto somente o cientista, estudando conjunto dos caracteres comuns a um grupo natural, pode definir o tipo desse grupo (1864: 8). Os tipos humanos são abstracções e não se devem confundir com grupos humanos existentes na realidade. O uso de «raça» no sentido de uma pura categoria deve ser evitado. «Qualquer confusão nas palavras» – avisa Broca severamente – «expõe-nos a erros na interpretação dos factos».

O ponto mais fraco no sistema de Cuvier era a hipótese puramente especulativa de que as mudanças nos registos fósseis seriam explicadas por catástrofes, interpretação para a qual não há muitos dados independentes. Uma explicação paralela estava implícita na teoria do antigo colaborador de Cuvier, Étienne Geoffroy Saint-Hilaire (1772-1844), que mantinha ter havido apenas uma única criação e que havia um plano subjacente a todo o mundo animal, de modo que qualquer osso descoberto num mamífero tinha a sua réplica num peixe. Embora Geoffroy não fosse um precursor de Darwin, as suas teorias eram mais simpáticas do que as de Cuvier quanto à transformação das espécies. Cuvier debateu com Geoffroy, perante a Academia de Ciências, em 1830, a tese deste último sobre a unidade de estrutura entre moluscos e vertebrados (Piveteau, 1950). Cuvier ganhou. Muitos biólogos seguiram a controvérsia com interesse, entre eles Robert Knox, que estudou em Paris em 1821, depois de licenciado em Edimburgo, em 1814. Knox refere-se ao debate no livro *The Races of Men*, notando que cada um dos seus amigos, Cuvier e Geoffroy, estava parcialmente errado; «Cuvier, mais» (1850: 441). Continua, obser-

A RACIALIZAÇÃO DO MUNDO

vando que «por volta de 1827, propus uma modificação, substituindo a doutrina do tipo pelas teorias então existentes», o que torna difícil averiguar o que estava em discussão entre ele e Cuvier.

O sistema de Knox tinha o nome de «anatomia transcendental», expressão utilizada por Geoffroy, mas que Knox dizia ter sido cunhada pelo seu estimado amigo e mestre (e sucessor de Cuvier) H. M. D. de Blainville. Knox descreve-a como originada no Sul da Alemanha e como uma mistura das raças eslava e goda. O seu objectivo era «explicar, num encadeamento lógico, o fenómeno do mundo material vivo»; mostrar que «todos os animais estão formados segundo um grande plano» (1850: 171). «"Há um único animal, e não muitos" – era a notável frase de Geoffroy; ela expressa totalmente o problema. O que era, é agora, sob outras formas; mas a essência é ainda a mesma.» Como havia apenas uma criação, «no tempo não existem, provavelmente, coisas como espécies», mas «as formas orgânicas, durante séculos, parece não terem mudado». Esta teoria foi popularizada na Grã-Bretanha (e, segundo Knox, mal exposta) pelo autor anónimo de um livro muito vendido, chamado *Vestiges of Creation*. Geoffroy defendia que a unidade das formas animais podia ser provada pelo estudo das formas embrionárias. Knox também começou a partir da teoria da recapitulação: «O irregular no homem é uma estrutura regular em qualquer animal inferior e também é uma estrutura regular nele durante a sua vida embrionária. Esta lei... é a base da lei produtora da forma irregular no homem – a lei da deformação.» A variedade é a deformação. Esta é contrabalançada pela «lei da unidade da organização». Knox resume os seus argumentos da seguinte forma:

> As raças do homem diferem umas das outras, e assim acontece desde o mais primitivo período histórico, como se prova,
> 1. Pelas suas características externas, que nunca se alteraram nos últimos seis mil anos.
> 2. Pelas diferenças anatómicas na estrutura.
> 3. Pela infertilidade dos híbridos, originados pela miscigenação das duas raças.
> 4. Pelos dados históricos que mostram não haver em parte alguma uma raça híbrida peculiar.

A IDEIA DE RAÇA

Mas este resumo está longe de ser completo, porque, em alguns sítios, Knox insistia em incluir na sua tipologia das raças, não só as suas características externas mas também as suas características internas, como a sua moral, temperamento e aptidão para construir um modo de vida (1860: 168. 477, 36, 175, 503).

As principais características da doutrina da tipologia racial eram quatro, e podem ser vistas com clareza nos trabalhos de Knox. A primeira é a de que as variações na constituição e no comportamento dos indivíduos devem ser explicadas como a expressão de diferentes tipos biológicos subjacentes de natureza relativamente permanente; a segunda afirma que as diferenças entre estes tipos explicam as variações nas culturas das populações humanas; a terceira diz que a natureza distinta dos tipos explica a superioridade dos europeus em geral e dos arianos em particular; a quarta explica que a fricção entre as nações e os indivíduos de diferente tipo tem a sua origem em caracteres inatos. Passando por cima dos avisos de Prichard, os tipologistas usaram o tipo racial como um sinónimo de espécie, enquanto os zoólogos modernos, se é que usam o conceito de raça, o aplicam à subespécie.

Que Knox subscreveu o primeiro destes princípios torna-se evidente na abertura do seu livro, onde afirma que «o carácter humano, individual e nacional deriva da natureza da raça a que o indivíduo ou a nação pertencem», e prossegue, para explicar que enquanto se desenrola um processo de desenvolvimento biológico «as formas orgânicas parecem não mudar», durante alguns séculos, pelo menos. O segundo princípio está ilustrado em afirmações como esta: «O natural campo de acção para o saxão é o mar»; o terceiro nesta opinião: «Deve haver uma inferioridade física, e consequentemente psicológica, nas raças escuras em geral.» E o quarto, em opiniões como a seguinte: «As várias espécies do homem constituem uma grande família natural. Cada espécie ou raça possui um certo grau de antagonismo relativamente às outras, umas mais, outras menos. Nunca se misturam; e se o acaso provoca qualquer combinação, elas voltam a separar-se nos seus elementos primitivos.» Há uma passagem mais exacta sobre este tema, que inclui um reflexo do radicalismo político de Knox, que se encontra nuns parágrafos tardios sobre o antagonismo racial na África do Sul, onde os anglo-saxões e os saxões-holandeses:

A RACIALIZAÇÃO DO MUNDO

«Degradam de tal modo as raças de cor que as privam para sempre de toda a oportunidade de recuperar aquele tesouro inestimável que não tem preço ou valor, a liberdade de expressão, de pensamento e de acção; numa palavra, os direitos do homem. Como se desenvolveu este antagonismo? A verdade é que ele existiu sempre, mas nunca tinha aparecido na sua terrível forma até ao momento em que a raça dos saxões começou a migrar, a estabelecer colónias livres, como se chamam – livres para os brancos e para a sua própria raça –, antros de horror e crueldade para os homens de cor» (1860: v, 6, 36, 224, 254, 546).

A teoria racial de Knox ensinava que a colonização era tanto uma coisa má como inútil. Ainda que sublinhasse as poderosas qualidades da raça dos Saxões, também retrata os seus membros como indivíduos que odeiam o governo bom, ultrajantemente fanfarrões, arrogantes e auto-suficientes para lá de quaisquer limites. A população celta da Irlanda, dizia o autor, continha «os elementos de uma grande raça, se não estivesse politicamente escravizada». O seu trabalho pouco mais é do que uma justificação da ordem social dominante.

Knox observa no seu livro que «em 1846, eu tinha o grande problema da raça completamente para mim», enquanto em 1850 «a palavra "raça" é de uso quotidiano», especialmente como referência à Europa continental e à Irlanda. Ele viu as lutas de 1848-49 no continente como uma guerra de raças e uma confirmação das suas teorias, que lhe deu uma maior audiência (1860: 7. 16-17, 20-1). O seu testemunho sobre o crescente uso da palavra na conversação popular merece consideração, mas outras observações sugerem um círculo restrito de conhecimentos sociais, tais como: «Eu fui, penso, o primeiro ou um dos primeiros a mostrar ao mundo culto o antagonismo entre o actual governo normando de Inglaterra a sua população presumivelmente saxã» (1860: 370, cf. 54, 135).

A variada população dos Estados Unidos, com índios, negros e vários tipos de europeus, tende, como afirmou William Stanton, a fazer de cada cidadão, se não um etnólogo, pelo menos um especulador em matéria de raça (1960: 10). Haveria aqui certamente um

A IDEIA DE RAÇA

solo fértil para a semente da tipologia racial? Contudo, a nova doutrina enfrentava-se desde o princípio com a convicção de que o livro
do Génesis provava a unidade original da humanidade. Qualquer
sugestão de que as diferenças humanas pudessem ser permanentes
era atacada como provando a infidelidade do autor. As primeiras
formulações americanas da tipologia racial foram expostas hesitan-
temente por Samuel George Morton, um médico de Filadélfia que
ganhou um interesse muito especial pela geologia e pela anatomia.
O seu livro *Crania Americana*, publicado em 1839, demonstra pouca influência de Cuvier e a sua classificação racial baseia-se nas cinco divisões de Blumenbach, o monogenista. Morton principia com a
tese de que «desde as mais remotas idades, os habitantes de qualquer
grande espaço estavam marcados com certas peculiaridades físicas e
morais, comuns entre eles, e que serviam para os distinguir de todos
os outros povos. Os árabes eram nessa altura precisamente aquilo
que eram no tempo dos patriarcas». O conceito de tipo não aparece,
embora ele faça uso dele em 1841, e apresenta as raças como classes
subespecíficas. Morton introduz algumas dúvidas acerca da posição
ortodoxa quando faz cálculos e diz, por exemplo, que Noé e a sua
família deixaram a Arca há 4179 anos, enquanto os etiópicos existem há cerca de 3445 anos; acrescenta que as descobertas recentes
tornam evidente que só por um milagre poderia a raça negra ter-
-se desenvolvido, a partir dos caucasóides, no decurso de 734 anos
(1839: 1, 88). Mas o efeito geral das suas teses foi muito limitado.
Tendo obtido uma colecção de crânios egípcios, queria ir um pouco
mais longe e cinco anos mais tarde, e em *Crania Aegyptica* (1844:
66), chega à conclusão de que «os negros eram numerosos no Egipto, mas a sua posição social nos tempos antigos era a mesma que
hoje, isto é, servos e escravos». Os negros têm uma posição social
natural do mesmo modo que uma posição geográfica, o que sublinha
o carácter de tipo permanente.

Em publicações posteriores, Morton ataca a ortodoxia mais explicitamente. Critica a opinião de que a infertilidade dos híbridos é
o melhor teste para comprovar a separação das espécies em criaturas
que se domesticaram e sublinha «a repugnância de algumas raças
humanas em misturar-se com outras». A história de como responderam os ortodoxos e de como apareceram aliados em apoio de Morton

foi admiravelmente relatada por William Stanton e não é necessário repeti-la aqui. Dois dos que mais vigorosamente defenderam a doutrina da diferença original das raças humanas foram J. C. Nott, um médico de Alabama, e George R. Gliddon, um conferencista popular de temas da cultura egípcia antiga. Em 1846 juntou-se-lhes Louis Agassiz, um dos mais célebres especialistas europeus em História Natural e de quem se disse que «depois de Cuvier, Morton foi o único zoólogo que teve alguma influência no pensamento de Agassiz e nas suas opiniões científicas».

Auxiliados por Agassiz, Nott e Gliddon publicaram em 1854 um volume substancial com o título significativo de *Types of Mankind*. Os capítulos antropológicos foram escritos por Nott, que avisa os seus leitores de que a classificação das raças tem de ser obrigatoriamente arbitrária «já que ainda não se apresentou qualquer razão para que, se se admite os dois pares de seres humanos originais, nós não possamos aceitar um número ilimitado». Eles não definem «raça», mas usam o termo de um modo que se ajusta às recomendações de Prichard e que se pode contrastar com o conceito de «tipo». «Actualmente, cada raça está mais ou menos misturada», mas «há abundantes dados que provam que as principais características físicas dos povos se mantêm através de sucessivas idades, numa grande parte da população, apesar do clima, das misturas de raças, da invasão de estrangeiros, do progresso da civilização ou de outras influências conhecidas; e que um *tipo pode sobreviver durante muito tempo à sua língua, história, religião, costumes e recordações».* Os tipos eram «aquelas formas primitivas ou originais que são independentes das influências climáticas ou outras influências físicas». O raciocínio conclui com a proposição de um conjunto de doze afirmações, que a seguir se reproduzem no quadro 1 (1854: 80, 83, 95, 96, 465).

Há uma importante proposição que falta nesta lista, já que os autores mostram claramente a sua crença na desigualdade dos tipos de raças. Citam aprovadoramente o protesto de Knox: «A história humana não pode ser um mero capítulo de acidentes.» Às «castas superiores, em que se incluem as raças caucasóides» foi atribuída «a missão de estender e aperfeiçoar as regiões, sem olhar a dificuldades». Os caucasóides «têm sido, em todas as idades, temerários perante o perigo – impelidos por um instinto irresistível, visitam todas

Quadro 1 «CONCLUSÕES» DE GLIDDON E NOTT

1. Que a superfície do nosso globo está naturalmente dividida em diversas províncias zoológicas, cada uma das quais constitui um diferente centro de criação, possuindo uma fauna e uma flora peculiares; e que todas as espécies de animais e plantas foram originalmente atribuídas à sua província adequada.

2. Que a família humana não representa excepção a esta lei geral, antes que se lhe submete: estando a humanidade dividida em vários grupos de raças, cada uma das quais constitui um elemento primitivo na fauna da sua província peculiar.

3. Que a história não confirma a tese da transformação de um tipo em outro, nem a da aparição de um tipo novo e *permanente*.

4. Que certos tipos têm sido *permanentes* ao longo do tempo de que temos notícia e apesar das mais negativas influências morais e físicas.

5. Que a *permanência* de um tipo é aceite pela ciência como a prova mais segura de um carácter *específico*.

6. Que certos tipos existem (os mesmos de agora) no vale do Nilo e na sua proximidade desde há mais de 3500 a. C. e, consequentemente, muito antes da existência de quaisquer crónicas, sagradas ou profanas.

7. Que os antigos Egípcios já tinham classificado a Humanidade, como sabiam, em quatro *raças*, antes do tempo de Moisés, seja qual for a época que se lhe atribua.

8. Que a grande antiguidade das raças é amplamente sustentada pela investigação linguística, pela história psicológica e pelas características anatómicas.

9. Que a existência primeva do Homem em espaços grandemente separados do globo está provada pela descoberta dos seus restos ósseos e industriais nos depósitos aluviais e mais especialmente dos seus ossos fossilizados, inseridos em vários estratos rochosos juntamente com vestígios de espécies animais extintas.

10. Que a *prolificidade* de espécies diferentes, *inter se*, está agora provado que não é prova de *origem comum*.

11. Que as raças do homem mais separadas na sua organização física – como *negros* e *brancos* – não se juntam perfeitamente, mas antes obedecem às Leis da Hibridação.

12. Portanto, daqui deriva, como corolário, que existe um *Genus Homo*, que inclui muitos tipos primordiais ou «espécies».

(Nott e Gliddon, 1854: 465.)

A RACIALIZAÇÃO DO MUNDO

as regiões, sem atender às dificuldades». Os caucasóides «têm sido em todas as idades os senhores». Thomas Jefferson tinha escrito: «Nunca vi que um negro alimentasse um pensamento acima do nível da simples narrativa; nem nunca vi sequer uma amostra elementar de pintura ou de escultura.» Nott acrescenta: «Eu procurei em vão, durante vinte anos, uma excepção solitária a estas deficiências características da raça negra. Todo o negro é dotado dum ouvido para a música; alguns são músicos excelentes; todos *imitam* bem a maioria das coisas...», e nota que o sangue negro torna frequentemente os mulatos imunes à febre amarela, mas é quase certo que eles estão incluídos nas perguntas do autor sobre o futuro, no qual «os tipos inferiores da humanidade terão realizado o seu destino e desaparecido» (1854: 67, 68, 79, 80, 456).

O volume publicado três anos depois pelos mesmos autores não acrescenta nada de novo a estas formulações, excepto numa coisa. Se cada raça tem a sua província, os seus membros encontrar-se-ão em desvantagem se migrarem para outra província para a qual não estão adaptados. No livro *Indigenous Races of the Earth*, Nott analisa o problema, a possibilidade de um tipo se adaptar a outro clima. Esta questão era um assunto de grande importância para os europeus instalados nos Estados Unidos. Knox afirmou categoricamente que a aclimatação era impossível a longo prazo. Nott foi mais cauteloso, mas depois de ter revisto as estatísticas de mortalidade e de doença, acabou por se inclinar para as mesmas conclusões: «As raças [...] têm os seus limites geográficos adequados, que não podem ultrapassar impunemente.» A respeito do homem, comentou sardonicamente que «apesar de se gabar constantemente da razão, como prerrogativa que o distingue, ele é em muitos aspectos o menos razoável dos animais». Um dos aspectos é que «abandona a terra do seu *nascimento*, com todas as suas evocações, e todos os confortos que a terra pode dar, para colonizar terras estranhas – onde o esperam, como ele sabe muitíssimo bem, milhares de dificuldades, na certeza de que estará a arriscar a sua *vida em climas que a natureza nunca preparou para ele*» (1857: 399-400).

Embora Nott e Gliddon (1854:79) estabeleçam que «duas raças claramente diferentes não podem viver juntas em termos iguais», não identificam, como Knox, o que mais tarde veio a denominar-se

A IDEIA DE RAÇA

preconceito racial e afirmam que ele é uma característica inata de alguns ou mesmo todos os tipos. Este fenómeno não lhes pareceu uma coisa que necessitasse de explicação. Contudo, a sua doutrina da raça inclui uma teoria das relações raciais, porque eles afirmam que a ordem natural determina quais são os tipos de relações sociais harmoniosas. Se os tipos permanentes têm distintos atributos, então qualquer relação social que não permita que estes atributos se exprimam completamente será uma relação destinada a fracassar.

Tal como Knox, Gliddon e Nott inclinavam-se para a ideia de que cada raça tinha o seu próprio *habitat* e, por conseguinte, não viam futuro para a escravatura dos negros nos Estados Unidos. Um dos seguidores de Knox, contudo, estava preparado para ir ainda mais longe nesta direcção. O Dr. James Hunt rompeu com a Sociedade Etnológica para fundar a Sociedade Antropológica de Londres (a história é admiravelmente contada por Stocking, 1971). No seu discurso presidencial de 1865, que atraiu muita atenção, Hunt declarou que «o negro pertence a um tipo diferente. O termo espécie, no actual estado da ciência, não é satisfatório.» Terminou com seis conclusões muito semelhantes às de Nott, de que sobressaíam:

4. Que o negro se torna mais humanizado na sua natural subordinação aos europeus que em qualquer outra circunstância.

5. Que a raça negra só pode ser humanizada e civilizada pelos europeus.

Hunt não deu contribuição alguma especial para a Antropologia, mas foi o publicista mais eficaz da tipologia racial na Grã-Bretanha, relacionando confiadamente especulações antropológicas com os assuntos quotidianos sem quaisquer das reservas de Knox. A Sociedade Antropológica de Paris, ainda que discutisse, por essa altura, o problema da igualdade racial, e com igual empenhamento, a verdade é que se revelou muito mais moderada nas suas sessões e nas suas conclusões (ver *Bulletins de la Société d'Anthropologie de Paris*, 1, 1860: 187-218, 255-68, 276-302, 327-86, 419-37, 479-94).

O grande desafio à tipologia eram os dados, recolhidos por Darwin, que provavam a não permanência das espécies. Knox e Hunt não ficaram nada impressionados com os novos argumentos. A reac-

A RACIALIZAÇÃO DO MUNDO

ção mais interessante foi a do tipologista mais exuberante da Alemanha, Karl Vogt (1817-1895), ou «macaco Vogt», que era como lhe chamavam quando começou a pregar o novo evangelho. Vogt era professor de Anatomia em Giessen, um materialista radical e militante, que também ocupava um lugar no Parlamento e participou nos movimentos revolucionários do seu tempo. Demitido da sua cadeira, obteve outra de Geologia, em Genebra. Vogt foi primeiramente um seguidor de Cuvier, de quem traduziu *Os Vestígios da Criação* para alemão, embora permanecesse afastado das suas especulações evolucionistas. O seu materialismo é evidente nas *Lições sobre o Homem* (1863), que nega a fertilidade dos híbridos, apresentando as explicações de tipo anatómico como fundamentais. Afirma que «as diferenças dos géneros humanos que podemos designar por raças ou espécies [...] são originais». O desenvolvimento intelectual do negro é travado na puberdade. Cita «a regra geral do senhor de escravos» segundo a qual os escravos negros «devem ser tratados como crianças desleixadas e mal-educadas» (1863: 440. 191-3 e, sobre tipologia, 214-21). Porém, em contradição com os seus próprios argumentos, chama a atenção para medições que demonstram uma capacidade craniana mais pequena nos negros dos Estados Unidos do que nos de África, e pergunta: «Será isto o efeito daquela maldita instituição que degrada o homem à condição de bens móveis?» Estimulando o seu espírito radical, lembra a seguir que, como a escravidão exerce uma influência perniciosa nos donos dos escravos, seria interessante juntar os crânios dos mortos da Guerra Civil para pôr à prova a hipótese de que a capacidade craniana dos brancos sulistas se tornou inferior à dos nortistas. No fim do livro, parece ter compreendido o significado da mensagem de Darwin sobre a mutabilidade dos tipos, e especula acerca da possibilidade de o homem ter evoluído a partir de várias origens, para produzir híbridos: «As inumeráveis raças mestiças preencheram gradualmente os espaços entre tipos originalmente tão diferenciados e, apesar da constância dos caracteres, apesar da tenacidade com que as raças primitivas resistem à alteração, elas foram lentamente, por fusão, caminhando para a unidade» (1863: 92, 448, 468).

Também vale a pena considerar uma passagem em que Vogt manda os seus ouvintes olhar para oeste:

75

A IDEIA DE RAÇA

«(...] a raça dos Anglo-Saxões também é uma raça mestiça, produzida pelos Celtas, Saxões, Normandos e Dinamarqueses, um caos sem raça, sem qualquer tipo fixo; e os descendentes desta multidão sem raça misturaram-se de tal modo na América com Franceses, Alemães, Holandeses e Irlandeses, que deram origem a outro caos sem raça, que é mantido graças a uma contínua imigração. Podemos aceitar com boa vontade que deste caos se está a formar gradualmente uma nova raça» (Vogt, 1864: 433).

Esta noção de um «caos sem raça» foi posteriormente pervertida e popularizada por Houston Stewart Charberlain. Mas o livro de Vogt é mais interessante como exemplo das inconsistências de um cientista quando resolve aceitar uma nova teoria; a combinação do radicalismo político do autor com a afirmação da inferioridade racial merece também uma certa atenção, como um indicador das diferenças entre o mundo intelectual do seu tempo e o mundo dos nossos dias.

O capítulo 2 apresenta as razões que permitem concluir que os europeus desenvolveram primeiramente o conceito de raça como uma interpretação da sua própria história. Tendo racializado o Ocidente, os seus sucessores trataram de racializar o resto do mundo. Gobineau avançou com uma teoria de superioridade ariana esboçada em termos muito gerais. Morton, Knox, Nott, Vogt, Broca e outros trabalharam sobre dados de carácter anatómico que apontavam na mesma direcção. Hunt fez o processo avançar mais um passo com a sua afirmação específica da inferioridade dos negros e a justificação de os manter subordinados aos europeus.

Neste capítulo, logo ao princípio, fazia-se a pergunta: de onde veio a teoria dos tipos raciais? Apresentaram-se dados suficientes para concluir que a principal fonte está no complexo de ideias sobre a pré-história do mundo e a origem das espécies, ainda assim influenciada pelo estado conjuntural do conhecimento muito deficiente dos modos de vida dos povos não europeus, pelo sentimento quase intoxicante do tempo sobre o ritmo de progresso material na Europa e pelo contexto dos contactos raciais no ultramar, em que a maior parte das «autoridades» fez as suas observações

A RACIALIZAÇÃO DO MUNDO

dos povos não europeus. Há bases para se pensar que a crítica do tráfico de escravos estimulou os plantadores das Índias Ocidentais a desenvolver doutrinas da inferioridade racial dos negros nos últimos anos do século XVIII. Os trabalhos do infame Edward Long são regularmente citados em apoio de tal interpretação. Mas os dados comprovativos estão ainda longe de ser satisfatórios, e antes parece que a teoria da tipologia racial pode muito bem ter sido mais importante para a expansão das crenças acerca da inferioridade natural. James Cowles Prichard, que era na verdade um observador muito sóbrio, comentava em 1826 que na Inglaterra os negros das Índias Ocidentais eram capazes de encontrar esposas inglesas «o que é uma prova não só do seu bom gosto nesta matéria, como também de que os nossos compatriotas, pelo menos as suas ordens inferiores, não têm uma invencível repugnância à raça negra». Contudo, é mais interessante notar que, quando prossegue e pergunta «se as faculdades mentais [...] são menos perfeitas nos negros», escreve:

«[...] tanto quanto tive oportunidades para recolher informação sobre a matéria, dos mais sérios observadores, o resultado foi a certeza definitiva de que os negros não são de modo algum inferiores em intelecto aos europeus; pelo menos, na esfera de acção em que se encontram colocados essa inferioridade não se revela. Este tem sido o testemunho quase unânime de muitos plantadores inteligentes e médicos das Índias Ocidentais, com quem tenho falado. Entre os primeiros, ainda que esta classe de pessoas tenha sido acusada de uma tendência sinistra, já que os seus preconceitos e interesses os levaria, como tem sido dito, a subvalorizar os africanos, eu não encontrei, no meio de um grande número de pessoas, um indivíduo que não desse o testemunho mais positivo da igualdade natural dos negros africanos com os europeus» (Prichard, 1826: 129, 177-78).

Pareceria, portanto, que as controvérsias sobre o tráfico de escravos apenas tiveram um efeito muito limitado no desenvolvimento das doutrinas raciais na Inglaterra e que o desenvolvimento mais importante ocorreu mais tarde, no século XIX.

77

A teoria da tipologia racial, que juntou algumas das especulações dos primeiros anos desse século, continha muitas deduções que agora se vê serem erros evidentes. As teorias erróneas no campo da embriologia foram rectificadas muito rapidamente, tal como sucedeu com a doutrina da permanência dos tipos no seu contexto biológico e algumas teorias acerca da hibridação. Mas as teorias que estipulavam ter o negro uma capacidade craniana inferior à dos brancos e ser o progresso da civilização determinado pelos tipos raciais subjacentes duraram mais tempo e levam os leitores a perguntar: quem foram esses sábios? Haverá qualquer coisa na sua história que possa explicar os seus erros?

Os antecedentes pessoais que estão na base da teoria de Joseph Arthur de Gobineau (1816-1882) são certamente relevantes. Nasceu numa família burguesa com pretensões aristocráticas que tinha sido devotada à dinastia Bourbon e completamente contrária às aspirações da Revolução Francesa. As suas experiências da vida em família, quer com a mãe quer com a esposa, têm muito de infelicidade. Gobineau chamou a atenção nos salões parisienses e ganhava a vida no jornalismo até à Revolução de 1848, depois da qual obteve sucessivos cargos diplomáticos (até 1877). O autor que examinou com o maior cuidado a sua teoria racial, Michael Biddiss, pensa que o tema dominante da sua obra é o pessimismo. O mundo humano estava a degradar-se e o seu declínio já não podia ser detido. Os acontecimentos de 1848 eram a prova cabal da dimensão que o processo já tinha alcançado. O sangue das raças criadoras tinha perdido a sua pureza e, por conseguinte, o seu poder. A expansão colonial só poderia apressar a autodestruição. As relações pessoais com indivíduos não europeus parecem não ter desempenhado qualquer influência especial no tema do *Ensaio*, que ele escreveu sem nunca sair da Europa. Em 1855, quando entra pela primeira vez em contacto com os negros, escreve então, já regressado, a respeito dos Somalis, dizendo que nunca antes tinha visto criaturas tão belas e perfeitas». A filosofia de Gobineau implicava a negação da acção política com sentido e durante a sua vida ela não teve qualquer influência (Biddiss, 1970). O leitor que pegar nos quatro volumes de Gobineau na esperança de aí encontrar uma doutrina adequada aos desejos da aristocracia ou da burguesia do seu tempo deve sentir-se chocado pela sua inutilidade final para estes propósitos.

Robert Knox (1791-1862) foi filho de um professor de Edimburgo que por alguns anos seguiu uma carreira médica promissora. Serviu como cirurgião do Exército na Bélgica e, por três anos, na África do Sul, estabelecendo-se mais tarde como assistente de Anatomia em Edimburgo. As suas ideias sobre a raça poderiam ter sido perfeitamente elaboradas durante os primeiros anos do decénio de 1820, mas em 1828 houve um contratempo que projectou uma sombra negra no resto da sua vida. Os professores de Medicina tinham de obter cadáveres de algumas fontes vergonhosas. Dois homens, Burk e Hare, condenados por assassínio, venderam o corpo de um dos defuntos a um agente, agindo em nome de Knox, e embora este não tivesse responsabilidade, a sua posição em Edimburgo tornou- -se bastante desconfortável. Depois disso apenas dava consultas ocasionais e ocupava a maior parte do tempo a escrever e a dar conferências. A infelicidade que deve ter sentido pode explicar a natureza desconexa e dogmática das suas afirmações sobre a raça, quando surgiram em forma de livro. Embora sendo o oposto de um romântico, Knox era politicamente um radical, o que implica que se os revolucionários de 1848-49 tivessem a sua perspectiva teriam podido manejar esses acontecimentos com maior vantagem para eles. Mas o seu livro é desordenado, confuso e não expõe realmente uma filosofia da acção política. Ele avisa os seus leitores de que o futuro não pode ser controlado por eles: «Interroguem-se sobre que mudanças climáticas destruíram o mamute, o *aneplotherium*, o *cíinotheriurn*, o *sivatherium*; os peixes do velho mundo; os sáurios. O homem não os destruiu; no entanto, a sua raça desapareceu. Porque é que morreu, quase sob os nossos olhos, o *apteryx*? [...] O anjo destruidor sai do país sem ser visto, ferindo até a própria raça do homem.» Cobre de desdém as ilusões das raças cercadas, organizadas em nações poderosas, em que o orgulho da segurança é predominante. Cita sarcasticamente um sermão londrino como prova de que a teoria de Condorcet do avanço da humanidade para a perfeição não se pode aplicar aos Ingleses, dado que já são perfeitos (1860: 467, 574). A única política sensata aos olhos de Knox é a de que cada raça viva dentro das suas fronteiras naturais.

Discípulo de Knox, James Hunt (1833-69) herdou de seu pai a propriedade de um estabelecimento para a cura da gaguez, sobre a

A IDEIA DE RAÇA

qual escreveu um manual com grande autoridade. Hunt licenciou-se pela Universidade de Giessen (onde tinha um contacto familiar) em 1856, e em 1867 foi-lhe concedido o doutoramento honorário pela mesma Universidade. Era um homem de grande energia, que liderou a ruptura na Sociedade Etnológica para fundar a Sociedade Antropológica de Londres (Stocking, 1971). Na sua carreira, curta e relativamente espectacular, parece não ter tido experiências ou relações fora da Europa, sendo fundamentalmente motivado pelo seu entusiasmo por uma teoria que pensava ser da maior importância para os problemas da sua época.

Josiah Clark Nott (1804-73), um médico do Alabama, e George Robbins Gliddon (1809-57) são um par esquisito. O mais novo era agente de uma companhia de seguros e vice-cônsul dos Estados Unidos no Cairo, quando, em 1837, lhe foi pedido que recolhesse crânios egípcios para Samuel George Morton, o famoso antropólogo americano. Gliddon tem sido descrito como «um pedante, um indivíduo pendurado na casaca dos grandes, pretensioso, fingido e escatologista», mas também como «corajoso, generoso, de coração terno e leal» (Standon, 1960: 46). Tornou-se conferencista e homem de espectáculo, preparando amostras da cultura egípcia para públicos americanos. Os crânios que recolheu eram utilizados para demonstrar que os negros e os brancos se haviam separado no Egipto desde os tempos mais remotos. Nott era um cavalheiro sulista e um frequente colaborador nos principais jornais médicos. Um seu artigo sobre hibridação valeu-lhe os parabéns de Morton e outro pedido de crânios. Metido nos debates sobre a raça, publicou duas conferências com o objectivo de dar uma arma às pessoas para se oporem à abolição da escravatura (assim o disse ao então governador da Carolina do Sul). Gliddon tomou-o de parceria para as suas aventuras editoriais, mas Nott mantinha pungentes reservas quanto ao seu colaborador. Gliddon tinha dificuldades na vida e quando Nott soube que ele tinha aceite um lugar nos caminhos-de-ferro das Honduras ficou aliviado por ele ser «levado para um país onde não há impressão tipográfica».

Nem Gobineau nem Knox beneficiaram financeiramente, de modo significativo, do seu trabalho de desenvolvimento das teorias raciais. Gliddon alcançou alguma popularidade, mas nem toda ela

A RACIALIZAÇÃO DO MUNDO

favorável e parece ter sido principalmente motivado pela sua antipatia pelos sacerdotes (costumava chamar-lhes doninhas fedorentas) e pelo gosto de «tirar a pele aos padres». A carreira de Nott teve mais sucesso, tendo sido um médico muito competente e um homem bastante aplicado ao trabalho. Além disso, andava muito espantado ao verificar que os seus escritos antropológicos, de natureza nada ortodoxa, não afectavam a sua prática médica. Por outro lado, também tem de se reconhecer que Morton, Nott e Gliddon encorajaram as aplicações das suas teorias que levavam à defesa da escravidão. Poder-se-ia esperar que elas tivessem sido recebidas com entusiasmo no Sul e utilizadas como uma justificação da escravatura, mas a verdade é que a reacção foi mais complexa.

Por um lado, os mais ortodoxos rejeitaram a sugestão de que os brancos e os negros foram criados separadamente, dado que isso parecia entrar em conflito com a Bíblia. Preferiam basear as suas teses nos comentários de São Paulo sobre o dever de o escravo Onesimus voltar para o seu senhor (*Filémon*, 12-16). A defesa mais espantosa dos padrões sociais do Sul foi feita por George Fitzhugh, que lamentava a doutrina exposta em *Types of Mankind* não só porque contrariava a Escritura, mas também «porque encoraja e incita os senhores brutais a tratar os negros, não já como irmãos fracos, ignorantes e dependentes, mas como animais perversos sem o menor traço de humanidade». Fitzhugh insistiu em que o Sul devia defender a escravidão em geral e não apenas para os negros. Atacou as pretensões nortistas defendendo que a escravidão patriarcal do Sul era menos desumanizante do que a escravidão salarial dos capitalistas do Norte (cf. Genovese, 1969: 118-94). Por outro lado, escritores e conferencistas menos estreitamente ligados à classe dirigente sulista tendiam a justificar a subordinação dos negros principalmente em termos raciais. George M. Fredrickson, ao apontar o contraste entre as duas filosofias, descreve esta última escola como a defensora daquilo que Van den Berghe chamou democracia do *Herrenvolk* – democracia para a classe dirigente e sujeição para os outros. Esta perspectiva desafiava o ideal aristocrático ou senhorial reinante na sociedade e implicava um apelo eleitoral muito mais amplo. Os políticos vieram gradualmente ao encontro desta linha, as teorias tipológicas viram-se vulgarizadas e o igualitarismo do *Herrenvolk* tornou-se a ideolo-

A IDEIA DE RAÇA

gia dominante no Sul, num tempo em que as concepções românticas do carácter racial e até mesmo a ideia da complementaridade das raças ganhavam terreno na opinião nortista (Fredrickson, 1971: 58--129). A opinião popular no Norte apresentou, a partir de 1830, certas características fortemente antinegro e, às vezes, anti-abolicionistas. Algumas delas reflectiram-se perfeitamente nos espectáculos de cantores negros que, mais eficazmente que qualquer livro, alimentam e amplificam os preconceitos populares (Toll, 1974). Ao discutir o que parece serem erros na justificação sulista da escravidão, é errado supor que os homens do Norte eram virtuosos.

A tipologia racial foi absorvida muito mais rapidamente nos Estados Unidos do que na Europa e o estudo de como se desenvolveu leva a perguntas bastante diferentes da de tentar saber como foi formulada em primeiro lugar. Na medida em que os antecedentes pessoais dos autores influenciaram a formulação, torna-se necessário considerar em toda a sua completude esses antecedentes. Às vezes, Gobineau, no seu *Ensaio* e livros posteriores, elogia outros povos como um meio de exortar os seus concidadãos franceses a levar uma vida mais nobre, tal como Tácito exalta os Germanos para envergonhar os seus compatriotas romanos. Há muitos elementos importantes na obra de Gobineau, Kingsley, Knox e Vogt, tal como na de Fitzhugh, que podem ser vistos como reacções ao capitalismo contemporâneo e possuindo neste ponto, como em muitos outros, uma orientação intra-europeia. A génese da racialização é menos simples do que pode ser sugerido pelo curso que depois seguiu ao sul da linha Mason-Dixon.

Contudo, os dados disponíveis acerca da vida destes autores podem ser insuficientes para determinar em que medida as circunstâncias da época influenciaram o desenvolvimento de novas teorias e crenças sobre as categorias raciais. Por exemplo, do século XVII ao século XIX havia vantagens políticas na crença de que Ingleses e Alemães eram ramos da mesma raça, mas elas viram-se reduzidas a partir de 1871, quando a Alemanha começou a crescer e a tornar-se num país rival da Inglaterra. Este facto pode ter, de facto, influenciado a recepção da teoria ariana na Inglaterra. A primeira formulação da tipologia racial está estreitamente ligada a uma situação caracterizada por tensões políticas na Europa. Os escritores destas teorias

A RACIALIZAÇÃO DO MUNDO

eram tão brutais a interpretar as diferenças entre as raças europeias como entre estas e as não europeias. Para só citar um exemplo, Gobineau difundiu uma das imagens menos lisonjeiras dos Finlandeses: «Sempre fracos, estúpidos e oprimidos.» O primeiro professor universitário de Sociologia em Inglaterra, Edvard Westermarck, observou que, no decénio de 1880, muitíssimas pessoas educadas acreditavam que a Finlândia era povoada por pequenos e roliços lapões ou esquimós (Westermarck, 1927: 78). Outros autores que abordaram o tema racial converteram muitas vezes no seu alvo os grupos nacionais ou as classes na Europa, e nas obras inglesas das últimas três décadas do século XIX há mais insulto racial aos irlandeses que aos negros. No mesmo sentido, um estudo histórico recente descobre provas de uma tendência crescente para tratar os negros arrogantemente na Inglaterra a partir do decénio de 1860 e interpreta este facto em termos de mudanças do carácter social e político da própria sociedade inglesa (Lorimer, 1972).

Estas mudanças estavam, evidentemente, relacionadas com os desenvolvimentos ultramarinos e há boas razões para acreditar que a recepção das doutrinas tipológicas e o incremento do preconceito racial foram estimulados pelos acontecimentos no ultramar: a guerra da China, a guerra da Crimeia, o «motim» da Índia, a Guerra Civil americana, o levantamento na Jamaica e outros eventos coloniais. Mas tendo em vista a crença generalizada numa conexão entre o imperialismo e a doutrina racial, é importante lembrar que as décadas de 1850 e 1860 não foram uma época colonial no sentido em que o foram as últimas décadas do século. Em 1865, uma comissão parlamentar especial recomendou que a Grã-Bretanha se retirasse dos seus territórios da África Ocidental, excepto talvez o então pequeno estabelecimento da Serra Leoa. A composição e a política do governo Gladstone de 1868 são às vezes consideradas como representando o ponto mais alto do sentimento *anti*-imperial. As conclusões de outro investigador levaram-no a pôr em dúvida que o imperialismo fosse em qualquer sentido uma ideia política popular antes do segundo governo de Disraeli, entre 1874-1880, e a afirmar que não há qualquer prova evidente de que o imperialismo britânico e as doutrinas vitorianas da raça estivessem ligadas por uma relação de causalidade (Watson, 1973: 213, 215). A história contemporânea de

83

França e de outras potências europeias apresenta um padrão semelhante, no que toca a este aspecto. Além disso, quando o sentimento imperialista começou a ganhar força, no decénio de 1890, era um movimento de apoio às colónias brancas em países como a Austrália, a Nova Zelândia e a África do Sul e não em favor do governo dos pretos pelos brancos. Uma comparação entre a África Oriental e a Nigéria, no período que vai de 1880 a 1914, sugere que o estereótipo da inferioridade racial negra que surgiu no Quénia foi uma criação europeia que derivou das necessidades sociais e políticas dos colonizadores brancos e não da observação genuína ou das teorias raciais (Perraton, 1967: 242).

Nem as teorias raciais foram sempre utilizadas para minimizar os povos de cor. Na Índia, a teoria ariana apontava mais para a existência de laços comuns entre os Britânicos e a população nativa do que para uma divisão entre estrangeiros e locais, ainda que nem Britânicos nem Hindus respondessem de maneira uniforme a esse facto. Quando Max Muller, o professor de Sânscrito da Universidade de Oxford, utilizou a teoria ariana para exaltar a cultura da Índia antiga e para sublinhar a ascendência comum entre Britânicos e Bengaleses, poucas hesitações poderia provocar nas salas de visita de Chelsea, porque parecia provar a natureza providencial do domínio inglês na Índia. Os Ingleses que estavam na Índia sentiam-se menos atraídos por ela, embora Sir Henry Maine, que foi membro do governo da Índia e também um investigador que pouco uso fez das ideias raciais, tivesse observado: «Pessoalmente, penso que o governo da Índia pelos Ingleses se tornou apreciavelmente mais fácil com as descobertas que revelaram aos indivíduos educados de ambas as raças a comum origem ariana dos Ingleses e Hindus.»

A mensagem de que os Ingleses eram um irmão mais velho que tinha estado separado de alguns outros membros da sua família, e que voltava agora para lhes ensinar as técnicas que adquiriu nas suas viagens mais prolongadas, foi bem recebida por alguns indianos, mas os brâmanes tinham razões para temer as suas implicações nas pretensões e privilégios que possuíam na cultura hindu. Muitos nacionalistas indianos sublinharam a superior organização política e a espiritualidade dos Arianos. Utilizavam a palavra «ariano» mais em sentido moral que geográfico, e sem grande conteúdo histórico. Alguns empregavam-na como um grito de unidade. Com esta intencionalidade, o seu significado torna-se diluído, provavelmente por causa das suas inaceitáveis implicações. A teoria ariana negaria a igualdade aos Indianos não arianos, incluindo os grupos sem casta como os drávidas, os povos tribais, árabes e judeus. Embora alguns nacionalistas não se importassem com esta consequência, os reformistas estavam mais sensibilizados pela necessidade de reivindicar direitos iguais para todos os asiáticos e opuseram-se à teoria ariana porque ela desviava a atenção dos autênticos obstáculos para a unidade (Leopold, 1970). Nem os Britânicos poderiam achar que os aspectos raciais da teoria se adequavam perfeitamente aos seus objectivos políticos. Insistir na primazia da hereditariedade racial era afirmar, no fundo, que as tentativas reformistas dos Britânicos na Índia não teriam qualquer utilidade a não ser que mudasse o carácter racial da população. O mito do passado ariano tinha maior utilidade, porque juntava-se perfeitamente à crença semivitoriana no progresso e representava os Britânicos como o ramo mais progressivo da raça mais progressiva. Este mesmo mito também validava a tese de que o governo inglês na Índia era uma mera reunião familiar, justificando-o assim perante os Hindus. Mas é igualmente importante notar que, por um motivo ou outro, os funcionários Britânicos quase não fizeram uso da teoria ariana em relação à Índia no período que vai de 1850 a 1870 e que, passado esse tempo, ela também atraiu muito pouco a atenção oficial (Leopold, 1974).

O estudo do processo pelo qual as categorias raciais foram desenvolvidas e aplicadas deve também compreender a resposta intelectual dos negros, que se torna evidente pela primeira vez em obras como *West African Peoples and Countries*, de James Africanus Beale Horton, publicada em 1868. Neste volume, escrito por um médico natural da Serra Leoa e educado em Edimburgo (Fyfe, 1972), há um capítulo dedicado às «falsas teorias dos antropólogos modernos». Apresenta aí dados em contradição com as teorias de Knox, Vogt e tipologistas da sua época. Pouco depois, um investigador nascido na Índia Ocidental e que entrou para o serviço diplomático da Libéria, Edward Wilmot Blyden, reuniu alguns dos seus ensaios em *Christianity, Islam and the Negro Race* (1887), um volume impressionante que expõe argumentos que podem ser perfeitamente encarados

A IDEIA DE RAÇA

como reacções à tipologia racial. Blyden escreveu: «Cada uma das raças da humanidade tem um carácter específico e um trabalho específico. A ciência da sociologia é a ciência da raça.» As nações formam-se em termos de linhas raciais e os negros, ainda que iguais aos brancos, nunca se lhe assemelharão (1887: 94, 122, 277). Para lá do Atlântico, pode-se constatar uma resposta similar em *Froudacity*, o livro em que o negro de Trindade, J. J. Thomas, atacou a história de A. Froude sobre os Ingleses nas Índias Ocidentais. Ele perguntava: «O que há na natureza das coisas que desapossa os africanos do direito de participar, nos tempos futuros, nos altos destinos que, no passado, foram atribuídos a tantas raças que não foram de modo algum superiores a nós nas qualificações físicas, morais e intelectuais, que marcam definitivamente uma raça para a proeminência entre outras raças?» (1889: 180-81).

As reacções deste tipo não punham em causa a crença em que todos os homens possuíam atributos raciais. Aceitavam essa tese, mas mantinham que os europeus haviam errado na aplicação da teoria. Nem tentaram utilizar as ideias que estavam contidas nas teorias raciais para elaborar um programa político. Este aproveitamento revelava-se de escassa utilidade na Serra Leoa e em Trindade porque a mudança política podia processar-se facilmente no seio das estruturas organizadas à sombra do colonialismo. Os africanos podiam responder à subordinação política com a criação de movimentos que reunissem em nações multidões de povos que anteriormente poderiam ter estado separados, mas já conscientes da sua pertença, separadamente, a um conjunto maior. Como o nacionalismo era uma ideologia tão respeitada na filosofia política europeia, não havia grande vantagem em apelar para a raça. Nos Estados Unidos, como se sugeriu no capítulo anterior, o quadro era mais complexo. Contudo, a partir do decénio de 1880, o tema do «orgulho racial» passou a ser cada vez mais sublinhado pelos líderes negros, do mesmo modo que a crença em que os negros, como qualquer outra raça, tinham qualidades distintas mas complementares, tese a que não faltou o apoio dos simpatizantes brancos. (Meier, 1963: 50-56. 194-96, 270; Fredrickson, 1971: 327-29).

Ao examinar as relações da teoria tipológica com as crenças sobre a raça nos últimos anos do século, não tivemos oportunidade de relatar as mudanças fundamentais na concepção científica de raça motivadas pelo trabalho de Charles Darwin. Talvez seja de utilidade abordarmos agora, em primeiro lugar, num estudo monográfico, um escritor da época que foi particularmente atraído pelas consequências dessas mudanças.

IV

Uma Filosofia Racial do Século XIX: Charles Kingsley

Este capítulo foi escrito como um ensaio autónomo para comemorar o centenário de Kingsley, em 1975, e é publicado aqui pela primeira vez. Completa a demonstração esboçada nos capítulos anteriores e continuada nos capítulos seguintes, ao mostrar como um homem influente respondeu às ideias de raça dominantes no decénio de 1850 e ao desafio dos ensinamentos de Darwin. Também pode ajudar ao demonstrar que as afirmações sobre raça naquele tempo nem sempre são fáceis de incluir nas classificações elaboradas pelas gerações que se lhe sucederam e que pode ser útil interpretar tais afirmações nos termos da filosofia racial do autor. Por possuir um carácter diferente, este capítulo exige um maior número de notas de pé de página.

Os dois decénios que se estendem de 1850 a 1870 são cruciais para a história do conceito de raça[1]. Viram a aceitação do conceito de raça como um processo-chave de classificação na morfologia comparativa e a dilatação da brecha que se tinha operado na crença

---

[1] O título deste ensaio pretende ser um tributo a Cedric Dover, o poeta eurasiano e escritor sobre temas de relações raciais, que nasceu em Calcutá em 1904 e morreu em Londres em 1962. (Ver *inter alia* a notícia necrológica em *Man*, vol. 62, 1962, artigo 85.) Nos últimos anos da sua vida, Dover iniciou uma série de estudos das filosofias raciais de figuras culturais de alto destaque: Ibn Khaldun, Jehuda Halevi, Johann Herder e Antarah, o poeta árabe (ver *Phylon*, vol. 13, 1952: 10-19, 312-22; vol. 15, 1954: 41-57, 177-89, e *Br. J. Sociol.*, vol. 3, 1952: 124-33). Os ensaios de Dover tinham graça e sensibilidade; o seu programa demonstra uma originalidade que ultrapassa de longe o interesse do antiquário, e por isso se diz que o seu trabalho desperta pouca emulação hoje em dia.

cristã da irmandade dos homens. Antes do século XIX, os académicos pensavam que todos os povos estavam aptos para progredir, mas, em meados do século, aumentou o apoio a uma teoria dos tipos raciais que defendia não terem certos povos, por causa de diferenças inatas, capacidade para evoluir tanto como os outros. Os europeus tendiam a acreditar que as divisões entre eles próprios eram pequenas em comparação com o fosso que separava os brancos das outras raças. Há ainda muito que descobrir sobre os movimentos intelectuais durante este período e sobre as suas relações com as ideias que os Britânicos tinham a respeito da posição do seu país nos assuntos mundiais. Até que sejam elucidados pelos historiadores certos aspectos ainda em branco, muito há a dizer sobre a utilidade de investigar estes movimentos, considerando como exemplo a vida e as ideias de determinados homens. Entre os que merecem uma atenção muito particular está Charles Kingsley, que nasceu em 12 de Junho de 1819 e morreu em 23 de Janeiro de 1875. O centenário da sua morte deveria chamar a atenção dos estudiosos das relações raciais.

A dimensão da energia de Charles Kingsley é dada pelas suas obras completas, que atingem os vinte e oito volumes. Algumas delas são colecções de sermões, mas outras são poemas, crítica literária, ensaios históricos, ciência popular e, particularmente, um conjunto de romances que venderam torrencialmente. Kingsley era um homem de grande vigor e zelo moral, uma figura proeminente do grupo socialista cristão que dramatizou as dificuldades dos pobres do campo e dos operários das fábricas têxteis de East End. Estudou um pouco de biologia marinha; defendeu a reforma sanitária; o movimento cooperativista, a educação dos adultos, o sufrágio feminino e uma teologia que aprendesse aquilo que a ciência tem a ensinar acerca do processo da natureza. Kingsley escreveu versos fluentes e às vezes comovedores, e tinha um grande dom para fazer amigos. A sua influência foi importante para convencer os meios da Igreja a aceitar as ideias de Darwin e as suas implicações. Mas Kingsley também demonstrou algumas debilidades espantosas – juízos temerários, sentimentalismo, uma inclinação continuada para o snobismo e uma tendência episódica para o orgulho racial. A conclusão de Canon C. Raven de que, «se ganhou um lugar destacado como advogado da revolução social, partilha também um pouco da responsa-

UMA FILOSOFIA RACIAL DO SÉCULO XIX: CHARLES KINGSLEY

bilidade do chauvinismo e arrogância britânicos do fim do século», faz jus aos aspectos contraditórios da sua vida, embora muita gente possa contestar uma tal concepção da responsabilidade histórica[2]. O pai de Charles Kingsley era um pastor de uma família de soldados e nobreza rural. A sua mãe era a filha do juiz Lucas de Barbados «e as histórias que na velhice pôde contar sobre os velhos tempos da guerra com os Espanhóis e as suas histórias das maravilhas da natureza tropical tornaram-se a delícia da infância do neto»[3]. Criado em Devon, Charles foi mandado para a escola em Clifton; quando era aluno testemunhou as revoltas de Bristol em 1831. Mais tarde, descreveria a um amigo o papel miserável do presidente da câmara; a massa brutal e repugnante de destroços inumanos, pilhando, destruindo, queimando; barris de bebidas alcoólicas partidos, com o líquido correndo nas ruas e as desgraçadas criaturas bebendo-o ajoelhadas das valetas, até as chamas de uma casa a arder pegarem fogo à torrente, propagar-se nela com um ímpeto, um terrível som e, num momento medonho, os bêbedos prostrados tornaram-se um monte de cadáveres escurecidos. «Esta visão – dizia ele – fez de mim um radical.» Mas a outra pessoa disse que essa mesma visão o fez «durante anos um autêntico aristocrata cheio de ódio e desdém para com essas classes perigosas, cuja existência descobri então pela primeira vez». Longe de ser contraditórias, estas declarações revelam a filosofia política que esteve por detrás da primeira fase de vida pública de Kingsley. Na sua esfera social ele era ao mesmo tempo

---

[2] *Encyclopaedia Britannica*, edição de 1970. Para reduzir o número de notas nem sempre dei o número da página em que se encontra a informação em *Charles Kingsley: his letters and memories of his life*, editado por sua esposa, do qual houve trinta e uma edições ou reimpressões. A primeira edição apareceu em 1877, e uma edição resumida em dois volumes, de 1890, contém algum material novo. Há também diferenças na disposição, pelo que me refiro no texto às duas edições.

[3] C. W. Stubbs, *Charles Kingsley and the Christian Social Movement*, Londres, Blackie, 1899, p. 32. Vale a pena mencionar uma referência acerca das crenças contemporâneas sobre outros factores além da raça que influenciam o temperamento do indivíduo. A senhora Kingsley pensava que tudo aquilo que a atingiu mentalmente durante a gravidez seria transmitido à criança, e com esta fé se entregou alegremente à paisagem do Devonshire. Cf. a tese de licenciatura em Telegonia, não publicada, de Veronica Pearson, de 1972.

um radical e um amigo da aristocracia. Ele condenou as exortações do tipo «Seguir para a frente» e «Trepar na escala» como conselhos do Diabo. «O trabalhador que tenta seguir para a frente, desertar da sua classe e subir acima dela, dá entrada numa mentira.» Apesar de tudo, isto não é apenas uma condenação da mobilidade social. É também – e os actos de Kingsley testemunham-no – uma expressão da crença de que a condição do trabalhador deve ser de tal natureza que ele não sinta a necessidade de lhe escapar. Em 1852, escreveu sobre «a minha única ideia dos últimos sete anos, que a autêntica batalha da época é... a Igreja, os homens de bem e os trabalhadores, contra os lojistas e a escola de Manchester». A associação de Kingsley com o cartismo nasceu do desejo de organizar as relações entre as classes em bases melhores, mas não em eliminar as diferenças de classe.

Em 1836 tornou-se um estudante do Kings College, em Cambridge, onde entre outras coisas aprendeu boxe sob a direcção de pugilista negro. Com pouca resistência física, nem por isso deixou de praticar todos os desportos. Em 1842 licenciou-se em Estudos Clássicos com distinção, tendo-se anteriormente destacado nos exames de Matemática. Depois da sua licenciatura, foi ordenado e nomeado coadjutor e depois reitor de Eversley, Hampshire. Casou, estabeleceu relações com o grupo liderado por F. D. Maurice, que tentava dar uma direcção cristã ao movimento socialista então nascente, e trabalhava no seu mórbido drama poético sobre a vida da Santa Isabel da Hungria. Publicada em 1848, a obra tem referências ocasionais às suas personagens como membros de grupos raciais, em expressões como «Para cima desses Saxões!» e injunções do tipo «[...] / Por feitos poderosos sente-se a nossa raça culpada e envergonhada». O poema era dirigido contra as tendências ascética e católica romana dos tractarianos na Igreja de Inglaterra.

No Inverno de 1847 e na Primavera de 1848, a Inglaterra estava em crise. Havia revoltas em Londres e outras cidades importantes. Em Abril, o governo teve de ocupar Londres com tropa, barricar as pontes e guarnecer muitos edifícios públicos. Na pequena biografia que prefacia *Alton Locke*, o escritor Thomas Hughes justifica que Kingsley se sentia mais profundamente impressionado com a gravidade da crise do que qualquer um dos seus amigos, porque, como

UMA FILOSOFIA RACIAL DO SÉCULO XIX: CHARLES KINGSLEY

pessoa do campo, estava directamente em contacto com os pobres das zonas rurais. Em Maio de 1848, alguns do grupo de Maurice publicaram o primeiro número de um jornal intitulado *Politics for the People*. Incluía a primeira *Parson Lot's Letters to the Chartists*. Nesta carta Kingsley escrevia: «A minha única divergência com a Carta é que ela não vai suficientemente longe nas reformas. Eu quero ver-vos livres, mas não vejo como aquilo que pedis vos dê o que desejais [...] O grito francês "organização do trabalho" vale um milhar deles (isto é, negociadores da constituição), mas, ainda assim, não se vai ao fundo da questão [...] Deus só reformará a sociedade com a condição de cada homem reformar o seu próprio *ego* [...]»
O entusiasmo enérgico de Kingsley, combinado com o seu estilo extravagante, levou-o a ser olhado como uma das figuras de proa do grupo socialista cristão. Em Junho, os socialistas cristãos prepararam um comício com um grande número de trabalhadores. O discurso de abertura de Maurice foi sucedido por uma série de palestras acerbas que culminavam num ataque veemente à Igreja e ao clero. Kingsley levantou-se, cruzou os braços sobre o peito, e explodiu: «Meus a-amigos, eu sou um p-p-pastor e um c-c-cartista», continuando quase *sotto voce*, «I-Igreja de I-Inglaterra, claro». Explicou quão fortemente simpatizava com o sentido de injustiça dos cartistas e continuou, para conquistar o respeito do público. Os comícios continuaram, tal como as *Parson Lot's Letters* no jornal. Hughes afirma que enquanto Kingsley ganhava rapidamente a confiança das classes trabalhadoras, ao mesmo tempo granjeava uma série de críticos hostis em toda a parte. O *Politics for the People* terminou e viu-se substituído por *The Christian Socialist*. Este identificava-se com a causa da Associação (o embrião do movimento cooperativista) e Kingsley escreveu um dos seus primeiros panfletos.
É interessante notar o uso do termo «raça» nas exortações de Kingsley. Em Abril de 1848, escreveu um cartaz intitulado «Trabalhadores de Inglaterra», que começava: «Vocês dizem que são enganados. Muitos são enganados; e muitos ao vosso lado sabem isso perfeitamente», e continuava com a exortação «Ingleses! Saxões! Trabalhadores da grande, serena e poderosa nação inglesa, a fábrica do mundo, a líder da liberdade há 700 anos [...]» Em *The Christian Socialist*, aconselhando sobre matéria política, escreveu: «Devemos

tocar o trabalhador em todos os seus pontos de interesse. Em primeiro lugar, e acima de tudo, o problema da associação – mas também os direitos políticos, já que ambos se fundamentam no ideal cristão da Igreja e no facto histórico da raça anglo-saxónica. Depois, a educação nacional, sanitária e a reforma habitacional, a venda livre da terra e as correspondentes reformas das leis agrárias [...]», etc.

O panfleto que Kingsley escreveu para o *The Christian Socialist* intitulava-se «Roupas Baratas e Situação Repulsiva». Continha um relato vivo das consequências da concorrência ilimitada que trabalhava para fazer baixar os salários dos alfaiates de East End, forçando-os a viver em condições miseráveis e com falta de salubridade. Avisava que se poderiam espalhar doenças infecciosas, através da roupa, aos membros das classes altas que encomendavam as suas vestes aos negociantes que apresentavam os preços mais baixos. Fazendo uma comparação que não era pouco usual, escrevia:

«Nós, graças a Deus, emancipámos os escravos negros; não pareceria uma sequela inconsistente desse acto começar a emancipar estes escravos brancos. Oh! Esquecemo-nos. É que há uma diferença infinita entre os dois casos – os escravos negros trabalhavam para as nossas colónias; os brancos para *nós*. Mas se, na verdade, como alguns pregam, o auto--interesse é a causa de toda a acção humana, torna-se muito difícil descortinar quem dará o primeiro passo para emancipar os ditos escravos brancos; porque todas as classes parecem considerar igualmente como seu interesse conservá-los tal como estão; todas as classes, embora envergonhadas, segundo confessam, não temem ainda beneficiar do sistema que os mantem dominados.»

O panfleto foi desenvolvido no livro *Alton Locke, tailor and poet: an autobiography*, publicado em 1850, que apresenta a crítica de Kingsley ao capitalismo do seu tempo em termos mordazes, como quando um personagem explica: «Não! Não! John, o problema não está entre trabalhador e empregador, mas entre trabalhador e empregador-mais-metralha e baionetas», ou quando outro diz: «Cada um imagina que as leis que lhe enchem os bolsos são leis de

Deus.» Quanto ao mito da origem ariana, quase não existem referências dignas de mencionar e a palavra «raça» é pouco utilizada[4]. Um dos poucos exemplos consiste num personagem que, referindo-se à América, expõe seguramente o que Kingsley pensava ser então a mais importante consideração sobre o tema:

«O negro parece-se mais com um macaco do que o branco, e isso é um facto inegável; e não há noção de direito abstracto que o deite abaixo; nada, a não ser outro facto – mais poderoso, mais universal –, que Jesus de Nazaré morreu tanto pelo negro como pelo branco. Olhada sem ter isto em conta, cada raça, cada indivíduo da humanidade, permanece só e separado, não tendo mais laços de irmandade com o seu semelhante do que o lobo para com o lobo ou o lúcio para com o lúcio – sendo ele próprio o maior predador –, como o tem provado em todas as idades.»

Os homens e as raças são desiguais na natureza mas iguais em Cristo. Só reconhecendo isto o homem se pode realizar.

O ano de 1848 viu também a primeira publicação em forma periódica do *Yeast*. Este romance desenvolve, num ambiente rural, as preocupações de Kingsley com a reforma sanitária e apresenta uma crítica mais organizada dos proprietários:

---

[4] O capítulo trigésimo sexto contém uma sequência de sonhos que reflecte a teoria biológica contemporânea de que um embrião humano só se torna completamente humano depois de passar por diversas formas menos evoluídas. Depois de ser um bebé macaco, o sonhador pensa que é uma criança no ventre de uma mulher. «Seria ela... algum ideal da grande tribo ariana, contendo em si mesma todos os futuros tipos das mulheres europeias?» Um personagem feminino declara depois «na Asgard do Hindu-Kush, na bacia dos quatro rios, no ventre da mãe das nações, na irmandade, igualdade e liberdade, foi donde saíram os filhos dos homens...» Em 1848, de acordo com Susan Chitty, *The Beast and the Monk: A Life of Charles Kingsley*, Londres, Hodder & Stoughton, 1974, p. 115, quando ensinava Literatura Inglesa, Kingsley avançou a teoria de que os Anglo-Saxões, uma «raça fêmea», necessitavam de impregnação por parte de uma raça macho, a norueguesa, antes que pudessem produzir as famosas baladas da fronteira. A noção de raças fêmea e macho não é, contudo, explícita nos seus trabalhos publicados.

«Há sangue nos seus arbustos estrangeiros novos, morgado,
Há sangue nos pés do seu cão;
Há sangue na caça que vende, morgado,
E há sangue na caça que come.»

Por esta altura, Kingsley era uma figura notória e controversa. Quando da grande exposição, foi convidado a pregar sob o tema «A Mensagem da Igreja para os Homens Que Trabalham», numa igreja de Londres, numa série especial de sermões. Declarou então que os pastores tinham a obrigação de pregar a liberdade, a igualdade e a fraternidade no sentido mais completo destas palavras. Uma das instituições mais sábias de Moisés foi o ano do Jubileu, quando, ao fim de quarenta e nove anos, todas as dívidas e laços de servidão eram libertados e a terra entregue ao seu proprietário original. Kingsley elogiava este «dispositivo sem paralelo para impedir a acumulação de vastas propriedades e a redução do povo ao estado de servos e trabalhadores à jorna. E este agradável ano, o Senhor disse ter vindo para pregar que [...] todos os sistemas que favoreçam a acumulação de capital em poucas mãos – que desapossam as massas [...] ou de qualquer forma as degradam ou escravizam [...] – são contrários ao Reino de Deus que Jesus proclamou [...]» O responsável pela igreja levantou-se no fim do sermão para anunciar que pensava que a maior parte da doutrina ali exposta era falsa, e Kingsley durante algum tempo viu-se banido pelo bispo[5].

O grupo cristão socialista de 1848 a 1854 era pequeno e liderado por J. M. Ludlow, um leigo inspirado pelos filósofos políticos franceses e que surgiu como orador perante os trabalhadores de obras de engenharia durante a greve de 1851-52. O grupo considerava Maurice como o seu mestre e fonte de inspiração, mas ele não desejava tomar um compromisso político e por isso deixou o grupo dissolver-se depois de o *Provident Societies Act* se tornar lei em 1852. Apesar da sua crítica aos abusos do seu tempo, Kingsley, tal como Maurice, era respeitador do padrão social tradicional. Ao responder à pergun-

---

[5] Margaret Farrand Thorp, *Charles Kingsley, 1819-1875,* Princeton, Princeton University Press, 1937, pp. 83-4. Vale a pena notar que este não se encontra entre os sermões reimpressos e os exemplares são agora raros.

UMA FILOSOFIA RACIAL DO SÉCULO XIX: CHARLES KINGSLEY

ta: «Quem são os amigos da ordem?», Kingsley escreveu nesse ano que os cristãos socialistas apenas desejavam dizer às pessoas «para fazerem o seu dever nesse estado de vida a que Deus as chamou», e chegou ao ponto de argumentar que o trabalho dos cristãos socialistas era «eminentemente conservador da ordem, da propriedade e de todas as coisas que tornam a vida humana agradável ao seu possuidor ou útil ao Estado ...»[6]. À medida que os cristãos socialistas perdiam ímpeto e aumentavam as responsabilidades familiares, Kingsley voltou-se para tópicos filosóficos e teológicos mais amplos e a sua filosofia racial tornou-se mais explícita e proeminente. Pode argumentar-se que qualquer pessoa que veja a raça como um elemento significativo nos assuntos humanos acaba por se inclinar para uma filosofia racial, tal como pode subscrever uma filosofia social ou económica. Muitas vezes, uma filosofia racial é parte de uma filosofia da história, e isto foi o que sucedeu com Kingsley. Na sua filosofia política, as relações entre as classes sociais parecem ser inalteráveis, mas na sua filosofia da história há raças peculiares escolhidas por Deus para guiar as outras.

Quando Kingsley começou a escrever, tinha principiado o ataque contra o ponto de vista dominante de que todos os homens eram descendentes de Adão e Eva. Tornava-se cada vez mais difícil explicar cientificamente como, no caso de a criação ter ocorrido há cerca de seis mil anos, as diversas raças do homem se diferenciaram tão espantosamente uma das outras em tão pouco tempo. Havia também um crescente romantismo literário que popularizou a doutrina de que as nações eram definidas por características raciais hereditárias e que os seus conflitos mais não eram do que lutas raciais.

Os seus principais expositores eram Walter Scott, Edward Bulwer-Lytton e o escritor francês Augustin Thierry, cuja *História da Conquista da Inglaterra pelos Normandos* apareceu em inglês em 1825. Kingsley conhecia os seus trabalhos, mas as suas preocupações orientavam-se menos para a luta do que para a síntese. Tomou dos seus antecessores a ideia de que os grupos-chave eram

---

[6]   Torben Christensen, *Origin and History of Christian Socialism 1848--54,* Arhus: Universitets Forlag, 1962, *passim,* pp. 140n, 256 e 297 n. Ver também R. B. Martin, *The Dust of Combat, a Life of Charles Kingsley,* Londres, Faber, 1959, pp. 154-5.

A IDEIA DE RAÇA

raças e utilizou-a para elaborar uma filosofia cristã da história. Pode constatar-se uma amostra reveladora da sua abordagem no conselho que dá a uma mulher que está a pensar em tornar-se católica.

«Deus... ensina Roma de uma maneira e a Inglaterra de outra. Escolheu tornar-te uma mulher inglesa, um membro da Igreja de Inglaterra, inglesa por educação, no carácter, no cérebro, nos sentimentos e nos deveres; tu não podes desfazer-te. Já és um membro desse Corpo Espiritual único, chamado nação inglesa... considera se sabes o que é a Igreja de Inglaterra, o que foi a educação que Deus concedeu à Inglaterra e se um e outro ponto são consistentes entre si. Eu digo que são. Digo que a Igreja de Inglaterra está maravilhosa e misteriosamente adequada para as almas da raça livre dos Noruegueses-Saxões; porque os homens cujos antepassados lutaram ao lado de Odin são agora governados por um descendente de Odin.»[7]

Kingsley levava a sério o que estava registado no Antigo Testamento. Acreditava que «a raça humana se desenvolveu a partir de um único par, mas que a inocência infantil da raça primitiva desapareceu tão rapidamente como desaparece nas crianças, consideradas individualmente. A história da expulsão do homem do Jardim do Éden era a cartilha para se crer na degradação da humanidade. Durante a sua vida, Kingsley usou a palavra «raça» para se referir indiferentemente a toda a humanidade e as secções particulares dela. Numa das suas últimas conferências, pôs a questão que está na origem do conselho que deu à mulher em 1851: «E se os indivíduos, os povos, são escolhidos de vez em quando para se lhes dar uma iluminação especial, para poderem ser as luzes da terra e o sal do mundo? E se eles, por sua vez, abusaram dessa prerrogativa divina, tornando-se os tiranos, em vez dos ministros da luz?»[8] Uma sucessão de raças foi chamada por Deus para cumprir determinadas tarefas dentro do seu plano para

---

[7] *Letters and Memories*, 1877, i 252-53; 1890, i 203.

[8] *Historical Lecture and Essays*, p. 297. A não ser que se o diga explicitamente, as referências aos trabalhos de Kingsley são das obras editadas pela Macmillan.

98

UMA FILOSOFIA RACIAL DO SÉCULO XIX: CHARLES KINGSLEY

o mundo. Cada raça tem a sua juventude, o seu tempo de grandeza e declínio. Numa ocasião, diz que houve quatro raças científicas a quem se deve a ciência física indutiva. Primeiro, menciona os judeus, dado que os profetas denunciaram as superstições e o temor da natureza. Ensinaram que o Universo estava ordenado e obedecia a leis. Segundo, fala dos astrónomos caldeus, que descobriram o movimento dos corpos celestes, mas que foram esmagados pelas suas próprias descobertas, parando demasiado cedo. Terceiro, os Gregos e Romanos (aparentemente, uma raça) provaram que a ciência era possível. Porém, «compete à nossa raça converter a ciência em acto e em facto». Os nossos antepassados eram uma raça pessoalmente corajosa. «Esta terra não viu homens mais bravos que os avós da Europa cristã, quer fossem Escandinavos, Teutões, Anglos ou Francos. Eles eram uma raça prática, de cabeça dura, com um forte apego aos factos e uma forte determinação para agir a partir deles.» A providência colocou-os numa situação em que puderam desenvolver os seus talentos. «A Natureza, para eles, não era tão inóspita a ponto de lhes paralisar as pernas e os cérebros, como o fez com os esquimós ou os selvagens da Terra do Fogo; mas também não tão generosa a ponto de os esmagar com a sua própria exuberância, como aconteceu com os selvagens dos trópicos.»[9]

A preocupação de Kingsley com a reforma sanitária relaciona-se de dois modos diferentes com a sua filosofia racial. Em primeiro lugar, pensava que os baixos níveis de sanidade e saúde contribuíam para degradar a raça. Há uma passagem em *Yeast* que ilustra esta tese e a crença do autor (partilhada então por muitos contemporâneos, já que esta era a época da frenologia) em que a natureza interna se reflectia na aparência externa. O herói do livro lança um olhar aos homens que estão numa barraca de bebidas de uma feira de campo.

«Ele começou por estudar as faces e as testas do grupo, e ficou atónito, à primeira olhadela, pelo elevado e amplo desenvolvimento do cérebro de cerca de metade deles. Havia ali intelectos – ou capacidades intelectuais – capazes, seguramente, de realizar uma coisa qualquer, se as promessas da fronte não

---

[9] *Scientific Lectures and Essays*, pp. 232-6.

A IDEIA DE RAÇA

fossem desmentidas pelos traços frouxos e sensuais da parte inferior da cara. Eram, evidentemente, mais que uma raça sub-desenvolvida, uma raça degradada.»

O herói conclui que eles necessitam da infusão de novo sangue e manifesta uma opinião sobre os Celtas mais favorável do que a que, mais tarde, Kingsley há-de manter. Efectivamente, o herói pensa: «Talvez a imigração irlandesa acabe por dar bom resultado.» O enredo de *Yeast* conclui pouco satisfatoriamente com o aparecimento de um personagem estranho, com grandes semelhanças ao Zanoni de Bulwer Lytton e à Sidonia de Disraeli, que misteriosamente veio de uma parte da Ásia onde «o seu seio ainda fervilha com a energia criativa da juventude, perto do berço primitivo da mais antiga raça do homem». Ele assegura ao seu protegido que «o dia da raça camítica passou; o mesmo se não pode dizer do nosso império caucasiano. O presente pertence à nossa raça – à Inglaterra, França, Alemanha, América –, a nós»[10]

Há outra passagem que vale a pena citar em certa extensão, porque desenvolve os temas da saúde física e da missão divina relativamente aos territórios ultramarinos da Inglaterra. Este texto faz parte de um discurso proferido em 1859 para a Ladies Sanitary Association:

«De todas as raças hoje em dia existentes, é a inglesa, talvez, a melhor e a que não dá qualquer sinal de esgotamento; em geral, parece ser uma raça ainda jovem e possuir em si grandes capacidades que ainda não foram desenvolvidas, e tem, acima de tudo, a maravilhosa capacidade de se adaptar a todos os tipos de clima e a todas as formas de vida, que nenhuma raça, excepto os Romanos, teve até hoje no mundo. Se eles considerarem, como eu, valer a pena que os economistas e os filósofos sociais olhem para o mapa e vejam que quase quatro quintos do globo permanecem num estado que não pode qualificar-se de povoado e cultivado, ou numa situação longe daquela em que o homem pode colocar com um fornecimento substancial

_____

[10]   *Yeast*, pp. 249 e 250.

de população, indústria e intelecto humano, então, talvez, concordem comigo que é um dever, um dos mais nobres deveres, ajudar a aumentar a raça inglesa tanto quanto possível, e velar para que cada criança que nasça nesta grande nação de Inglaterra se desenvolva até ao ponto mais elevado a que for possível levá-la tanto em força física e beleza, como em virtude e inteligência.»[11]

A segunda maneira como a preocupação de Kingsley com a sanidade se relaciona com a sua filosofia racial é aparente na sua explicação das epidemias e das catástrofes naturais. Em 1845 escreveu:

> «Como pastor, sinto-me obrigado a exprimir a minha gratidão a Lord Palmerston por se ter recusado a autorizar a comemoração do dia nacional no momento em que reaparece a pestilência [cólera], tendo assim evitado uma nova vergonha para a Cristandade, novas desculpas para o egoísmo, a preguiça e a ignorância que produzem a pestilência, um novo desvio das mentes dos homens das causas reais do presente juízo para outras fantásticas e supersticiosas.»

A resposta de Kingsley era que a cólera «aparece devido a causas naturais... mas isso não impede que ela seja uma visita de Deus». Em outra ocasião explicou que «se tu ou eu apanhamos cólera ou febre apesar de todos os cuidados, estamos obrigados a dizer, Deus enviou-me esta doença. É uma lição particular que me quer dar. É parte da minha educação». Por detrás de todos os acontecimentos, até mesmo a queda de um pardal no chão, lia sempre duas causas: uma física e uma moral. Sobre a erupção do vulcão em S. Vicente, em 1872, escreveu: «Sei perfeitamente que por detrás deste Como está um Porquê deste acontecimento, e um porquê que existe neste mesmo momento, e que todos os que conhecem a história da escravatura negra nas Índias Ocidentais podem adivinhar, e confessar; eu espero que neste caso, como em todos os outros, quando o «senhor» Porquê parece extremamente severo, ele é na verdade, a maior parte

---

[11] *Sanitary and Social Essays*, pp. 258-59.

das vezes, extremamente justo e simpático.»[12] A erupção era o aviso de Deus de que a escravatura não poderia ser justificada.

Na filosofia de Kingsley as raças faziam parte do plano de Deus para o mundo. Elas combinavam atributos físicos e atributos morais como uma resposta voluntária aos ensinamentos de Deus. Os acontecimentos de que é composta a história humana devem ser estudados para que o homem aprenda as intenções de Deus. Quando, em 1848. Kingsley se referia aos «factos históricos da raça anglo-saxónica», é provável que tivesse isto em mente. Por que motivo deveriam os negros «ser mais parecidos com um macaco do que os brancos» é um problema que Kingsley não soube resolver; talvez encarasse a questão como um assunto para a ciência resolver. Tal conhecimento era vital para a Teologia Natural, porque «a ciência e a religião são irmãs gémeas destinadas a apoiar-se mutuamente e a ajudar a humanidade na batalha contra as forças brutas do universo»[13]. Kingsley reconheceu lacunas no saber da sua época, mas poder-se-á identificar na sua atitude uma filosofia racial importante para a sua fé e para o seu pensamento? Os escritores que me antecederam parece não a terem discernido – talvez porque algumas dessas noções fossem aceites sem análise –, e este facto aponta a necessidade de reexaminar a partir deste ponto de vista o trabalho de outros escritores vitorianos.

A novela de Kingsley *Hypatia, or new foes with an old face*, publicada em 1853, oferece bastantes dados para esta interpretação. Baseia-se na história do miserável estado da igreja cristã no século v em Alexandria e no assassínio de uma heroína neo-platónica chamada Hipátia. O estado da Igreja é narrado no capítulo 47 de *Declínio e Queda do Império Romano*, de Gibbon. Kingsley apresenta estes acontecimentos como uma lição objectiva do modo como as virtudes e os vícios se manifestaram lado a lado, quer entre os defensores da Igreja quer no campo dos seus rivais. A novela é ao mesmo tempo um hino à força e ao valor dos Godos. Apesar de «todas as tentativas das raças godas para se estabelece-

---

[12] *Letters and Memories*, 1877, i 414-15; 1890, i 317. *Good News of God*, p. 163; *Madam How and Lady Why*, p. 97.

[13] *Discipline*, p. 37.

rem além-mar... terminaram na corrupção e no desaparecimento dos colonizadores». O clima, os maus exemplos e o luxo do poder degradou-os e impediu-os de exercer no mundo oriental a mesma disciplina rígida, mas salutar, sob a qual o Ocidente voltou à vida. «A grande Providência proibiu à nossa raça, triunfante em todos os outros lugares, pôr o pé para além do Mediterrâneo.»

A doutrina da resposta voluntária do homem aos ensinamentos de Deus está estabelecida em alguns dos seus primeiros sermões:

> «Quando Deus deu liberdade a uma nação, então, a não ser que haja um coração livre no povo, verdadeiro e independente, que é dependência de Deus e não dos homens... ela volta a cair na escravidão. Assim aconteceu com as grandes colónias espanholas, na América do Sul, há alguns anos. Deus libertou-os da tirania de Espanha... mas... não havia rectidão nelas; porque eram um povo cobarde, falso e cruel, tornaram-se então apenas escravos das suas paixões... Reparem também no povo francês. Já três vezes, nos últimos seis anos, os livrou Deus de maus governantes, dando-lhes oportunidades para manter a liberdade; e três vezes caíram numa nova escravidão [...] As nações civilizadas, como a Inglaterra, avançam e prosperam porque têm leis e obedecem a essas leis», mas tais normas devem estar em harmonia com as de Deus: «Nós estamos no Reino de Deus... e o nosso trabalho é, portanto, simplesmente descobrir as leis desse Reino, e obedecer-lhes.»
>
> ... A degeneração é uma possibilidade sempre em aberto, «as grandes nações de selvagens... tornando-se cada vez mais filhas da ira... esquecendo sempre mais as leis do bom e do mau, tornando-se estúpidas e ignorantes, até esquecerem, inclusivamente, a maneira de se apetrecharem a si próprias com casas, roupas, fogo, ou mesmo do modo de cultivar a terra, acabando a comer raízes e porcarias, como as bestas que perecem... elas morrem...; os negros de África e das Índias Ocidentais caíram baixo, mas não tão baixo que isso impeça o anúncio do Evangelho... milhares deles abraçarão a boa nova... e vão levar uma vida tal que envergonhará muitos ingleses brancos... Mas os negros da Austrália, que são exactamente da mesma raça dos

negros africanos, não podem apreender o Evangelho. Parece terem-se tornado demasiado estúpidos para o entender»[14].

O ambiente limitava as possibilidades abertas ao desenvolvimento de uma raça e influenciava os seus caracteres. Kingsley expõe os argumentos de um amigo não identificado e pede que se lhe preste atenção:

«Não me falem da superioridade moral e física das raças das montanhas, porque vos direi que é uma fantasia. A civilização, a arte, a poesia, pertencem às terras baixas. As raças mais fortes e astuciosas tomam instintivamente as terras baixas, porque sabem, de certo modo (e a Providência também sabe), que só aí podem tornar-se nações...»[15]

As raças têm as suas características especiais, como quando afirma: «A concepção de despique amoroso pertence à nossa raça teutónica»[16], mas a filosofia de Kingsley não é determinista. Os Godos pereceram porque quebraram uma das leis fundamentais ao converterem-se numa aristocracia senhora de escravos[17].

Depois de *Hypatia*, Kingsley leu *Voyages*, de Hakluyt, e outras obras sobre os homens do mar da parte ocidental durante a era isabelina[18]. O resultado foi um dos seus romances mais populares: *Westward Ho!* Hughes disse que este livro lhe foi praticamente arrancado pela guerra da Crimeia e Kingsley notou que «é um livro sanguinário, mas talvez contenha doutrina com proveito para os tempos actuais». Para muitos pareceu um livro anticatólico, anti-

---

[14] *National Sermons*, pp. 245-46, 266, 483, 415-16.

[15] *Prose Idylls*, pp. 36-8.

[16] *Letters and Memories*, 1877, ii 94; 1890, ü 103.

[17] *The Roman and the Teuton*, p. 151.

[18] A sobrinha de Charles Kingsley, Mary Henrietta Kingsley, atribuía o estilo estranho que caracteriza os escritos de seu tio sobre a África Ocidental à leitura dos antigos marinheiros e de livros como *The Robberies and Murders of the Most Notorious Pirates*, de Johnson, que ela pensava terem sido leitura de seu pai e de seu tio na biblioteca de seus avós, que além disso continha livros e documentos sobre o Main espanhol, Barbados e Demerara.

UMA FILOSOFIA RACIAL DO SÉCULO XIX: CHARLES KINGSLEY

espanhol, embora também exprimisse fortes sentimentos contra o tráfico de escravos. É dedicado ao rajá Sir James Brook e ao bispo Selwyn da Nova Zelândia, por eles exprimirem ainda mais heroicamente «aquele tipo de virtude inglesa, ao mesmo tempo completamente humana e divina, prática e entusiástica, prudente e abnegada, que ele tentou ilustrar nestas páginas». Kingsley descreve Sir Walter Raleigh na Irlanda condenando setecentos espanhóis à morte como uma coisa necessária, mas vê as acções espanholas em termos muito diferentes. Um tema que está sempre presente no livro é que um inglês, homem ou barco, equivale a uma dúzia de espanhóis – como quando um marinheiro diz para um oficial espanhol que parece querer ainda resistir: «Ó cães, não vêem que são apenas cinquenta contra nós, que somos vinte?» Há poucas referências à raça, mas muitas ao amor, à liberdade por parte dos ingleses, leais à sua rainha, e que nunca se amotinam por causa da solidariedade entre soldados e oficiais; estes, como os heróis de Homero ou os antigos Vikings, empregam a sua posição para comandar e ser seguidos. Era nesta época que a admiração de Kingsley por Carlyle (que figurava em *Alton Locke*) e pelo uso da força tinha atingido o seu ponto mais alto, ainda que para o fim da sua vida citasse como divisa favorita: «Ser forte»[19].

Sir James Brook, o rajá branco do Sarawak, travou com êxito, em 1849, uma batalha contra a frota pirata dyak. O seu direito ao espólio conquistado foi posto em dúvida na Câmara dos Comuns, juntamente com outras acusações que, depois de investigadas, foram retiradas, e que tinham na base a acusação de ter morto desnecessariamente uma grande quantidade de dyaks[20]. A atracção de Kingsley pela aventura foi bastante estimulada pelas histórias das realizações de Brook e ressentia-se amargamente dos ataques que lhe movia certa imprensa londrina. Numa carta a um amigo, cujos extractos têm sido frequentemente citados contra ele próprio, Kingsley revela a veemência com que deseja levar a cabo a limpeza do templo.

---

[19]   Para ver a sugestão de Kingsley de que uma guerra geral poderia elevar o espírito da Inglaterra, ler *Literary and General Essays*, p. 98.

[20]   Sir Steven Runciman, *The White Rajahs: a history of Sarawak from 1841 to 1946*, Cambridge, University Press, 1960.

A IDEIA DE RAÇA

«A benevolência mais verdadeira é severidade ocasional... "Sacrifício da vida humana?" Provem que ela, a vida, é humana. Ela é vida de besta. Esses dyaks assumiram a imagem de besta e devem sofrer-lhe as consequências... Porque o Reino de Cristo é um reino de paz; porque apenas os mansos herdarão a Terra, vocês malaios e dyaks do Sarawak, vocês também são inimigos da paz... são bestas, tanto mais perigosas quanto possuem uma esperteza semi-humana. Eu, como David, queria "odiá-los com um Ódio perfeito"... Penso que a defesa dessa grande linha de costa, de acontecimentos horríveis pela destruição da frota pirata, foi amar o próximo como a si mesmo.»[21]

A guerra da Crimeia foi um dos estímulos que fizeram deslocar a atenção de Kingsley dos problemas «sanitários e sociais» para questões nacionais e militares. No final do ano de 1854, dizia a Hughes: «Pelo que toca à guerra, estou a tornar-me cada vez mais um homem de governo à medida que os dias passam.» A guerra da China e, depois, a rebelião indiana excitaram o seu temperamento nervoso, mas se se reflectiram ou não numa compreensão mais radical dos conflitos raciais é uma questão em aberto. Certamente que abalaram a sua fé. Quererá realmente Deus que os homens massacrem mulheres e crianças? «Quase não consigo olhar para mulheres e crianças – às vezes, nem para os meus. Lembram-me imagens horríveis de que não consigo fugir. Que é que significa tudo isto? Mas, apesar de tudo, Cristo é rei! Assim o digo à minha gente.» Talvez fosse por causa destas dúvidas que Kingsley resolveu tornar-se membro de uma força disciplinada, gostando de visitar o Colégio do Estado-Maior em Sandhurst e pregar às tropas em Aldershot e Woolwich. «Mesmo depois de tomar ordens sagradas, era uma constante ocupação para ele, nos seus passeios e caminhadas, planear fortificações. Dificilmente se encontrará colina dentro de vinte milhas à volta de Eversley cujos pontos fortes e fracos no ataque e na defesa, durante uma invasão, não tenham sido considerados com grande intensidade de pensamento e interesse, como se o inimigo estivesse à vista.»[22] Os escritos

---

[21]   *Letters and Memories*, 1877, i 222-23; 1890, i 340-42.

[22]   *Letters and Memories*, 1877, ii 34, 48; 1890, ii 61, 70.

106

de Kingsley exerciam atracção sobre soldados e marinheiros, muitos dos quais lhe escreviam a pedir conselhos. Não admira que Kingsley viesse a ser identificado como o proponente da Cristandade musculada, embora ele achasse esta expressão ofensiva.

Outro tema que acabou por chamar a atenção de Kingsley foi a abolição da escravatura nos Estados Unidos. Tinha-se impressionado muito com *A Cabana do Pai Tomás* e escreveu um romance, intitulado *Two Years Ago* (1857), que tinha por tema a injustiça da discriminação racial tal como foi sentida pela heroína do livro, uma mulher com cerca de um quarto de sangue negro. A opinião de Martin, de que «sente uma antipatia natural pelas raças de cor»; que mostra «desprezo pelas raças de cor», e embora «os sujeitos da rainha estejam divinamente inspirados na sua tarefa de conservação da ordem entre as raças inferiores», não representa, segundo creio, fielmente, a perspectiva de Kingsley. Não há provas de atitudes especialmente associadas à coloração escura da pele nem de qualquer animosidade de índole pessoal. Kingsley faz afirmações gerais acerca das raças, sugerindo que umas são melhores do que as outras, mas a sua preocupação é fundamentalmente o plano de Deus para a humanidade e, com uma grande circunspecção, guarda silêncio sobre as questões que não pode esclarecer. Devemo-nos, também, lembrar que ele utiliza a palavra «raça» com muita liberdade. Ele pôde escrever que «não há raça mais bela na Europa do que as esposas e filhas dos lojistas de Londres». A serpente do Jardim do Éden é descrita como «de raça inferior»[23]. Este hábito parece até ter-se estendido aos seus alunos de Cambridge, um dos quais, ao dizer quanto gostavam das suas lições, afirmava: «É que os estudantes são uma raça sensível.»[24]

Uma das melhores chaves para a mudança de opiniões em Kingsley é uma carta privada escrita em 1866, na qual diz que, inicialmente, acreditava que todos os homens vinham ao mundo iguais e que a desigualdade, sendo um produto das circunstâncias, é um mal causado pela sociedade nos mais desfavorecidos. Mas «quase um quarto de século gasto a educar os meus paroquianos, e a expe-

---

[23] *Sanitary and Social Essays*, pp. 264 e 170.

[24] *Letters and Memories*, 1890, ii 118.

A IDEIA DE RAÇA

riência com os meus filhos e outras crianças... ensinou-me que há diferenças inatas e tendências hereditárias que desafiam qualquer educação devida às circunstâncias... Também vi que certas raças, por exemplo os Celtas irlandeses, parecem muito pouco capacitadas para se governarem a si mesmas»[25]. Afirma, contra Cocqueville, que as circunstâncias são insuficientes para modificar o coração e a alma dos homens. O homem age segundo teorias e princípios. As instituições das liberdades não conseguirão triunfar se, antes, os homens não estiverem educados para o autogoverno. A filosofia católica romana da educação não pode fornecer este dado, de modo que os países dominados por essa Igreja nunca poderão estar preparados para o governo livre e constitucional. Esta teoria não é uma teoria racial do atraso. Quando, em 1867, Kingsley se referiu à raça negra como estando «dominada pelas circunstâncias» e «ainda não revelada», parece que deveria ter tido em mente estas causas de atraso de ordem cultural e moral[26].

Kingsley opôs-se coerentemente à escravatura, mas defendeu que os escravos libertos necessitavam de um largo período de tutela. «Um sistema feudal, a desaparecer lenta e gradualmente e deixando os negros livres, seria, a julgar pela História, o método mais prático e prudente.» A sua posição pessoal é demonstrável porque, quando lhe foi pedida uma ajuda para os escravos libertos depois da guerra, recusou-a, afirmando: «Os negros ficaram com tudo o que eu algumas vezes possuí; a emancipação arruinou-me... No fundo do coração, não sou um senhor de escravos. Mas paguei a minha parte da conta, em Barbados e Damerara, acrescida da vingança: e não me vejo por isso chamado a pagar a de outros homens!» (O avô de Kingsley fez fortuna negociando com os produtos das Índias Orientais

---

[25] *Letters and Memories*, 1877, ii 242-43; 1890, ii 199-201. Numa visita à Irlanda em 1860, confessava sentir-se «perseguido pelos chimpanzés humanos que eu via ao longo daquelas cem milhas... se eles fossem negros não se sentiria tanto, mas a sua pele, pondo de lado a coloração dada por uma vida exposta ao sol, era tão branca como a nossa». *Ibid.* 1877, ii 107; 1890, ii 111--12. Sobre o preconceito anti-irlandês na Inglaterra vitoriana, ver L. P. Curtis, Jr., *Anglo-Saxons and Celts*, Bridgeport, Conn: Conferência sobre Estudos Britânicos, 1968.

[26] *Historical Lectures*, pp. 204-205, 209.

UMA FILOSOFIA RACIAL DO SÉCULO XIX: CHARLES KINGSLEY

e Ocidentais, mas a maior parte dela foi dissipada pelos administradores antes de o pai de Kingsley poder herdar. O neto poderia estar a exagerar estas perdas.) O seu testemunho contra a escravatura é ainda mais significativo se ele pensava que tinha perdido a fortuna por causa da emancipação.

Seria interessante investigar de que modo as ideias de Kingsley acerca da raça foram influenciadas pelas suas relações com o mais petulante expoente da teoria dos tipos raciais permanentes em Inglaterra. As preocupações com a sua gaguez levaram-no a consultar a maior autoridade nesta matéria, que não era outro senão o Dr. James Hunt, um jovem de grande energia que em breve seria o fundador da Sociedade Antropológica de Londres. Kingsley parece tê-lo consultado em meados dos anos cinquenta. Sabe-se que em Janeiro de 1857 ele esteve dez dias em Londres, «caçando o homem da gaguez» e que passou uma quinzena cm casa de Hunt, em Swanage. Hunt tornou-se famoso pelas suas opiniões sobre a inferioridade do negro. Parece indubitável que foi ele quem persuadiu Kingsley a tornar-se membro honorário da sociedade, mas não há sinais de que Kingsley tenha participado nas suas actividades e podia muito bem ter reagido contra as teorias do seu fundador.

Em 1859, Kingsley foi nomeado capelão da rainha. A sua capacidade para discursar sobre uma grande variedade de assuntos parece ter convencido o príncipe-consorte de que ele era o melhor homem para preencher o lugar de Regius Professor da cadeira de História Moderna, em Cambridge. Iniciou o seu trabalho em 1860, proferindo uma lição inaugural incaracteristicamente fraca sobre «os limites das ciências exactas na sua aplicação à História», que reafirmava a sua crença em que a História é a história de Deus a educar o homem e que as causas sobrenaturais, tanto como as agências naturais, subjazem à evolução do processo. A história das nações é afectada por leis morais, tais como a que declara que o futuro da injustiça é a pobreza e a anarquia, fraqueza e vergonha.

As suas lições regulares eram incrivelmente populares entre os estudantes. Kingsley conhecia as suas limitações: tratava de apoiar os seus estudantes, mais do que instruí-los, mas também sublinhava as implicações morais das histórias que contava. A História Moderna não era forçosamente muito moderna, porque logo no primeiro

109

ano estipulou que Gibbon seria o livro de texto. Mais tarde ensinou História da América, porque a Guerra Civil era então um tema candente e ele sentia-se obrigado a explicar como a História se estava a realizar naquela geração.

Antes, Kingsley tinha escrito sobre uma raça noruego-saxónica, do «nosso império caucasiano», e sobre os Godos como representantes da «nossa raça». Afirmou romanticamente que os «nossos antepassados foram místicos durante gerações; eram místicos nas florestas germânicas e nos vales da Noruega...»[27]. Nas suas lições em Cambridge, Kingsley juntou todos estes elementos numa nova classificação racial. Logo ao princípio, fazia a notável afirmação: «Quero nesta primeira lição dar-vos algumas ideias gerais sobre as causas que impulsionaram a raça teutónica a atacar e destruir Roma.» Era uma história composta com dados de Tácito e os filhos da floresta num jardim de duendes, tão nebulosa quanto mística. «Que circunstâncias – interrogava-se ele depois – capacitaram a nossa raça para conquistar, na maior e mais importante campanha que o mundo já viu?» Ele descrevia-a como uma série de batalhas, imaginada como se se tratasse de atacar uma vertente de uma colina de Eversley e executada por comandantes geniais. O equilíbrio de forças deslocava-se de um prato para o outro da balança. Por exemplo, «os anos entre 550 e 750 d. C. e a ascensão da dinastia carolíngia foram um período de esgotamento para a nossa raça, a que se seguiram grandes vitórias e os consequentes massacre e colapso». Mas nós vencemos. Foi então porventura a recompensa da nossa «admirável posição militar»? Kingsley não pensava assim. «Não deverei então acreditar que se esta grande guerra não tivesse um general na Terra, o poderia ter tido no Céu?»[28] Esta reafirmação do mito dos antepassados teutónicos lembra-nos que o mito da iden-

---

[27]   *Literary and General Essays*, p. 301.

[28]   *The Roman and the Teuton*, pp. 292-306. Segundo J. M. Robertson, Charles Kingsley, além de ser «o tipo mais flagrantemente histérico na literatura moderna», era «um dos primeiros profetas do "evangelho" dos antepassados teutónicos em Inglaterra»; ver *The Saxon and the Celts*, Londres, 1897, p. 9. A segunda afirmação é, pelo menos, definitivamente falsa e é intrigante que o uso do tema teutónico por Kingsley tenha parecido original a um escritor com a perspicácia de Robertson.

tidade entre os Teutões e Anglo-Saxões foi elaborado no contexto do nacionalismo europeu. A população inglesa estava a expandir-se rapidamente. Estava em preparação uma nova estrutura social. Uma doutrina, que dissesse às pessoas de todas as classes sociais que tinham uma identidade racial que é a chave para uma história gloriosa, era do maior significado para os assuntos internos do país. As teorias afirmativas da inferioridade dos povos de cor poderiam coexistir facilmente com tal perspectiva.

Os anos de meados do decénio de 1860 foram uma época de intensa actividade para Kingsley. Ele andava cada vez mais interessado pelas implicações da obra de Darwin (*A Origem das Espécies*) e pelas controvérsias que ela provocava, dado que tinha uma inclinação para as coisas científicas e acabava de ser eleito membro da Sociedade Lineana e da Sociedade Geológica Em 1863 publicou *The Water Babies*, que se ligava com o livro editado em 1855 intitulado *Glaucus, or the Wonders of the Shore*. No ano seguinte viu-se envolvido numa controvérsia com John Henry Newman que deu como resultado *Apologia Pro Vita Sua*, publicado pelo último. Em 1866 floresceu a vaidade, quando os Kingsley conversaram brevemente, na reitoria de Eversley, com a rainha Emma, das ilhas Sandwich. Tanto quanto se pode ver, os Kingsley consideraram-na uma rainha e não uma mulher de condição inferior. A rainha Emma foi recebida com excessivo servilismo. O mesmo ano viu também a publicação do seu romance histórico *Hereward the Wake: Last of the English*, em que utiliza com mais frequência a palavra «raça» do que em qualquer outro dos seus romances. Hereward e William são apresentados como representantes de raças em conflito; um dos presentes interpretará as suas palavras como «um apelo às antipatias raciais». Mas há mais do que duas raças, porque Kingsley fala dos valentes camponeses entre Halifax e Cheshire como sendo ainda a melhor raça dos homens em toda a Inglaterra, como se existissem então várias raças inglesas. Sublinha a independência dos Ingleses, mas nota que a posse da terra está concentrada numa aristocracia fechada «um estado de coisas em si mesmo suficiente para explicar a vitória fácil dos franceses». Na história de Kingsley, um conde pode ser reconhecido imediatamente pela sua aparência superior, mesmo quando se disfarça de pedinte. Trata-se de um conflito heróico que se passa «nos tempos em que todo o povo inglês formava uma unidade e em que todos os velhos feudos ingleses tinham sido varridos», mas «a raça anglo-saxónica estava quase esgotada» e, assim, acaba derrotada, e os Ingleses vêem «a sua raça escravizada».

A distinção entre conde e camponês – o nobre e o homem livre não nobre – foi esmagada em Inglaterra, segundo pensava Kingsley, pelas conquistas de Sweyn, de Canuto e de Guilherme da Normandia. Eles criaram uma comunidade de sofrimento e um povo homogéneo. A casta, ou mais propriamente, o orgulho maléfico que perpetua a casta, nunca teve licença para se desenvolver. É por isso que os oficiais de Drake tinham de trabalhar ao lado dos marinheiros e assim se «espalhou aquele respeito e até mesmo gosto pelo trabalho físico difícil, que nenhuma classe educada de qualquer nação, salvo a nossa, manifesta; e que lhe tem sido tão proveitoso, quer aqui quer no estrangeiro». E do mesmo modo era possível, também, que o filho do morgado se casasse com a filha do caseiro e, mais tarde, que as massas participassem no poder político[29].

Num prefácio a uma lição de Cambridge, Kingsley afirmava que «em Inglaterra, agora, as classes inferiores são etnologicamente idênticas às classes superiores».

Em 1866 houve uma controvérsia bastante acesa a respeito das acções repressivas do governador Edward Eyre para dominar a rebelião da Jamaica, no Outubro anterior. Kingsley desempenhou um papel incaracterístico no furor que se levantou. Eyre foi demitido do seu lugar e mandado regressar a Inglaterra. Formou-se entretanto uma comissão cujo objectivo era acusá-lo de assassínio. À sua chegada a Southampton foi recebido por uma comissão que tinha organizado um banquete em sua honra e preparado um discurso de boas-vindas. No banquete, os dignitários que apresentaram saudações a Eyre incluíam alguma nobreza local e Charles Kingsley, que acontecia estar com um deles. Kingsley pronunciou um discurso célebre, quer pela ignorância que revelava sobre as acções de Eyre quer pela adulação própria do «espírito inglês» e a lisonja untuosa daquela reunião:

---

[29] Prefácio a «O Antigo Regime», *Historical Essays*.

UMA FILOSOFIA RACIAL DO SÉCULO XIX: CHARLES KINGSLEY

«O Senhor Eyre (disse Kingsley) – um homem tão nobre, bravo e cavalheiresco, tão destemido servidor da Coroa, tão ilustre como explorador na Austrália e salvador da sociedade nas Índias Ocidentais, que os Nobres – de facto Nobres [e a minha alma enche-se de assombro quando repito *Nobres*] – membros da ordem "sagrada" que representa o cavalheirismo, que tem nas suas fileiras todo o génio, todo o talento, toda a virtude e toda a beleza, não se dignam a oferecer-lhe um jantar – que seria muito –, mas sim em jantar com ele na mesma sala.»

Talvez as inclinações de Kingsley tenham sido estimuladas pela bebida!

Os amigos do ex-governador organizaram a Comissão de Defesa de Eyre. Carlyle, Ruskin, Tennyson e Dickens deram o seu contributo, Henry Kingsley foi um membro muito activo, mas não o seu irmão Charles, que, nas palavras de Carlyle, «recuava cheio de medo» depois das críticas que o discurso de Southampton provocou, especialmente do lado dos radicais, que pressentiam uma traição. Aquele que no passado defendeu os trabalhadores virava-lhes agora as costas, e eles atacavam-no sem piedade. Mas também nem Ruskin nem Carlyle lhe perdoaram a sua «cobardia»[30]. O seu velho amigo do grupo dos cristãos socialistas, Ludlow, pensava que Kingsley apoiava o Fundo Eyre. As ideias abolicionistas de Kingsley tinham menos peso que o seu fraco pela ideologia aristocrática, pelo que se tornou um confesso partidário dos sulistas nas controvérsias sobre a guerra civil. Ludlow, por conseguinte, pôs fim à amizade.

Tal como outro velho amigo de Kingsley, Thomas Hughes, Ludlow apoiava a outra comissão rival, a Comissão Jamaica, juntamente com outras pessoas como J. S. Mill, Charles Darwin, Herbert Spencer e T. H. Huxley. O caso de Eyre arrastou-se até 1872, ano em que foi eventualmente justiçado.

---

[30] Bernard Semmel, *Democracy versus Empire, The Jamaica Riots of 1865 and the Governor Eyre Controversy*, Nova Iorque, Anchor Book, 1962 (publicado primeiro em Inglaterra, sob o título *The Governor Eyre Controversy*, e, depois, nos Estados Unidos, com o título *Jamaican Blood and Victorian Conscience*). Na edição de Anchor ver especialmente pp. 97-106.

A IDEIA DE RAÇA

O resto da cronologia de Charles Kingsley pode ser resumida em poucas palavras. Em 1859 renunciou à sua cátedra e ela foi atribuída a um imperialista mais entusiasta, J. R. Seeley. Foi nomeado cónego de Chester, deu lições e preparou excursões que se tornaram tão populares que foi necessário organizar comboios especiais. Presidiu à secção educativa do Congresso de Ciência Social de Bristol e em 1869-70 visitou as Índias Ocidentais, viagem sobre a qual escreveu um livro intitulado *At Last! A Christmas in the West Indies*. Em 1873 tornou-se cónego de Westminster e empreendeu uma viagem pelos Estados Unidos. Dois anos depois morria, com a idade de cinquenta e cinco anos.

A viagem de Kingsley pelas Índias Ocidentais ter-lhe-ia avivado as suas ideias sobre os atributos raciais dos negros, mas no livro há poucos indícios de tal influência. Vale a pena mencionar que, quando se refere aos negros, o livro apresenta o «N» com letra maiúscula, o que não era corrente na época. Ele nota que o negro é provavelmente uma das mais antigas variedades da raça humana, uma variedade que – para desgraça dos negros – permaneceu isolada «na enorme ilha da África Central» até há trezentos anos. Referindo-se a um encontro com um negro nascido na ilha de Trindade, de grande estatura, beleza e força, Kingsley observa: «Uma pessoa não pode olhar para ele sem levantar esperançadamente a hipótese de uma possível ascensão dos negros... pelo aparecimento súbito, entre eles, de autênticos fenómenos físicos; indivíduos de um tipo completamente superior.» Tomando em conta certas acções de auto-afirmação e rudeza, aconselha: «Deixem lá. Nós, os brancos, temos maltratado suficientemente, ao longo de trezentos anos, este povo negro, para que possamos deixá-los brincar (porque não é mais que isso) a maltratar-nos.» Por outro lado, escrevia para casa: «Parece-me não gostar dos negros, especialmente das mulheres...» As mulheres negras afastavam-se tanto do padrão vitoriano de conveniência como as hindus nas Índias Orientais, e Kingsley não podia aprovar o seu porte[31].

---

[31] Kingsley tinha-se tornado amigo de J. A. Froude antes de este cair em desgraça por escrever um suposto livro anti-religioso. Na sua viagem às Índias Ocidentais, Kingsley foi apresentado a um negro de Trindade, J. J. Thomas, e provavelmente tornou-se seu protector quando este veio para Inglaterra. Tho-

114

UMA FILOSOFIA RACIAL DO SÉCULO XIX: CHARLES KINGSLEY

Para os estudiosos do pensamento racial, o interesse principal dos últimos anos de Kingsley reside nas suas tentativas de emparceirar com a revolução darwiniana. Kingsley encontrava-se dividido. Baseava-se no pensamento da força utilizada para cumprir a vontade de Deus e acreditava que a sua nação tinha uma missão importante a cumprir no mundo. Muito requestado como conferencista, caiu na retórica fácil da sua filosofia racial da história. Tendo-se deslocado para uma posição menos optimista quanto às potencialidades individuais dos homens, teve de rever as suas ideias, elaborar aquela filosofia em termos mais específicos e extrair as consequências do novo conhecimento científico. O seu interesse pela ciência e a sua adesão a este método de descobrir a verdade eram genuínos e profundos. O livro de Darwin sobre a fertilização das orquídeas (1862) abriu um novo mundo a Kingsley. Escreveu então ao autor: «A sua obra ajuda a minha em todos os aspectos.» Mas que iria ele fazer a respeito da raça? A visão de Darwin de uma transformação contínua entrava em conflito com a doutrina dos tipos permanentes, dando apoio à noção mais antiga de que as raças se confundem umas com as outras gradativamente. Além disso, ele aduz ao esquema do universo o problema das probabilidades, em vez do desígnio da Divindade.

A primeira predisposição de Kingsley foi ver a mudança biológica como uma coisa que tanto podia baixar como elevar uma espécie na escala evolucionária. *The Water Babies* (1863), sendo embora uma história de crianças, é também um comentário sobre as disputas a respeito da evolução. Ele faz a fada dizer: «As pessoas dizem agora que eu posso transformar os animais em homens, pelas circunstâncias, por selecção, por competição e por outras razões.» Opondo-se a quem defenda que as coisas não podem degradar-se, Kingsley refere-se ominosa, mas obscuramente, à «estranha degenerescência dos percebes comuns, que se encontram colados ao fundo do navio; ou ainda à degenerescência mais forte de alguns primos seus, de quem não se gosta nada de falar, tão feios e chocantes são»[32]. Ao

---

mas é agora celebrado como autor de *Froudacity*, uma crítica ao livro de Froude nas Índias Ocidentais (ver p. 15 da edição de 1969, Londres e Porto de Espanha, New Beacon Books).

[32] *The Water Babies*, pp. 276 e 85.

mesmo tempo escrevia para um conhecido das lides científicas sobre «a minha crença, que não me atrevo a revelar nestes dias... de que a alma de cada ser vivo, desde o mais elevado até ao inferior, segrega o corpo a partir de si» e pedia-lhe para considerar a hipótese de o gorila e o babuíno serem seres humanos degradados[33]. A fé de Kingsley no Antigo Testamento subjaz indubitavelmente à sua predisposição para aceitar a teoria da degradação, que é um tema importante no pensamento vitoriano[34]. *The Water Babies* contém uma história que pretende exemplificar esta tese. Diz respeito aos doasyoulikes que viviam no sopé das montanhas Happy-Go-Lucky, onde crescem os flapdoodle selvagens. Nas montanhas há um vulcão (os vulcões fascinavam Kingsley), e uma erupção reduz a população a um terço. Uma série de instantâneos ao longo de trezentos anos mostra os doasyoulikes a degenerar. Voltaram às árvores, onde a selecção natural favorece aqueles cujos pés podem segurar melhor os ramos. Os mal-adaptados eram comidos pelos leões. Cresceram--lhes os pêlos. Finalmente, tudo o que resta é um enorme gorila «e o senhor Du Chaillu avançou para ele e deu-lhe um tiro»[35]. A peça foi recebida com regozijo pela *Anthropological Review*, que sublinhava a permanência dos tipos e resistia à interpretação de Darwin. «De acordo com a nossa interpretação, quando os doasyoulikes subiram às árvores e os indivíduos mais fracos foram todos comidos pelos leões, os felinos deixaram de ter o que comer... a não ser que a sua estrutura se modificasse para eles poderem comer outra coisa qualquer... deveriam ter morrido. Então, quando os leões tivessem todos morrido, os *dousyoulikes* poderiam descer com segurança das árvores.» Ou os leões mais bem adaptados para trepar ver-se-iam favorecidos

---

[33] *Letters and Memories*, p. 247.

[34] Uma perspectiva literária sobre o texto bíblico é já aparente em sermões relativamente velhos, quando se refere à geração de Noé: «A enorme duração das suas vidas (seiscentos, setecentos e oitocentos anos, em regra)...» *Village Town and Country Sermons*, p. 77, mas, por volta de 1867, escrevia a Darwin («meu querido e considerado mestre») sobre um artigo que lhe agradou porque o escritor foi «forçado a atribuir à Terra uma longa história», *Letters and Memories*, 1877, ii 248-49.

[35] *Ibid.*, pp. 266-75. O explorador Paul B. Du Chailu descreveu a espécie do gorila em *Explorations and Adventures in Equatorial Africa*, 1861.

116

UMA FILOSOFIA RACIAL DO SÉCULO XIX: CHARLES KINGSLEY

pela selecção natural; subiriam às árvores para caçar os homens, que acabariam por regressar à vida no solo. O processo selectivo regressaria ao ponto de partida[36]. Contudo, Kingsley não prosseguiu com a sua teoria da degeneração. Era demasiado especulativa.

Kingsley reafirmou mais seriamente a sua teoria em 1871 com uma conferência intitulada «A Teologia Natural do Futuro», efectuada no Sion College, em Londres. O autor considerava esta conferência como uma das suas mais importantes teses, porque não só foi impressa no seu *Scientific Lectures and Essays*, mas também, como prefácio, nos seus *Westminster Sermons*, por estes sermões desenvolverem, dizia ele, a ideia da conferência, «nomeadamente que os factos, quer de natureza física quer do coração, e a razão humana não contradizem, mas antes coincidem, as doutrinas e fórmulas da Igreja de Inglaterra, tal como estão estabelecidas pela lei». Numa das lições de carácter científico pronunciadas em Chester, no mesmo ano, Kingsley apresentou um raciocínio que provava a unidade da raça humana e a crença de que o negro é um homem e um irmão.

«Se os únicos dois tipos de homem no mundo fossem um branco extremado, como os noruegueses, e um tipo negro extremado, como os negros, então havia razões suficientes para dizer: "Estes dois tipos foram desde sempre distintos; são raças diferentes, que não têm uma origem comum." Mas se encontrarem, como encontrarão, muitos tipos de homem mostrando uma infinidade de gradações entre ambos e um terceiro tipo, cujo extremo talvez seja um chinês... então estareis justificados ao dizer: "Todas estas são meras variedades de uma espécie..."»

Na lição pronunciada no Sion College, Kingsley defendeu uma teologia natural que apresentasse um Deus cujo carácter fosse compatível com os factos da natureza. A ciência física exigiria que os teólogos estivessem conscientes de certos dados importantes, especialmente os da embriologia e os da raça. Algumas pessoas têm um

---

[36] *Anthropological Review*, vol. 6, 1868, pp. 472-76. Para um comentário valioso sobre o fundamento científico da ficção de Kingsley, ver Arthur Johnston, *The Water Babies*, «Kingsley's debt to Darwin», *English* XII, 1959: 215-19.

medo nervoso da palavra raça e de conceder alguma importância às diferenças entre as raças. Alguns pensam que isso é colocar em perigo os princípios democráticos. Kingsley proclama que a ciência demonstrou que os negros e os brancos são da mesma raça. «Deveria ter pensado, como humilde estudioso destas questões, que o simples facto de a distribuição idêntica do pêlo em todas as raças de seres humanos ser uma prova completa de que todos tiveram um antepassado comum.» «A ciência física prova cada vez mais a imensa importância da raça...» Ela vem provando, dizia Kingsley, que a selecção natural opera do modo como Darwin afirma, como um escrutínio que se realiza em cada hora, em cada dia, sobre cada variação, rejeitando o que não presta e preservando e melhorando o que é bom. Não revela porventura isto serem o cuidado de Deus e a providência de Deus uma coisa ainda mais magnificente do que anteriormente se supunha?

Kingsley argumentava que os teólogos naturais deveriam aprender as lições da ciência, mas ao cientista diz: «O teu dever é: descobrir o *como* das coisas; o nosso é descobrir o *porquê*. Se replicares que nunca descobriremos o *porquê*, se antes não aprendermos alguma coisa do *como*, não negaremos essa afirmação.» E perguntava à sua audiência: «Qual é o facto central, para lá do *único* do Novo Testamento, a não ser a conquista de Jerusalém – a dispersão, a destruição de uma raça, não por milagre, mas por invasão, porque encontrada em falta quando pesada nos duros equilíbrios da lei natural e social?»[37] Portanto, apresenta os judeus como uma raça, enquanto por outro lado afirma que toda a humanidade pertence a uma única raça. Quer extrair efeitos literários e, ao mesmo tempo, reconhecer e publicar a verdade científica.

As lições que proferiu na sua viagem pela América, dois anos depois, mostram quão difícil se revelou para ele rever a sua perspectiva da história humana à luz do princípio de que os diferentes povos não eram de facto mais do que «meras variedades de uma espécie». Ele podia dar este salto, porque também os teólogos calvinistas da África do Sul apresentaram as nações como instrumentos da vontade divina. Mas Kingsley não podia pôr de lado a retórica da raça e não se sentia

---

[37] *Scientific Lectures and Essays*, pp. 92, 321-24, 329, 325.

tentado a aceitar uma antropologia evolucionista sem lugar para as leis morais. Os selvagens poderiam derivar de uma criatura parecida com um macaco, mas não havia boas provas de que os homens civilizados tivessem uma mesma origem. «Na história não há registo algum, tanto quanto sei, de uma tribo selvagem que se civilizasse a si mesma.» A nossa linha não vem dos «selvagens que partiam o sílex e se alimentavam de mamute e rena no Noroeste da Europa, pouco depois da Idade dos Glaciares, há uns poucos milhares de anos». Ela deve ter tido origem na «verdadeira massa da humanidade que se espalhava para o norte a partir dos Trópicos, estendendo-se a climas que se tornaram, depois da longa catástrofe da Idade do Gelo, uma vez mais suficientemente amenos para receber homens que sabiam o que era um conforto decente e suficientemente fortes para o obter por todos os meios, lícitos ou sujos». Para Kingsley, a teoria da evolução orgânica era mais insuficiente do que errada, porque «o que vemos no princípio de toda a história conhecida ou semiconhecida, não é a selvajaria, mas a alta civilização». O seu sonho era que o começo da civilização pudesse ter origem «na educação de um homem, de uma família, por seres de uma raça mais alta que os homens».

Noutra lição, Kingsley tornou Ciro, *o Grande* no antepassado fundador de uma sucessão racial que atingiu um ponto ainda mais elevado no século XVIII com os Anglo-Saxões e os Americanos. Esta é a outra ocasião em que ele utiliza, segundo notei, a expressão «raça ariana», ao dizer que Ciro e os seus Persas vigorosos são «os primeiros a fazer aparecer a nossa raça, a raça ariana, na autêntica História». Depois de referir a história de Ciro e seus sucessores, Kingsley conclui «que nós somos agora o último elo da cadeia de causas e efeitos, que remontam a um tempo tão remoto como a emigração dos Persas do planalto do Pamir para sul». Noutra ocasião refere-se aos efeitos em França e na Espanha da intervenção britânica na Guerra de Independência da América «que tornará segura, segundo creio, a chegada do dia em que os Anglo-Saxões se converterão nos verdadeiros senhores de todo o Novo Mundo»[38]. Talvez o

---

[38]   *Lectures delivered in America in 1874,* Londres, Longmans, 1875, pp. 132-35, 101, 120-23, 30. As primeiras duas conferências foram reimpressas em *Historical Lectures and Essays,* ver pp. 295-97, 267, 283-86.

A IDEIA DE RAÇA

estrado de uma sala de conferências americana não fosse o melhor lugar para fazer estas afirmações em tais tópicos, ainda que fossem consideradas, pelos ingleses vitorianos, como teses respeitáveis. As opiniões de Kingsley, tal como as de outros visitantes ingleses, parecem ter sido inspiradas pela visão de uma unidade transatlântica.

No seu tempo, Kingsley foi um grande homem público. Nas discussões de carácter religioso, o seu nome era muito bem conhecido pela oposição que votava ao catolicismo e às tendências da hierarquia dentro da Igreja de Inglaterra. Pregava uma cristandade directa, humana e recta, e a sua exigência moral granjeou-lhe o respeito dos dissidentes. Foram eles que primeiro adoptaram Kingsley como nome de baptismo e talvez fossem os seus missionários que introduziram esta prática nas Índias Ocidentais, onde o nome é popular. Na Jamaica, há uma ironia muito especial na popularidade de *Westward Ho!* e de outras obras de Kingsley para leitura de escola. Mas foi quiçá a popularidade de Kingsley que desempenhou a maior influência. As suas obras vendiam-se muito bem (*Westward Ho!* vendeu 8000 exemplares em dois anos, elevando-se mais tarde o número de vendas a 500 000; em 1889, Macmillan realizou uma edição das suas obras com um milhão de exemplares, a 6 dinheiros por volume; encomendaram-se milhares para as bibliotecas Mudie, e a Liga para a Educação imprimiu 10 000 exemplares da conferência proferida em Bristol em 1869).

O papel que os ensinamentos de Kingsley desempenharam no desenvolvimento do pensamento racial europeu nas décadas seguintes não é fácil de estimar. De modo geral, e sem grande rigorismo, poder-se-ia afirmar que os seus romances deveriam ter inclinado o povo inglês a pensar segundo categorias raciais e a acreditar que isso era uma chave para a compreensão da História. Ironicamente, a palavra «raça» sugeria que a chave residia nas características físicas inatas do povo assim classificado, enquanto todo o esforço de Kingsley consistia em tentar persuadir os seus auditores de que as causas físicas apenas constituíam parte da explicação. As mudanças climatéricas poderiam persuadir uma raça a deslocar-se para um ambiente novo mais favorável, mas os homens costumam normalmente falhar e raramente conseguem aproveitar as oportunidades que lhes são concedidas, porque «aumentam as desigualdades da natureza com o seu próprio egoísmo, em vez de as diminuir, na igualdade da graça, com a sua própria abnegação». A mensagem de Kingsley era que as causas morais são também essenciais em qualquer filosofia da história, e resumia a sua doutrina na seguinte proclamação: «Tal como trabalha, assim um povo prospera; e tal como acredita, assim se comporta.»[39] Não poderia deixar de ser surpreendente que qualquer autor desta geração, com os interesses de Kingsley, deixasse de lado a noção de raça na exposição de tal filosofia.

O autor agradece a Michael Biddiss, Kenneth Grayston, Colin Holmes, à senhora Joan Leopold, Delroy Loudou, Christopher Ricks, George Stocking e Norman Vance pelos comentários que fizeram ao ensaio.

---

[39] Richard D. Altick, *The English Common Reader: a Social History of the Mass Reading Public 1800-1900*, Chicago, University of Chicago Press, 1957, pp. 313-14, 385. *Lectures delivered in America*, p. 135; *Historical Lectures*, p. 297; *The Roman and the Teuton*, p. 337.

V

O Darwinismo Social

Por darwinismo social entende-se a aplicação à sociedade dos princípios que se crê terem sido estabelecidos por Charles Darwin. Para o presente debate, as suas características principais são as que implicam uma modificação ou uma imediata inversão das proposições da tipologia racial. A teoria dos tipos, na sua forma mais pura, estabelece que por debaixo das variações superficiais na constituição humana há um número limitado de tipos permanentes de diferente origem. A miscigenação não tem qualquer efeito, já que os híbridos são no fim de contas estéreis. A diversidade das formas humanas torna difícil a aceitação desta doutrina, e muitos dos seus expoentes admitiram algumas possibilidades de mudança. As suas afirmações implicavam normalmente que houve em tempos raças puras e que os cruzamentos estavam a chegar à degeneração. Diversas versões da teoria apresentavam o antagonismo inter-racial como um facto implantado na natureza das raças, ou pelo menos, na das raças que tiveram êxito. O darwinismo social também viu as relações entre povos de raças diferentes como um facto biologicamente determinado, mas de um modo menos mecânico. Em contraste com o pessimismo de homens como Gobineau, os darwinistas pensavam que a operação da selecção natural criaria raças puras a partir da diversidade que então era dominante; e muitos deles mantiveram que, se fossem adoptadas medidas de eugenismo, a mudança biológica poderia estar do lado do progresso humano.

Como o seu antecessor, o darwinismo social negou a cisão entre corpo e espírito, crucial para a teologia cristã. A evolução oferecia, ou parecia oferecer, uma explicação, baseada em causas naturais, de todas as coisas do reino humano, incluindo a moral. A teoria da selecção natural exerceu uma incalculável influência sobre os

A IDEIA DE RAÇA

mais variados aspectos do pensamento dos princípios do século xx. Os conceitos básicos do darwinismo social, segundo um dos seus expositores (Chatterton-Hill, 1907: 3), são quatro. Primeiro, **variabilidade**: não há dois seres vivos iguais. As espécies modificam-se ao longo do tempo, de modo que não existem tipos permanentes. Segundo, **hereditariedade**: as características individuais não são adquiridas por adaptação, mas sim herdadas dos antepassados. Este princípio era olhado como limitando o poder do indivíduo para realizar determinados fins e como enfraquecedor do significado das causas morais nos assuntos humanos. Terceiro, **fecundidade excessiva**: a demonstração de que eram gerados muitíssimos mais organismos do que os necessários para a manutenção e até expansão da espécie destruiu as noções mais antigas da existência de uma economia divina na natureza. Quarto, **selecção**: a tese de que certos indivíduos, por causa de variações acidentais, se veriam favorecidos pelo processo selectivo parecia basear a evolução na sorte em vez de nos desígnios supranaturais, e revelava-se perturbadora para os que pensavam em termos antigos. A adequação biológica não se julgava em termos de mérito, mas simplesmente em termos de sucesso em deixar uma progénie mais numerosa.

Na Inglaterra e nos Estados Unidos, o desenvolvimento do darwinismo social foi coberto pela fama atribuída ao nome de Herbert Spencer (1820-1903). Ainda antes de Darwin se ter tornado famoso, Spencer foi um profeta da evolução e um expoente da recomendação de que se devia olhar as sociedades como organismos. Acreditava que os caracteres adquiridos podiam ser herdados. O seu trabalho não se caracteriza tanto pela aceitação da perspectiva darwiniana como pelo individualismo político e pela tentativa de sintetizar o conhecimento do seu tempo num quadro evolucionista. Os escritos de Spencer têm normalmente um alto grau de generalização. Definiu a evolução como «uma integração de matéria e um desperdício concomitante de movimento, durante o qual a matéria passa de uma homogeneidade indefinida, incoerente, para uma heterogeneidade definida e coerente, e durante a qual o movimento retido sofre uma transformação paralela». Esta frase foi imediatamente satirizada, mas a tendência geral do darwinismo social foi sublinhar a sociedade como uma unidade de competição e selecção; muitos contemporâneos definiram a doutrina

124

O DARWINISMO SOCIAL

de Spencer como «individualista» e viram o núcleo das aplicações darwinistas apontando para tentativas de melhorar o grupo através de medidas eugénicas (cf. Halliday, 1971). Há boas razões (cf. Peel, 1971: 234) para considerar Spencer como um autor um pouco fora do darwinismo social e concentrado em outros elementos, nesse movimento, que estavam próximos dos conceitos de raça.

A resposta aos trabalhos de Darwin foi, em França, mais lenta do que na Inglaterra, nos Estados Unidos ou na Alemanha. Isto deveu-se em parte ao facto de a palavra francesa *évolution* se aplicar ao desenvolvimento de criaturas individuais e de o equivalente do conceito darwiniano ser *transformisme*. Seja como for, há vantagens em iniciar uma exposição do darwinismo social com a Alemanha, por aí a vida intelectual ser mais clara e por em Haeckel e em Gumplowicz se poderem encontrar dois exímios e influentes expositores. Durante um certo tempo, a sociologia era em certas esferas identificada com a biologia, como se pode confirmar pela divisa de P. Lilienfeld «*sociologus nemo, nisi biologus*» e pela observação de um personagem de Tchekhov na novela *O Duelo*: «Eu sou um zoólogo ou um sociólogo, o que é a mesma coisa.»

Ernst Haeckel (1834-1919) foi um zoólogo famoso por direito próprio, mas a maior parte da sua fama provém dos seus escritos científicos de carácter popular. A primeira edição da sua *História da Criação* (1867) teve bastante sucesso, tendo publicado seguidamente *O Enigma do Universo* (1899), que vendeu 100 000 exemplares no primeiro ano e que com o regime nacional-socialista chegou ao meio milhão. Na *História* e num volume semelhante, *Maravilhas da Vida*, Haeckel mantinha que as diferenças raciais eram fundamentais. As raças inferiores estavam mais perto da criação animal: «Os negros com pêlos lanosos» eram «incapazes de um desenvolvimento mental mais elevado». Os papuas e hotentotes estavam «a aproximar-se rapidamente da sua extinção» porque «na luta pela vida, os mais desenvolvidos são os mais favorecidos, e os grupos e formas de maior dimensão possuem a inclinação positiva e a tendência segura de se expandirem mais à custa dos grupos inferiores, mais atrasados e mais diminutos». Haeckel prosseguia fazendo do evolucionismo uma religião secular, desenvolvendo uma filosofia a que chamou monismo, que insistia na unidade da natureza orgânica e inorgânica.

125

A IDEIA DE RAÇA

Outro entusiasta era o sociólogo Ludwig Gumplowicz, nascido na Polónia (1838-1909) e que ensinou, em universidades austríacas, Teoria Sociológica e Política. Embora, mais tarde, se afastasse do darwinismo social, os primeiros trabalhos de Gumplowicz são interessantes como um desenvolvimento sistemático de uma teoria naturalista da evolução política, em que todas as instituições tinham de ser explicadas em termos da sua contribuição para uma grande sequência evolucionária. Em *Raça e Estado*, Gumplowicz argumenta que em toda a parte o organismo do Estado tem como origem o contacto entre duas raças diferentes, uma, com melhor sangue, que domina a outra; ainda assim, para que o Estado se estabeleça adequadamente, necessita que um estrato médio de comerciantes e fabricantes se insira entre ambas. As relações entre as raças constituintes assumem características de luta física e económica, sendo a forma do Estado os meios utilizados pelos elementos então no poder para apoiar os seus interesses. Mas a cultura floresce e os cidadãos beneficiam se as oposições internas puderem ser reconciliadas, e a educação preenche o espaço entre os elementos separados. «O segredo da evolução política e histórico-cultural reside na variedade dos elementos populacionais, na luta das raças e na sua fusão eventual, do sentimento compartilhado da integridade do Estado desenvolve-se o patriotismo ardente e o nacionalismo; do aglomerado de raças sai – a nação» (1875: 30-34, 56).

Seis anos mais tarde, Gumplowicz introduziu a expressão «etnocentrismo» numa passagem desastrosa que mostra como a sua teoria evolucionista contém uma sociologia do conhecimento:

> «Tal como o homem se vê a si mesmo como o centro da Terra (antropocentrismo), tal como todos os povos se vêem a si próprios como os maiores (etnocentrismo), também o mito bíblico, como de resto os mitos de outros povos, apenas tem um objectivo, que é o de inventar um primeiro par, criado por Deus, afim de que o seu povo seja sempre representado como os descendentes directos desse primeiro par – esses a quem Deus, como Senhor da Criação, chamou expressamente à vida» (1881: 71).

126

O DARWINISMO SOCIAL

Na exposição abrangente da teoria da luta racial de Gumplowicz, que se seguiu pouco depois, reaparece o etnocentrismo como «uma aproximação limitada, complacente, ao mundo social», mas desta vez a sua função evolucionista é identificada: «Em poucas palavras, o etnocentrismo produziu, em todas as suas formas, esperanças de avanço, visto todos os povos e todos os tempos se considerarem a si mesmos melhores do que qualquer outro povo e que qualquer outra época anterior.» Revendo a história da Europa, concluiu que «os meios por que tudo isto foi realizado, pelos quais as tribos se tornaram povos, os povos nações, as nações raças que se desenvolveram a partir de si mesmas, são um facto que já conhecemos; é a perpétua luta entre as raças pelo domínio que constitui a alma e o espírito de toda a história» (1885: 353, 342). Esta teoria apresenta as relações raciais como relações conflituosas e o conflito como algo biologicamente determinado; não é algo que deva ser evitado, porque do conflito e do pensamento nasce o progresso, e quando o conflito é eventualmente dominado pela amalgamação, isto assim acontece por um grupo dominante ter usado a aparelho do Estado para controlar as lutas das raças.

Outra manifestação do darwinismo social bastante diferente desta pode ver-se no que se tornou conhecido com o nome de escola de antropossociologia. Esta era uma escola internacional, representada na Alemanha por Otto Ammon, em França por Georges Vacher de Lapouge, em Inglaterra por John Beddoe e nos Estados Unidos por G. C. Closson. Embora estudos mais detalhados do trabalho destes autores em relação com o meio em que viveram possam provavelmente mostrar-se de grande interesse, o facto é que as suas principais asseverações foram adequadamente sumariadas e discutidas em variadíssimas publicações acessíveis (ver Sorokin, 1928: 233-51; Stark, 1961; Barzun, 1965). Eles abordam o estudo da raça a partir da antropologia física, dedicando muita atenção às medidas da forma da cabeça e averiguando a frequência das diferentes colorações dos olhos e do cabelo, e assim por diante. Esta orientação pouco produziu de valor. Sempre que tentaram avançar uma explicação dos padrões das relações raciais, os antropossociólogos fizeram-no em termos de migrações de raças, de fertilidade diferencial e de as condições da vida urbana levarem à degeneração física. O antagonismo racial era frequentemente considerado inato.

A IDEIA DE RAÇA

Em muitos escritos sobre a superioridade racial o autor interpreta os dados de modo a mostrar que é a sua própria raça a superior, mas nem sempre assim acontece, como o ilustra o caso de Lapouge. Ele dedicou vários anos a coleccionar dados sobre medidas cranianas e, acreditando que o elemento ariano superior poderia ser reconhecido por apresentar cabeças sobre o comprido, reconheceu que a população de Inglaterra era racialmente superior à do seu próprio país. Apressou-se, no entanto, a sublinhar que não queria dizer que todos os Ingleses fossem superiores aos Franceses. Um dos seus concidadãos, Edmond Demolins, publicou um volume que conheceu várias edições em francês – *A Superioridade Anglo-Saxónica: A Que Se Deve*. Reivindica nesta obra, entre outras coisas, a introdução em França de um sistema educativo semelhante, em linhas gerais, ao inglês. Lapouge mantinha que isso seria inútil por ser o carácter racial a determinar a prática educativa, e não o contrário. Testemunhava a sua admiração e apreço pelas demonstrações políticas nos países anglo-saxões, mas estava seguro de as mentes dos povos de cabeças sobre o redondo não poderem compreender o espírito que animava as liberdades políticas dos povos de cabeça sobre o comprido. (Lapouge, 1889: 375-6, 392, 402). As teorias raciais podiam, assim, criar a dúvida e o pessimismo nos países europeus. Dentro do quadro de tais teorias, era possível passar ao contra-ataque depreciando a falta de imaginação dos «horrorosos saxões» e destacando o espírito superior e a criatividade dos celtas. Deste modo, os que não gostavam das aplicações particulares da tipologia racial podiam recuperar certas linhas dos velhos temas do romantismo racial, mas ao fazer isto apenas reforçavam a ideia de que o temperamento era determinado pela raça.

Na Alemanha, a influência de Haeckel não declinou quando se retirou do ensino em Iena. Em 1906, fundou-se a Liga Monista, para difundir as suas doutrinas e formular programas para a sua aplicação. Otto Ammon manteve-se ao lado de Haeckel, e também Ludwig Woltman, o aluno favorito de Gumplowicz e vencedor do prémio Krupp com um ensaio sobre «O que podemos aprender dos princípios do darwinismo para aplicação do desenvolvimento político interno e nas leis do Estado». A Liga Monista sublinhava a importância da nação como uma entidade evolutiva, negando agres-

O DARWINISMO SOCIAL

sivamente as suposições políticas e sociais do liberalismo burguês (concepções tais como direitos civis, a importância de se observarem os princípios constitucionais e separar a esfera do indivíduo da esfera do Estado). Haeckel e os monistas foram os primeiros a formular um programa de imperialismo racial e de aquisição de *lebensraum* [espaço vital] por parte da Alemanha. A liga tinha a sua própria filosofia darwinista social e penal, que implicava a edificação de asilos para os débeis mentais, onde seriam impedidos de procriar e mantidos em estrito isolamento. Haeckel apoiou uma das organizações germânicas mais militante, imperialista, nacionalista e anti-semita, a Liga Pangermânica, participando na elaboração do darwinismo social e nos traços racistas que se consubstanciam no seu programa. David Gasman (1971) sustentou que os Alemães viram Darwin e o darwinismo através das lentes distorcidas de Haeckel e que um paralelismo de ideias pode ser observado nos escritos de Adolf Hitler (cf. também Poliakov, 1974: 283-325). O nacional-socialismo assimilou as ideias fundamentais de Haeckel e dos monistas, definindo-se a si mesmo como uma «biologia política». Apesar de tudo, Haeckel nunca alcançou o estatuto de grande profeta nazi, como Huston Stewart Chamberlain, o inglês que se naturalizou alemão e que escreveu *The Foundations of the Twentieth Century*, em que proclamava: «Uma raça nobre... torna-se nobre gradualmente, e este processo gradual pode começar de novo em qualquer momento.» Provavelmente, as doutrinas de Haeckel eram olhadas com uma certa suspeita pelos nazis, pois estes queriam camuflar a origem animal do homem. O seu principal ideólogo, Alfred Rosenberg, não usou como poderia ter usado os escritos anteriores sobre a antropologia da raça, preferindo escrever, sem bases, frases muito pomposas. Como o nacional-socialismo atribuía aos arianos um carácter heróico e eternamente superior e uma constituição racial, aproximava-se mais da teoria dos tipos permanentes do que do darwinismo social.

Na Grã-Bretanha, os principais expositores do darwinismo social foram Walter Bagehot, em *Physics and Politics* (1872), Benjamin Kidd e o enérgico propagandista do eugenismo, Karl Pearson. Tenho pouco a acrescentar ao que já escrevi noutro texto acerca destes autores (Banton, 1967: 37-50), pois a sua relação com os movimentos da época foi discutida noutras obras (por exemplo Semmel,

A IDEIA DE RAÇA

1960: 29-52). Também eles atraíram críticas dos contemporâneos, como a do príncipe Pedro Kropotkin, cujo empenho na defesa da ajuda mútua era uma interpretação tão legítima da mensagem social de Darwin como a dos autores que viram nela uma contínua e inevitável competição.

Isto levanta o problema de se saber se Charles Darwin era na verdade um darwinista social. Há poucos elementos em *Origin* que levem a esta conclusão, mas, quando escreveu *The Descent of Man*, (1871) Darwin estava na disposição de seguir as conclusões de Francis Galton e W. R. Greg, destacando a importância da selecção natural como um processo que abarca as nações civilizadas e recomendando medidas eugénicas. Ele escreveu que «o maravilhoso progresso dos Estados Unidos, tanto como o carácter do povo, é o resultado da selecção natural; porque foi para aí que emigraram os homens mais enérgicos, incansáveis e corajosos de todas as partes da Europa... e porque foi aí que conheceram o maior êxito». Algumas páginas depois faz uma comparação implícita quando escreve sobre a fertilidade decrescente e provável extinção das raças selvagens – com os seus cérebros pequenos –, incapazes de modificar os seus hábitos depois de entrarem em contacto com raças civilizadas. Entretanto, seria enganador atribuir ao espírito do seu tempo o excessivo destaque dado por Darwin à influência da selecção na mudança social. A teoria de Darwin não depende de qualquer analogia com o tipo de competição social a que se atribuía o progresso no século XIX; podia ser submetida à prova como qualquer outra teoria científica. De qualquer forma, a luta não era um elemento fundamental na selecção natural, não passando de uma descrição metafórica das condições em que tem lugar. O elemento essencial na selecção natural é a reprodução diferencial (cf. Ghiselin. 1969: 59-77). Para compreender a razão por que Darwin sublinhou tão vigorosamente a selecção nessa secção de *Descent*, é mais instrutivo examinar o erro implícito na sua concepção de variação. Darwin subscrevia uma teoria da hereditariedade do tipo «mistura», segundo a qual um carácter herdado aparece como uma combinação dos atributos dos pais (para simplificar, um homem com cabelo preto e uma mulher com cabelo louro teriam filhos com cabelos castanhos). Ele não sabia, com Mendel, que a hereditariedade é muito especial.

130

O DARWINISMO SOCIAL

Segundo uma teoria da mistura, se uma pessoa inteligente se casasse com outra estúpida, as capacidades do primeiro perder-se-iam totalmente logo na geração seguinte (um estímulo para as propostas eugénicas). Como os efeitos benéficos de novas variações se perderiam rapidamente, a selecção teria de ser drástica, para ser eficaz. A causa da variação não é questão central para o problema de Darwin, e a sua má apresentação talvez tenha dado uma enorme urgência e uma boa recomendação ao darwinismo social.

Em finais do século XIX existem em Inglaterra sinais claros de uma maior hostilidade e desprezo pelos negros. Este facto deve estar indubitavelmente ligado tanto a mudanças na estrutura social como a correntes puramente intelectuais. Philip Mason relaciona-o com as diferenças de classe e com o medo da igualdade. Sugere que nos princípios do século XVIII os homens tinham por certo que não eram iguais e comportavam-se como se o fossem. Em finais do século XIX, contudo, seria invulgar defender que havia diferenças inatas entre Ingleses e todavia seria extremamente excêntrico comportar-se na prática como se as não houvesse. Havia uma separação crescente evidente entre o que se entendia ser o odor das classes inferiores e o modo como se tratavam os criados. O crescimento económico capacitou os ricos para levarem uma vida mais separada e para resistirem ao desafio, erguendo barreiras materiais que impediam os outros de ver como na realidade eles eram pouco diferentes (Mason, 1962: 12-38).

Viesse donde viesse, a verdade é que a expressão da superioridade racial não deixava lugar a dúvidas. Joseph Chamberlain, secretário de Estado para as Colónias, declarava: «Eu acredito nesta raça, a maior raça governante que o mundo já alguma vez viu; nesta raça anglo-saxónica, tão orgulhosa, tão tenaz, autoconfiante e determinada, esta raça que nem clima nem mudança podem degenerar, que infalivelmente será a força predominante da história futura e da civilização universal» (citado em Laver, 1966: 230). Tal profissão de fé por parte de Chamberlain é quiçá menos surpreendente do que a atracção que o pensamento racial exercia sobre Gilbert Murray, o clássico académico, humanitarista e devotado entusiasta da Sociedade das Nações. Depois de ter escrito sobre a criminosa brutalidade dos brancos em relação aos aborígenes da Austrália em termos que em pouco podiam

A IDEIA DE RAÇA

apoiar a reivindicação de uma superioridade moral para a raça branca, Murray continua: «Há no mundo uma hierarquia de raças... as nações que comem mais, reivindicam mais, obtêm benefícios mais elevados e dirigirão e governarão as outras, e o trabalho inferior do mundo tenderá, a longo prazo, a ser realizado pelas castas inferiores da humanidade. Isto, para nós, que pertencemos à cor que governa o mundo, não oferece a menor dúvida» (1900: 156). James Bryce, que nunca aceitou completamente a doutrina do darwinismo, demonstrou o seu grau de penetração quando ensinava, pela mesma altura. Descrevia «os antagonismos de raça» como «um mal ainda mais perigoso, porque radicado na natureza», e continuava, aconselhando que «para o futuro da humanidade não há nada mais vital do que algumas raças serem mantidas ao nível mais elevado de eficiência... e, portanto, pode-se pôr em dúvida que seja desejável outra mistura entre raças avançadas e raças atrasadas» (Bryce, 1902: 27, 36).

Nos finais do século XIX e nos começos do século XX, os britânicos viram as relações raciais num contexto imperial, colocando-os em contacto com raças atrasadas do Ultramar. O darwinismo social floresceu neste contexto e nas discussões das relações entre as classes sociais em Inglaterra. Nos Estados Unidos, manifestaram-se padrões semelhantes. A guerra Hispano-Americana e o aviso de Theodore Roosevelt de que «não podemos evitar as responsabilidades com que nos defrontamos no Havai, Cuba, Porto Rico e nas Filipinas» são exemplos do primeiro caso, e a Conferência Nacional sobre o Melhoramento da Raça, em Battle Creek, em 1914, do segundo (Hofstadter, 1955: 161-200). Mas a situação nos Estados Unidos era diferente em dois importantes aspectos: o «problema» interno da raça e o desenvolvimento prematuro da sociologia académica.

Os estudos mais recentes sublinham a contínua hostilidade branca contra os americanos negros do Sul, nos anos que se seguiram à guerra civil (Friedman, 1970). O darwinismo contribuiu para a crença geral de que os negros eram tão pouco dotados em comparação com os brancos que, na luta natural, morreriam (Haller, 1971: 209; Fredrickson, 1972). Os conflitos na sociedade americana e as diferentes expectativas dos grupos no seu seio estimularam o desenvolvimento da sociologia. O seu precursor foi o ataque pró-escravatura de George Fitzhugh contra a «sociedade livre» do capitalismo

132

O DARWINISMO SOCIAL

do Norte, intitulado *Society for the South* (1854). O primeiro curso descrito como «Sociologia» foi dado em Yale por William Graham Sumner (1840-1910) que, depois de ter seguido estudos teológicos em Genebra, Gotinga e Oxford, se tornou professor de Ciência Política e Social em Yale, em 1872. Precisamente nesta altura familiarizou-se com a obra de Spencer e, mergulhando em Darwin, Haeckel e Huxley, encheu-se de evolucionismo (Hofstadter, 1955: 51-66). Como crítico social, Sumner assumiu uma posição que era a do «homem esquecido» – o cidadão de classe média que faz calmamente o seu trabalho, assegurando o seu sustento e o da família sem fazer exigências ao Estado. A sociedade era um superorganismo em mudança, de acordo com o tempo geológico e segundo leis naturais. Os socialistas e outros intrometidos sociais que ignoram estas leis e se envolvem no «esforço absurdo de refazer o mundo» são românticos insensatos, incapazes de aprender as lições da história.

À medida que o seu ensino se tornava mais sistemático, Sumner lamentava-se pela falta de um manual básico; decidiu-se a escrever um, que acabaria por ser *Folkways*, uma das obras mais influentes dos primeiros anos do século xx em matéria de sociologia. Se exceptuarmos as suas ideias, a inspiração veio de Herbert Spencer e de mais dois europeus, Julius Lippert e Gustav Ratzenhofer, embora tivesse ido buscar o conceito de etnocentrismo, sem mencionar a fonte, a Gumplowicz, ficando com o crédito da sua invenção durante várias gerações de sociólogos americanos, que não lêem os clássicos. Em *Folkways*, Sumner apresenta um panorama dos costumes humanos interpretando-os como respostas instintivas aos estímulos da fome, sexo, vaidade, medo, e selectivamente guiados pela dor e pelo prazer. Salientava, por outro lado, a limitada capacidade do poder do Estado e da legislação para modificar a conduta, que tem profundas raízes físicas e emocionais. Esta concepção deslocava a importância da eficácia da competição para a estabilidade das formas sociais. Entre as inovações mais influentes do livro destaca-se o conceito de *mores* (plural da forma latina *mos*, que significa «costume»).

Folkways tem como subtítulo «Um estudo da importância sociológica dos usos, modos, normas e moral». O livro convoca dados de diferentes épocas e de diferentes lugares do mundo respeitantes

133

A IDEIA DE RAÇA

a temas como escravatura, aborto, infanticídio, canibalismo, casamento, incesto, parentesco, justiça primitiva, prostituição sagrada, e assim por diante. Sumner principia com a observação de que «a primeira tarefa da vida é viver. O homem começa com actos e não com pensamentos». Das soluções que os homens dão aos problemas nascem os costumes. Dos costumes e dos instintos derivam os usos populares, que se tornam gradualmente arbitrários, positivos e imperativos. Eles são considerados «bons» e «verdadeiros». Quando se desenvolvem em doutrinas de bem-estar, transformam-se em costumes [*mores*]; daí a definição: «Os costumes são os usos populares, incluindo as generalizações filosóficas e éticas para o bem-estar social que estão implícitas neles, que lhes são inerentes, à medida que crescem.» Mais adiante aparece um capítulo intitulado: «Os costumes podem tornar uma coisa certa e impedir a condenação de uma coisa qualquer.» Esta proposição era demonstrada com exemplos de modos de punição e costumes de civilidade antigamente vigentes na Europa, mas chocantes para a geração americana do tempo de Sumner, que os acharia contrários aos sentimentos humanos.

Quando abordou o tema dos brancos e negros na sociedade sulista, Sumner manteve que, antes da guerra civil, as relações sociais estavam baseadas em direitos legais e as raças viviam em paz e concórdia. A guerra foi «devida a uma grande divergência entre os costumes do Sul e os do Norte» e em seguida os brancos e os negros tiveram de encontrar por si mesmos uma nova base para viver juntos. E porque os brancos nunca se tinham afastado dos seus velhos costumes, eles e os negros não tinham por aquela altura costumes novos.

«As leis não podem fazer costumes. Também verificamos que os costumes não se formam sob condições caracterizadas por convulsões sociais e discórdia [...] As duas raças estavam a separar-se mais que em qualquer outra altura no passado [...] Era evidentemente impossível, para qualquer pessoa, intervir no processo. Nós somos como espectadores de uma grande convulsão social. Os resultados serão os determinados pelos factos e pelas forças envolvidas. Não os podemos prever. Eles dependem tanto das opiniões éticas como a erupção vulcânica de Martinica» (1906: 81-2).

134

O DARWINISMO SOCIAL

Havia forças poderosas nos Estados Unidos que defendiam uma política de não interferência nas relações raciais do Sul. A apresentação que Sumner faz do problema e a utilização do conceito de usos populares e costumes foram, como reconhece Myrdal, amplamente seguidas pelos cientistas sociais, particularmente no que diz respeito à abordagem das relações de raças (Myrdal, 1944: 1031-32; para um exemplo relevante da sua utilização ver Weatherford e Johnson. 1934: 71-6). É possível encontrar na obra de Sumner uma concepção das relações entre lei e mudança social, que mais poderia qualificar-se de realista que de conservadora (Ball, Simpson e Ikeda, 1962).

Apesar de tudo, seguindo Myrdal, o conceito de costumes era quase invariavelmente utilizado no sentido de assegurar que a legislação e o comportamento inter-racial seriam vãos. Se ele aceitava os costumes como uma entidade social homogénea, constante e naturalmente estática, o observador seria levado a subestimar as diferenças entre os indivíduos e grupos e as mudanças no tempo. No actual contexto, contudo, é importante notar que as concepções de Sumner da «luta pela existência» e selecção social, embora inspiradas por Spencer e Darwin, não eram realmente darwinistas, e os seus conceitos de usos populares e costumes têm pouca relação com os elementos do darwinismo social nos seus primeiros ensaios.

Na verdade, é pouco rentável tentar trabalhar com uma definição exacta de darwinismo social (Halliday, 1971). Os impulsos gerados por *Origin* transmitiram-se em várias direcções e modificaram-se de muitas maneiras. Ao princípio, eram politicamente neutrais, susceptíveis de apoiar ideologias opostas. A sociedade americana viu a sua própria imagem na versão selvagem da selecção natural, mas, por volta de 1918, o darwinismo social como filosofia consciente tinha já praticamente desaparecido da América (Hofstadter, 1955: 201-204). A sua influência persistiu na sociologia, devido à falta de um paradigma que pudesse oferecer uma concepção convincente das influências determinantes sobre a sociedade como um todo. Na antropologia, o reflexo do darwinismo social nunca foi tão forte. Do embate das velhas concepções da etnologia e da doutrina dos tipos permanentes emergiu uma concepção de evolução cultural, que ganhou ímpeto a partir dos trabalhos de Darwin, mas que orientou as investigações dos cientistas mais para o estudo das continuidades na evolução do que para a análise dos conflitos de grupos, da competição individual e do controlo selectivo da fertilidade.

Apesar de tudo, havia certos elementos no darwinismo social que persistiram, uma vez que incorporavam um modo especial de interpretar os padrões sociais. Talcott Parsons observou que «uma das mais notáveis características do movimento darwinista na sua aplicação aos problemas sociais é o seu completo abandono do ponto de vista subjectivo por um outro objectivo» (1937: 115). A disposição mental dos indivíduos pouco importa, visto os determinantes do êxito ou do fracasso estarem alhures. Talvez o elemento mais característico na concepção das relações raciais do darwinismo social seja a sua reivindicação de que essas relações eram caracterizadas por um antagonismo que devia ser entendido em termos da sua função evolutiva. A concepção do preconceito como um dado inato não era nova; para citar um exemplo mais tardio, veja-se um etnólogo americano, inclinado para a teoria dos tipos permanentes, que escreve: «O incalculável desprezo e preconceito contra a raça inferior que caracteriza todos os ramos da raça inglesa [...] é uma herança infeliz mas legítima dos antepassados teutónicos» (Brace, 1869: 308). O que os darwinistas acrescentavam era a proposição de que o preconceito favorecia a evolução, ao manter separadas as populações e ao capacitar as raças emergentes para desenvolver completamente as suas capacidades especiais. A exposição mais clara desta tese aparece, relativamente tarde, numa lição de Sir Arthur Keith aos estudantes de Aberdeen, na qual comparava, com grande sucesso, o preconceito racial com o espírito de grupo de um clube de futebol, (Keith, 1931: 34-5, citado por Banton, 1967: 43). Ele também salientou o valor evolutivo da guerra: «A Natureza conserva o seu pomar humano saudável, podando-o: a guerra é a tesoura.»

Este tipo de argumento aparece repetidamente (para exemplos recentes ver Gregor, 1967). Alguns biólogos parecem tão atraídos por ele como as borboletas pela luz. A sua fraqueza está sintetizada na expressão latina *qui nimium probat, nihil probat* (quem prova demasiada coisa, não prova nada), dado que tudo pode ser encarado como tendo um determinado lugar no processo evolutivo, estando, portanto, justificado. Não há maneira de determinar se a evolução se desenvolve melhor em condições de forte ou fraco preconceito racial ou em situações com ou sem guerra. Não há dados que provem a transmissão genética destas atitudes, mas, pelo contrário, existem dados suficientes que indicam variar o preconceito em associação com factores de ordem completamente diferente. E mesmo que se estabelecesse que o preconceito apoia a evolução, isso não significaria que o homem não lhe devesse resistir. A doutrina de que «bom é o que o futuro traz», que Popper (1957: 105-19) denomina historicismo moral, está aberta a graves objecções do ponto de vista filosófico.

A aplicação das ideias do darwinismo social ao campo das relações raciais inspirou a opinião de que os aspectos morais, psicológicos e sociológicos desta questão não têm, no fim de contas, a menor relevância. A influência determinante era biológica e operava sobre a raça como uma unidade. As acções dos indivíduos e as suas percepções subjectivas deviam ser interpretadas em função das forças objectivas, trabalhando inexorável mas lentamente a um nível mais geral. Até ao momento de esta doutrina começar a declinar, era difícil encarar as relações de raças como relações sociais entre homens.

VI

A Interacção Social

Qualquer abordagem às relações raciais baseada no darwinismo social está destinada a ter falhas muito graves. Tem de destacar a evolução orgânica, lidar em termos especulativos com tendências a longo prazo e não pode iluminar convenientemente a evolução super-orgânica ou sócio-cultural na qual têm de se localizar os acontecimentos históricos de maior relevo. Uma explicação histórica dos padrões dominantes de relações, em termos da expansão dos poderes europeus economicamente progressivos, tem mais a oferecer. As teorias darwinistas não podem explicar as variações entre indivíduos ou situações na expressão dos «antagonismos raciais». E não podem ser usadas para formular hipóteses falsificáveis, aplicáveis a circunstâncias particulares, mas continuam a justificar, a um nível generalizado, as pretensões europeias.

Uma alternativa sociológica viável a tal abordagem apareceu primeiramente na obra de Robert Park (1863-1944). Nascido na Pensilvânia, Park estudou nos Estados Unidos e depois na Alemanha, sendo profundamente influenciado pelos ensinamentos de Georg Simmel, em Berlim, e seguidamente por Windelband, sob cuja orientação escreveu a sua tese de doutoramento, *Masse und Publikum*, em Heidelberg. Durante os seus estudos, Park trabalhou como jornalista em vários diários americanos e, mais tarde, como secretário informal de Booker T. Washington. Enquanto observava as relações raciais no Sul, Park escreveu para uma revista popular uma série de descrições das atrocidades belgas no Congo. Depois, com cinquenta anos, voltou à Universidade para ensinar (Coser, 1971: 366-72; Park, 1973), publicando em 1921, com E. W. Burgess, um livro de textos muito influente, intitulado *Introduction to the Science of Society*, que inclui muitas leituras seleccionadas de

A IDEIA DE RAÇA

obras de outros autores. É nos Estados Unidos que principia uma abordagem, sociologicamente diferente, ao estudo das relações raciais, visto a sociologia se haver estabelecido relativamente cedo e mais predominantemente nas universidades daquele país. Os Americanos acreditavam desde há muito que o seu país tinha «um problema racial». As nações imperiais da Europa deram às suas relações com povos de outras raças um carácter mais político e foi nesses termos que fundamentalmente as entenderam. O tipo de sociologia que tinha alcançado um limitado reconhecimento académico na Europa não era dirigido para a investigação dos problemas sociais domésticos e quase se não verificou tentativa alguma para analisar as novas relações sociais criadas pelo imperialismo. Ao discutir as relações de raças como um campo de estudo, este capítulo e o seguinte têm, portanto, de se concentrar quase exclusivamente nos desenvolvimentos científicos do mundo académico americano.

Eles seleccionam, para os examinar, as obras que mais decididamente tentaram superar as preocupações nacionais e contribuir para o estabelecimento de uma sociologia potencialmente internacional das relações raciais.

Park foi o responsável pelas partes da obra que abordavam as questões da raça. Rejeitava as teorias daqueles que, como Gobineau, definiam a cultura como um traço racial. As suas simpatias iam para Ratzenhofer, Franz Boas, e para aqueles que defendiam serem as diferenças devidas ao isolamento geográfico e cultural das raças menos avançadas. No texto seguinte, já se nota um claro afastamento da ênfase darwinista na evolução orgânica:

«O homem individual é o portador de uma dupla herança. Como membro de uma raça, transmite por cruzamento uma herança biológica. Como membro de uma sociedade ou de um grupo social, por outro lado, transmite por comunicação uma herança social. O complexo particular de elementos herdáveis que caracterizam os indivíduos de um grupo racial constitui o temperamento racial. O particular grupo de hábitos, adaptações, sentimentos, atitudes e ideais transmitidos pela comunicação e pela educação constitui a tradição social» (1921: 140-141).

140

A INTERACÇÃO SOCIAL

Park rejeitou igualmente algumas opiniões psicológicas contemporâneas, mantendo que «o que distingue uma mera colecção de indivíduos de uma sociedade não é uma consciência semelhante, mas a acção solidária [...] a sociologia [...] pode ser descrita como a ciência do comportamento colectivo» (1921: 42).

Como iriam os sociólogos estudar a acção solidária? Baseando-se em Simmel e Gumplowicz, Park atribuiu um significado central ao conceito de interacção. Este não era claramente definido, mas dizia-se que a sociedade era, em certos aspectos, redutível à interacção; a comunicação era um meio de interacção, enquanto a imitação e a sugestão eram apresentadas como formas mecânicas dela. Havia «quatro grandes tipos de interacção» – competição, conflito, adaptação e assimilação. Os conceitos desta espécie provinham directamente do hábito em voga de descrever o mundo natural vivo em termos de inter-relações de organismos, mas é importante notar que Park estava a procurar superar esta herança de um modo muito pouco comum aos seus contemporâneos. A comparação com o estudo influente e também impressionante de Pitirim Sorokin, *Contemporary Sociological Theories* (1928), é um trabalho muito esclarecedor. À excepção do próprio Park, o autor mais seleccionado por Park e Burgess foi Simmel, com dez textos. A seguir vêm Darwin, Small e Sumner, com quatro selecções cada um. Há dois excertos de Durkheim, mas há poucos dados que justifiquem a opinião de que os autores atribuíam algum significado às obras de Marx ou Max Weber. Por outro lado, também não existe, na obra de Sorokin, qualquer sugestão de que Marx, Weber e Durkheim se destacassem muito dos seus contemporâneos – como as gerações seguintes viriam a concluir –, e Sorokin nunca pôs em questão a maior parte das conclusões da abordagem do darwinismo social. Terminava o seu capítulo sobre a «Escola antroporacial, seleccionista e hereditarista» dizendo que ela «foi uma das escolas mais importantes e valiosas da Sociologia» (1928: 308). A ideia central é a raça e não há qualquer concepção das *relações* raciais como um fenómeno social.

A característica mais distintiva de Park e Burgess é o lugar de destaque dado aos conceitos ecológicos. A principal novidade reside no modo como Park procura utilizar as passagens respeitantes às inter-relações entre plantas, formigas, porcos e outros, como um meio

A IDEIA DE RAÇA

de apreciar, não só os traços que os distinguem do humano, mas também como um meio de revelar padrões de relações inconscientes. O sociólogo moderno reconhecerá os conceitos de adaptação, colonização, comensalismo, domínio, invasão, isolamento, migração, parasitismo, segregação, sucessão e simbiose, ainda que os não use todos. Mas ele poderia esquecer que todos são conceitos ecológicos, podendo ser aplicados tanto às plantas como aos humanos. A vida das plantas – dizia Park – oferece o mais simples exemplo das comunidades que não são sociedades. Qualquer pessoa que tenha cuidado de um jardim sabe que há umas espécies que se expandem à custa de outras, adquirindo um monopólio sobre todo o território. Outras plantas vivem perto umas das outras e em paz. Outras, ainda, migram ou invadem um território, estabelecendo o seu domínio. Às vezes, uma espécie dá lugar a uma série de outras, estabelecendo uma sucessão natural. Mais tarde, a escola sociológica de Chicago viria a utilizar todos estes conceitos no estudo das áreas naturais da cidade. Torna-se necessário fazer notar neste momento que Park já estava interessado na ecologia humana por volta de 1913. Ele encarava a ecologia como um modo de olhar para o mundo, e quando, em 1925, deu pela primeira vez um curso intitulado *Ecologia humana*, pôs todo o destaque na geografia humana à escala mundial: o desenvolvimento da navegação, o seguro mundial e a recolha de informações foram mudanças de tal ordem que possibilitaram a colonização e o estabelecimento de empresas económicas a grande distância dos seus pontos de origem.

Park escreveu que «dos quatro tipos de interacção – competição, conflito, adaptação e assimilação –, a competição é a forma elementar, universal e fundamental [...] A concepção ecológica da sociedade é a de uma sociedade criada pela cooperação competitiva». O que ele queria dizer com «ser fundamental» torna-se claro na passagem seguinte:

> «A competição é o processo através do qual se cria a organização distributiva e ecológica da sociedade. A competição determina a distribuição da população no território e segundo a sua vocação. A divisão do trabalho e toda a vasta e organizada interdependência económica dos indivíduos e grupos

A INTERACÇÃO SOCIAL

de indivíduos, característica da vida moderna, são produtos da competição. Por outro lado, a ordem moral e política, que se impõe a si mesma às organizações competitivas, é um produto do conflito, da adaptação e da assimilação.»

O processo político é um meio de lidar com as crises. O processo de competição é contínuo e passa despercebido (1921: 506, 559, 508-509). Há semelhanças com o darwinismo social no que diz respeito à forma de encarar a competição (mas não quando trata com os outros tipos de interacção), mas Park tem sempre em mente processos objectivos operando a longo prazo e independentes de estados mentais subjectivos.

Isto poderá ajudar a explicar a razão por que o livro de Park e Burgess inclui variadíssimas matérias estranhas aos manuais modernos e põe de lado alguns temas que agora se consideram centrais. O capítulo dedicado à competição tem uma passagem famosa de Adam Smith sobre a harmonia natural dos interesses individuais, que explica como, seguindo os seus próprios interesses, o homem é conduzido, como que por uma mão invisível, a promover o bem comum da maneira mais eficaz. Park não considerava que esta proposição tivesse uma aplicação obrigatória fora da esfera da economia, ainda que não deixe de ser estranho que o capítulo sobre o conflito não inclua uma discussão dos conflitos de interesse (na verdade, a noção de interesse aparece principalmente num sentido psicológico: «Uma capacidade insatisfeita, correspondendo a uma condição não realizada»). O conflito é apenas apresentado como uma característica do comportamento colectivo, sem se mencionar o modo de estruturação dos conflitos nem a maneira de coagir os indivíduos. Diz-se que «o laço psicológico da classe é a comunidade de interesses», mas não se estuda ou propõe uma definição de classe. A unidade do grupo social entre os humanos é descrita em termos de tradição social compartilhada, sem menção de oposições externas. «Todos os problemas sociais acabam por se revelar problemas de controlo social» (1921: 785); contudo, parece não haver lugar para uma concepção de poder que esclareça estes problemas! Aqui e ali, no livro, há referências a diversas matérias, tais como a herança da desigualdade social. A metáfora ecológica, extremamente valiosa para o trabalho

143

de Park, pode ter contribuído para iluminar alguns pontos obscuros na sua análise dos tipos de interacção ao formar a superstrutura dos padrões sociais. O estudo do comportamento colectivo necessita ser complementado pelo estudo das estruturas sociais.

A direcção dos interesses pessoais de Park pode esclarecer a sua opinião sobre *Folkways*, de Sumner, que diz ser «a análise mais subtil e a explicação mais sugestiva acerca da natureza humana e das relações sociais que até agora foi escrita em inglês». Park não só integrou extractos respeitantes aos usos populares, normas e diferenciação de grupo interna e externa, como ainda assumiu nos seus comentários muitas das opiniões básicas de Sumner. «Como membros da sociedade, os homens actuam, como sempre o fizeram, em toda a parte, impulsionados por motivos que não entendem por completo, a fim de atingir objectivos de que só vagamente estão conscientes ou de que não têm qualquer consciência [...] Sob a influência das normas, os homens agem tipicamente, e portanto representativamente, já que actuam não como indivíduos mas como membros de um grupo.» Park distinguia o processo político do processo cultural. A política estava ligada a matérias sobre as quais existem diferenças e divisões, mas «o processo político, pelo qual uma sociedade ou um grupo social formula os seus desejos e os reforça, desenvolve-se dentro dos limites dos costumes» (1921: 30, 52-3). Isto significa que todas as vezes que um negro aparece numa situação pouco comum, tal facto provocará comentários como se fosse uma coisa contrária às normas. Embora Park pudesse ter reconhecido que este era um aspecto das relações de poder entre negros e brancos, não o disse expressamente, e os seus escritos, como a da maioria dos seus contemporâneos, negligenciam esta dimensão de um modo que não pode deixar de espantar as gerações posteriores.

Os capítulos da *Introdução ao Estudo da Sociologia* que tratam das relações raciais, tal como os que reflectem a abordagem ecológica, foram em grande parte trabalho de Park. A ecologia só raramente está ausente da perspectiva de Park sobre as relações entre as raças; ela está na base do seu conceito de preconceito, que ele define como «uma reacção de defesa, espontânea e mais ou menos instintiva, cujo efeito prático é restringir a competição livre entre as raças». O preconceito era, pois, uma tentativa para evitar a competição, para

A INTERACÇÃO SOCIAL

estabelecer um domínio monopolista sobre um determinado território social (1921: 623). Em outra ocasião, mais tarde, Park interrogava-se sobre o porquê de as pessoas esperarem que houvesse paz racial antes de haver justiça racial (Hughes, 1969: 169), mas a dificuldade existente nesta sua formulação tardia está em que ela não deixa qualquer lugar para tal consideração. Park observou que a casta, ao relegar a raça para um estatuto inferior, deu-lhe um monopólio sobre os papéis pouco atractivos, ao mesmo tempo que dava à outra categoria o seu monopólio. E prosseguia, afirmando que «quando este estatuto é aceite pelas pessoas dominadas, que é o caso onde os sistemas de castas ou escravocracias se instalam totalmente, termina a competição racial e a animosidade racial tende a desaparecer. É esta a explicação das relações íntimas e amigáveis que tantas vezes existem na escravidão entre senhores e escravos». A escravatura é examinada no capítulo dedicado à adaptação, e não no do conflito. Não se mencionam, por exemplo, as revoltas de escravos, os suicídios ou as fugas. Se o conflito, a adaptação e a assimilação eram tipos de interacção montados sobre a base do fenómeno mais geral e fundamental da competição, havia que encontrar alguns meios para analisar o monopólio do poder e o processo pelo qual parte da população é reduzida a estatutos inferiores. E isto Park não conseguiu. Ele viu o processo de competição como dando origem ao equilíbrio económico, sobre o qual se constituía a ordem política, e não considerou os modos em que as considerações de ordem política ditam os termos em que os indivíduos podem competir (1921: 510). Os conflitos raciais partem da recusa por parte dos indivíduos de estatuto mais elevado de competirem em condições iguais com os de estatuto inferior (1921: 578). Os aspectos agressivos do preconceito não são mencionados; nem os modos como a recusa em competir é transmitida para a acção política e nada há sobre o modo como essa acção intensifica a recusa original.

Park, explicando o preconceito, afirmou que ele era um «fenómeno da mente de grupo», apresentando o preconceito contra os Japoneses como uma reacção à sua errada cor de pele e não como uma consequência dos preconceitos dos brancos, eles próprios necessitados de uma análise (192): 623-25, 760-61). É muito importante não desancar um autor extraindo passagens que dão uma falsa

A IDEIA DE RAÇA

impressão da sua obra. As afirmações de Park sobre o preconceito são todas elas defensáveis e muitas chamam a atenção para aspectos deste fenómeno tão esquecido anteriormente pelos outros autores. Grande parte da crítica deve exercer-se sobre as formas inadequadas de apresentação da sua tese, que derivam precisamente daquilo que ele não conseguiu dizer. O seu interesse pioneiro no comportamento colectivo demonstrou ser valioso para o desenvolvimento da sociologia americana, mas o comportamento colectivo não pode ser entendido em profundidade se for isolado das estruturas que o podem modelar tanto quanto os instintos e outras qualidades da natureza humana, a que Park e Burgess devotaram tantas páginas.

Depois da publicação do livro, apareceram alguns sinais de que Park tinha ampliado as suas opiniões sobre estas matérias. Em 1923, ao oferecer algumas sugestões sobre o material necessário para um estudo das relações raciais na costa americana do Pacífico, Park abria as suas observações com a seguinte afirmação: «Os conflitos raciais têm os seus aspectos biológicos e económicos, mas são as atitudes que eles expressam e provocam que se revelam de primeira importância.» Continuava, desenvolvendo uma alternativa às perspectivas anteriores que viam as atitudes como biologicamente determinadas, tomando de W. I. Thomas e F. Znaniecki a noção de que «a personalidade é o aspecto subjectivo da cultura» e que as culturas desenvolvem os seus próprios padrões. O livro que estes dois autores escreveram sobre *The Polish Peasant* [*O Camponês Polaco*] foi o primeiro, ou quase o primeiro, a chamar a atenção para o modo como a situação dos emigrantes europeus nos Estados Unidos poderia ser definida em termos que implicavam a sua relação lógica com a dos negros, embora os negros já estivessem estabelecidos no Novo Mundo desde há três séculos (Park, 1950: 159, 358, 198-99). O reconhecimento desta «relação lógica», embora hoje em dia possa parecer evidente, foi de importância fundamental para o estabelecimento de uma sociologia das relações raciais.

A afirmação mais madura do pensamento de Park, neste campo, é o ensaio intitulado *The Nature of Race Relations*, publicado em 1939. Este trabalho avança com um esquema mais complexo para estudar a interacção. Por um lado, diz Park, as relações raciais não são tanto as relações existentes entre indivíduos de diferentes

A INTERACÇÃO SOCIAL

raças como as relações de indivíduos conscientes dessas diferenças. Deste ponto de vista, tinha de se concluir, por um lado, que não existiam relações raciais no Brasil, dado que não há aí consciência racial. Por outro, contudo, as relações raciais integram relações que nesse momento não são conscientes ou pessoais, embora o tivessem sido no passado. Isto significa que «se pode pensar nas relações raciais como existindo não só a diferentes níveis, ou seja: 1) ecológico, 2) económico, 3) político, 4) pessoal e cultural, mas pensar ainda nestes diferentes níveis como constituindo uma hierarquia de relações de natureza tal, que uma mudança em qualquer um deles se repercutirá invariavelmente, não imediatamente mas no final, em todos os outros» (1950: 81-3, 107). Os problemas de raça, afirmou, surgiram invariavelmente como uma resposta à expansão dos europeus; o processo pode ser visto como uma extensão histórica do domínio europeu acompanhada por uma crescente integração e intimidade com as raças e povos afectados por aquela expansão. Mas ele preferia encará-la como uma sucessão de mudanças acidentais ligadas à expansão e à integração de um vasto e novo organismo social. A sequência passou do comércio ao domínio político, à actividade missionária, e depois, «o estádio final», quando «a Europa começou a exportar já não bens de consumo, mas capital» para financiar minas, plantações de borracha e eventualmente fábricas, «a empregar trabalhadores nativos no fabrico de bens que eram depois vendidos, não só nas colónias mas também, como no caso do Japão, na Europa, em concorrência com os produtos europeus». Outras características da sequência foram a aparecimento de povos híbridos, de cidades-porto para servir o comércio mundial e, em seguida, o crescimento do nacionalismo, quer entre as maiorias quer entre as minorias. Este último desenvolvimento era a evidência de que «nós estamos no fim de uma época nas relações humanas e raciais e no começo de outra». Contrariando o darwinismo social, previu que os conflitos raciais seriam «no futuro cada vez mais confundidos com os conflitos de classes e eventualmente superados por estes». Voltando ao seu problema inicial, aos traços que distinguem as relações raciais das outras formas fundamentais das relações humanas, oferece uma outra formulação do problema:

A IDEIA DE RAÇA

«É da essência das relações raciais que elas sejam relações de estranhos; de povos que primeiramente estiveram associados por finalidades laicas e práticas, para a troca de bens e serviços. Elas são, noutra perspectiva, as relações de pessoas de diversas raças e culturas que vieram a juntar-se pelos azares da guerra e que, por qualquer razão, não se penetraram suficientemente por casamento e miscigenação a ponto de constituir uma única comunidade étnica, com tudo o que isso implica» (1950:100, 107-16).

A ecologia das relações raciais de Park como resultado da expansão europeia inspirou um estudo intitulado *Race and Culture Contacts in the Modern World*, da autoria de um aluno seu, E. Franklin Frazier, mas Frazier discordava da interpretação do mestre sobre as relações nos estados do Sul, preferindo sublinhar os conflitos de classe em aberto entre os brancos do Sul. (Edwards, 1968: 5-7). Oliver C. Cox formulou uma crítica mais concisa, deplorando «o circulo de fatalismo e misticismo no debate de Park sobre a estabilidade das relações raciais no Sul», que deriva da sua confiança na interpretação do comportamento como decorrendo segundo os usos populares e os costumes. Cox também contestou a sua inferência de que havia um antagonismo fundamental entra negros e brancos pobres. Cox afirma que «provavelmente, a falácia crucial no pensamento de Park é a sua crença de que os começos do moderno preconceito racial se podem fazer remontar aos períodos imemoriais das associações humanas». Esta observação reflecte a crença de Cox de que o preconceito racial só apareceu com o estabelecimento de uma ordem económica e social capitalista. A sua crítica é provavelmente mais bem expressa umas poucas de páginas antes, onde acusa Park de confundir as diferenças raciais e as diferenças culturais, notando que «Park não estabelece nem as características dos conflitos raciais nem as dos conflitos entre grupos culturais». Para estabelecer a sua natureza, segundo Cox, «seria necessário diferenciar entre os tipos de sistemas sociais que podem ou não produzir a mutação na natureza humana necessária para a expressão do antagonismo racial» (Cox, 1948: 463-77). As suposições que estão por detrás da abordagem de Cox serão discutidas no capítulo seguinte.

A INTERACÇÃO SOCIAL

Uma crítica mais recente a Park provém de um sociólogo que interpreta a sua concepção de um ciclo de relações raciais como um ponto central para a sua concepção do campo. Esta opinião é muito difícil de sustentar dado que Park escreveu sobre o tema pela primeira vez nos últimos anos da década de vinte, data a partir da qual começou a duvidar da sua tese. Stanford M. Lyman assevera que Park estava dominado pela doutrina aristotélica de que a ciência deveria tratar os desenvolvimentos vagarosos e ordeiros das qualidades imanentes e não os acidentes ou a história real dos acontecimentos. A única evidência para esta tese é a opinião do crítico de que todos os princípios da teoria da mudança de Aristóteles se reflectem no ciclo das relações raciais de Park (Lyman, 1972: 30). Estas considerações são circunstanciais e muito pouco convincentes, considerando quanto existe nos escritos de Park indicando que essa não é a sua filosofia da ciência. O motivo subjacente a esta crítica parece estar mais na objecção do autor a uma teoria determinista do lugar dos negros na sociedade americana, que ele crê ter apreendido na obra de Park. Como grande representante da sociologia clássica, Lyman acusa Park de «apresentar sistematicamente os estádios através dos quais hão-de passar os negros no seu caminho para uma eventual assimilação num mundo racialmente homogéneo» (1972: 121). Esta questão necessita ser examinada no contexto do problema teórico geral de Park.

Qualquer exposição sobre o contributo de Park para o estudo das relações raciais tem de atribuir um alto valor ao seu avanço na formulação de uma alternativa ao darwinismo social. Ainda que reconheça e até sublinhe a natureza biológica do homem, Park mantinha que a sociedade humana diferia de uma comunidade de palavras por a organização dos indivíduos humanos se encontrar alicerçada num consenso moral, incorporado numa tradição e num sentimento, e manifestada no espírito de pertença, na vontade colectiva e no que Durkheim denominava representações colectivas. Apesar de principiar com noções de temperamento racial e de disposições inatas, o seu ensino veio a concentrar-se na hostilidade racial como produto das normas da distância social e do preconceito que os indivíduos aprendem quando se socializam nas suas comunidades. A visão do preconceito como uma atitude aprendida foi uma realização dos

A IDEIA DE RAÇA

anos vinte, e embora Park não estivesse integrado nos estudos psicológicos, o seu ensino pode ser considerado como parte da mesma reafirmação geral das relações intergrupos. A sua influência como professor foi salientada por todos os que escreveram a seu respeito (cf. Coser, 1971: 372, 382-83). A maioria dos seus escritos consiste em ensaios ocasionais e prefácios, alguns desenvolvendo noções embrionárias, tais como as de distância social, etiqueta e homem marginal; para ter uma estimativa das contribuições de Park, seria útil seguir a carreira dessas inovações e evitar a concentração excessiva nas diferenças das suas formulações, já que Park descobria continuamente novos modos de examinar os fenómenos familiares. Distinguiu-se mais pelo seu talento em descobrir boas perguntas do que pela sua capacidade em dar respostas às perguntas dos outros.

A carreira de jornalista também deixou a sua marca. Tinha um sentido muito melhor do que os seus contemporâneos sobre o modo como os estudantes bacharelados podiam fazer progredir a teoria sociológica deixando a Universidade, para fazerem estudos em primeira mão sobre a vida que os rodeava. Na realidade, nunca será demais destacar a sua acção no desenvolvimento da sociologia urbana. Onde os darwinistas tinham visto relações raciais governadas por padrões inatos de comportamento característicos de cada raça, Park deslocou a tónica, na expressão «relações raciais», da última palavra para a primeira. O resultado do seu magistério foi ter colocado as relações raciais no contexto do desenvolvimento de padrões urbanos e do desenvolvimento das relações de poder emergentes da expansão da economia capitalista. Este facto foi também um progresso crucial.

Contudo, as questões levantadas por Cox e Lyman permanecem. Quais são as características dos conflitos raciais que Park não conseguiu identificar? Uma sociologia mais amadurecida, que poderia ela dizer acerca do futuro dos negros na sociedade dos Estados Unidos? Quando Park passou a defender que as relações raciais eram definidas pela consciência presente ou passada das diferenças raciais, que implicava isto para o seu esquema teórico? Quando os homens estão conscientes de tais diferenças, que forma toma essa consciencialização? Muitas das crenças dos brancos sulistas, em 1921, sobre as diferenças raciais sabe-se agora que eram falsas. Se o que distin-

150

A INTERACÇÃO SOCIAL

guia essas relações fosse a falsa consciência e se a falsidade fosse eliminada, então, a não ser que interviesse outra variável, nada de substancial ficaria a dividir os negros dos brancos. A assimilação seria o resultado implícito. Um autor que critique esta explicação em 1972 tem a vantagem de possuir uma perspectiva mais ampla que do outro que escrevesse em 1948 ou em 1939. É agora fácil perceber que havia uma variável interveniente de um tipo muito semelhante ao nacionalismo. Park trabalhou de modo intuitivo e não raciocinou em termos de variáveis dependentes e variáveis independentes. Se o tivesse feito, não estaria seguramente em melhores condições para prever o futuro. É espantoso observar como se enganaram tantos dos seus contemporâneos, e até mesmo críticos tardios, quanto aos tipos de transformações que ocorreram nas relações raciais americanas por volta de 1960. Quando criticava Park, Cox não demonstrava ser mais presciente, já que declarava não ser nacionalista a solidariedade dos negros americanos (1948: 545). É evidente que Park não considerava os conflitos raciais como um tipo especial de conflito, mas tendia a sublinhar o que eles tinham em comum com as outras espécies de conflito. Ele escreveu que o desenvolvimento do nacionalismo estava a mudar a consciência dos povos no mundo colonial e, por conseguinte, a transformar o carácter dos conflitos. Os conflitos de classe estavam a tomar o lugar dos conflitos de raça, e embora Park não pudesse aceitar a concepção de classe perfilhada por Cox, a sua opinião de que os conflitos raciais não possuíam quaisquer características especiais que os distinguissem na dimensão histórica foi de grande importância na sua geração e pode hoje em dia ser defendida contra a crítica contemporânea.

VII

Estrutura e Função

Este capítulo tratará de algumas das maiores contribuições para o estudo das relações raciais nos Estados Unidos entre 1930 e 1950. Se os primeiros anos destes decénios podem ser encarados como uma reorientação da linha de trabalho esboçada por Park no período anterior, é extremamente útil lembrar duas das principais debilidades da abordagem deste autor. Em primeiro lugar, os interesses de Park, embora amplos, eram ainda selectivos; concentrou-se nas relações raciais como um fenómeno de comportamento colectivo e não avisava os seus leitores acerca dos aspectos que ficavam de lado ao aplicar-se aquele tipo de abordagem. Em segundo lugar, embora o autor se interessasse pelos aspectos ecológicos da vida social, poucos progressos realizou nos métodos de estudo das situações locais como sistemas sociais, o que significa que a adequação metodológica dos seus variados conceitos não estava devidamente avaliada. Enveredasse ele por este caminho e tornar-se-ia rapidamente evidente ter negligenciado o papel desempenhado pelo poder político e pelo poder económico na interacção social e que lhe faltava uma concepção de estrutura social que teria facilitado a junção das influência relevantes.

Os estudos que inauguraram o novo período foram os realizados em Indianola, uma cidade com pouco mais de 3000 habitantes no Mississipi, por John Dollard e Hortense Powdermaker. O livro de Dollard, *Caste and Class in Southern Town* foi publicado em 1937; o de Powdermaker, *After Freedom*, apareceu dois anos depois. Nenhum deles parece ter ido buscar inspiração directa a Park ou ao livro de Robert e Helen Lynd, *Middletown* (1929) que era então considerado pelos sociólogos como o melhor exemplo de estudo de uma comunidade. A experiência de Dollard reportou-se à psicologia, en-

153

A IDEIA DE RAÇA

quanto a de Powdermaker provinha da antropologia. Incorporaram a orientação do Yale Institute of Human Relations, combinaram as ideias da psicanálise com outras da antropologia cultural, desenvolvidas por Edward Sapir, mas seguiram a sua própria orientação em diversas esferas de acção.

Dollard experimentou a psicanálise em Berlim. Foi ele o primeiro escritor a aplicar a interpretação freudiana às relações raciais americanas, num extenso e convincente estudo que podia ser apreciado pelo leitor normal. Transformou o significado da ideia de preconceito com uma referência à opinião de que ele constituía uma atitude defensiva destinada a preservar as prerrogativas dos brancos: reconhece que esta poderia ser uma das suas funções, mas lamenta que, embora esta perspectiva explique os factos adequadamente nos seus próprios termos, tais explicações não sejam, na verdade, satisfatórias:

> «As pessoas com pouca estima por si próprias podem participar, através da dor e da humilhação infligida a outros, em padrões de preconceitos formais, mas participarão sem muito empenhamento e como uma mera convenção [...] O preconceito de raça é um facto emocional e deve ser ligado ao resto da vida emotiva de cada indivíduo que o experimenta» (Dollard, 1937: 442).

Perguntar porque necessitam as pessoas do preconceito é levantar uma nova e importante questão. A sua resposta é a hipótese da frustração e da agressão. Quando uma criança é criada impõe-se-lhe todos os tipos de limitações à sua liberdade. A vida social e a cultura humana exigem um grau de ordenamento e disciplina a que as crianças se devem habituar. O carácter da pessoa adulta é, portanto, um registo de frustrações e de reacções àquelas. Segundo a teoria freudiana, a reacção básica é a resposta agressiva destinada a reafirmar o domínio, mas uma criança quase nunca pode reagir deste modo visto a pessoa que limita a sua liberdade ser um dos pais ou uma pessoa que ela vê ser inútil atacar. Tem, por conseguinte, de voltar a agressão contra ela própria ou acumulá-la, esperando por uma oportunidade adequada para a descarregar. Este é o primeiro conceito-chave de Dollard, o de uma agressão generalizada ou «flutuante»

154

armazenada. O segundo é a autorização social para atacar um grupo particular que serve de alvo. A sociedade proíbe muitas espécies de agressões por poderem ser destrutivas, mas certos grupos indefesos podem funcionar como bodes expiatórios abertos a ataque legitimado. A terceira posição-chave é a de que os bodes expiatórios têm de ser uniformemente identificáveis, para que nenhuma outra pessoa corra o risco de ser confundida com eles. E, aqui, entrava a «visibilidade» do negro. O emblema da cor era o sinal que indicava à pessoa preconceituosa a quem odiar e que tornava fácil e consistente a possível discriminação. «No nosso sentido», escrevia Dollard, «o preconceito racial é sempre irracional» (1937: 443-46). Num artigo posterior, melhorou a sua formulação, ao distinguir duas espécies de agressão. Quando um indivíduo ataca a pessoa ou grupo responsável pela sua frustração, como um grevista ataca um «amarelo» ou o agente do seu patrão, pratica a agressão directa. Contudo, quando a pessoa frustrada não pode ou não se atreve a atacar os responsáveis e, em vez disso, transfere a agressão para um substituto, está a deslocar o alvo da sua agressividade. E porque também haverá alguma agressão flutuante buscando uma saída, ela bloqueará a expressão da agressão directa adicionando-lhe um elemento extra e mais emotivo que pode ser responsável pelas características irracionais, muitas vezes aparentes nos conflitos raciais (Dollard, 1938).

A julgar pelo seu livro, a estada de Dollard em Indianola consistiu numa visita em 1933 e uma temporada de seis meses de 1935-1936. Levou a cabo entrevistas intensivas com nove negros, três mulheres e seis homens; estes diálogos, que duraram cerca de cem horas cada um, implicavam a investigação da história pessoal dos indivíduos e tinham uma orientação psicanalítica aparente no registo de sonhos. Teve, ainda, contactos superficiais com cerca de duzentos indivíduos. Em comparação com o que resultou de estudos muito mais amplos e caros, é espantoso o que Dollard conseguiu extrair disto. É especialmente extraordinário o modo como utilizou a sua compreensão da dimensão psicológica para interpretar a estrutura social. Quando começou o seu trabalho, era bastante usual ver o sistema social como uma máquina com os seus membros interagindo uns com os outros de modos historicamente definidos. «Esta máquina tem inércia e continua a trabalhar segundo o seu característico padrão tradicional. A unidade societária continua a funcionar até se encontrar de alguma maneira desorganizada; passa então por um ciclo que vai da desorganização para a reorganização, e a vida prossegue ordeiramente.» Esta explicação não satisfazia Dollard, que pensava ser evidente uma forte pressão contínua posta em prática sobre a população negra para que esta apresentasse atitudes submissas. O sistema não era sustentado pelo princípio da inércia, mas por pressões activas, sociais e físicas. Para identificar estas pressões, era necessário descobrir as vantagens diferenciais de inclusão em classes especiais e castas de cor e investigar como estas vantagens eram traduzidas em benefícios pessoais e, no fim de contas, orgânicos. (1937: 97, 178).

A resposta de Dollard a este problema foi descrever três espécies de ganhos que os brancos da classe média extraem da sua posição social, à custa dos negros e, de certo modo, dos brancos da classe baixa. Há ganhos económicos, sexuais e de prestígio. Ele documenta o primeiro referindo-se a recompensas de tipo ocupacional. A natureza cansativa e pouco compensadora de certos trabalhos era exemplificada pela apanha do algodão, mas os brancos de classe média só apanhavam muito pouco algodão. Os brancos de classe média recebiam, em termos relativos, retribuições mais elevadas pelo seu trabalho do que os grupos de classe baixa, que desempenhavam as tarefas mais laboriosas. Podia muito bem ser este o caso, mas não é nada fácil provar que as coisas se passavam deste modo. Com efeito, Dollard afirma que os brancos usavam o seu poder político para obter maiores benefícios do que os que poderiam obter de outro modo. As dificuldades deste raciocínio já foram expostas na controvérsia sociológica acerca da denominada teoria funcional da estratificação. Com que base se poderá decidir em quanto deve uma profissão ser mais bem paga do que outra? Só quando este problema estiver resolvido se poderá decidir em quanto estão as retribuições particulares acima da norma que seria estabelecida num mercado perfeito. A afirmação de Dollard é a de que a posição social dos brancos de classe média acarreta determinados custos e que eles se encontram prisioneiros de uma situação económica pouco agradável, do mesmo modo que qualquer outra categoria social, mas afirma que, com isso, eles ganham mais do que perdem, possuindo,

ESTRUTURA E FUNÇÃO

portanto, interesses adquiridos que justificam a manutenção do sistema (1937: 98-115). Descreve a pobreza da maior parte dos negros e a incidência da pelagra, que é uma doença causada pela falta de vitaminas. Dá também grande variedade de exemplos da maneira como o poder branco é utilizado para impedir os trabalhadores negros de obterem a sua justa recompensa, de formarem organizações laborais e de controlarem as profissões disponíveis para eles (sobre a exploração dos donos das propriedades agrícolas, ver Dollard 1937: 120-24: Powdermaker, 1939: 86-94). A distribuição de recompensas no mercado de trabalho estava claramente determinada pela mobilização do poder branco, assim como pelo valor de mercado das capacidades individuais. Dentro destes limites, pelo menos, poder-se-ia concordar que um dos factores de manutenção do sistema social era o benefício económico que os brancos retiravam dele.

O segundo tipo de ganho era sexual e, nos seus termos mais simples, consistia em os brancos terem acesso às mulheres negras e às brancas. Deve ter-se presente que isto só representa um benefício para os homens brancos. Dollard nota que as mulheres negras também tinham uma vantagem nesta situação, pois podiam receber as atenções de homens de ambas as categorias sociais. Na medida em que isto era um ganho para as mulheres negras, estava equilibrado por uma perda, já que esta situação representava a degradação dos homens negros e diminuía de muitas maneiras as satisfações que as negras poderiam extrair da vida de casadas. Dollard conjecturava que elas eram idealizadas de modo tal que os brancos achavam indecoroso olhá-las como objectos sexuais, sentindo-se culpados e limitados nas suas relações sexuais, descobrindo entretanto que eram melhores companheiras sexuais. As mulheres brancas, inconscientemente, invejavam a maior liberdade sexual das negras (1937: 135-168). Em tais circunstâncias, o cálculo dos benefícios de tipo sexual parece ser um exercício dúbio, mas pode-se seguir Dollard e aceitar que a padronização das atitudes sexuais foi um importante factor na motivação que sustentou o sistema social.

O terceiro tipo de ganho era o que Dollard chamava prestígio, mas que actualmente se denominaria deferência. Ele tinha em mente as formas de comportamento dos negros que, nas relações interpessoais, tendiam a aumentar a auto-estima dos brancos. Seria esclare-

A IDEIA DE RAÇA

cedor para o viajante comparar a experiência de ver transportar a sua bagagem no Grande Terminal Central de Nova Iorque e numa estação de caminhos-de-ferro do Sul. Na primeira «o negro é um mecanismo utilizado para deslocar pesos de um lugar para outro... no Sul ele é isto e mais alguma coisa. O carregador do Sul é extremamente simpático e cuidadoso com as bagagens e faz muitas coisas que envaidecem e provocam o riso». Dollard sabia que a deferência era, em primeiro lugar, um comportamento utilizado pelos negros para manipular os brancos e tinha, em segundo lugar, funções na esfera do controlo social. A deferência era exigida pelos brancos, e qualquer negro que não estivesse disposto a exibi-la era definido como um negro «com manias», ameaçador, a necessitar de correcção. Mas, apesar de tudo, a deferência era psicologicamente recompensadora para o que a recebia: parecia provar que o negro não era hostil e acalmava a ansiedade reinante entre a população branca, provocada pelo medo que a situação racial engendrava nela. O traço decisivo para o branco estava em que este recebia demonstrações de deferência antes de as pedir; parecia uma afeição submissa livremente exibida, sugerindo que as suas exigências agressivas eram passivamente recebidas, dando-lhe em troca uma consoladora sensação de poder sobre outros (1937: 173-87). Nas culturas não ocidentais, segundo parece resultar frequentemente dos estudos dos antropólogos, a mais elevada categoria dos valores económicos é a que acarreta o mando sobre o povo, ao passo que a depreciação do papel do criado pessoal nas sociedades industriais sugere ser a deferência um serviço que exige um alto preço aos olhos de quem a presta e de quem a recebe. No Sul, o ganho substancial dos brancos em matéria de deferência é, por conseguinte, um índice de quanto o poder branco afectava as relações contratuais das duas categorias raciais.

Os ganhos não estavam exclusivamente do lado branco da linha de cor. Havia muitas maneiras de os negros satisfazerem os seus impulsos, embora, como Dollard sublinha, isso implicasse muitas vezes um elevado custo a longo prazo. Os negros usufruíam de uma maior liberdade sexual entre os seus; de maior liberdade de agressão; e do luxo psicológico de uma relação de dependência relativamente aos brancos. Os brancos possuíam a satisfação íntima que acompanha o poderio, a superioridade, o controlo, a maturidade e o dever bem

ESTRUTURA E FUNÇÃO

cumprido. Tinham o prazer de poder desprezar os negros. Permitia-
-se aos negros hábitos de trabalho relaxados, irresponsabilidade e,
dentro de certos limites, mais liberdade pessoal que a possível numa
sociedade competitiva e economicamente progressiva. Isto ajuda
a explicar porque não tentaram mudar o sistema com maior ardor.
A atitude «tolerante» dos brancos para com o crime nos bairros negros e a sua aceitação dos hábitos de trabalho desleixados enfraque-
ceram os recursos dos negros para mobilizar uma pressão contra as
expectativas tradicionais (1937: 3-)3, 431-33, 282).

A outra grande influência no trabalho de Dollard foi a de Lloyd
Warner, o antropólogo que, em 1930, principiou um estudo maciço
sobre Newburyport, no Massachusetts. Pouco depois, Warner di-
rigia um estudo sobre Natchez, Mississipi (descrito no livro *Deep
South*). Era este o trabalho de um grupo de estudantes (negros e
brancos) que Dollard visitou quando investigava Indianola. No prefácio à edição de 1957 de *Caste and Class*, Dollard faz notar que,
se tivesse de reescrever este livro, seguiria a análise da casta e da
classe desenvolvida por Warner, mas isto não nos deve fazer esquecer em que medida as forças e fraquezas do método de estudo de
comunidades de Warner foram inculcadas nos fundamentos da sociologia de Dollard. Ele apresentou a sociedade de Indianola como
uma construção à volta da interpenetração de casta e classe: «... eles
organizam em bases seguras a vida local e tornam possível a cooperação social... A casta substituiu a escravatura como meio de manter
a essência da antiga ordem de estatutos no Sul. Por seu intermédio,
a animosidade racial é conservada no mínimo» (1937: 61-2). Vale
a pena destacar esta afirmação, porque demonstra a fraqueza das
explicações funcionalistas. A casta e a classe eram igualmente responsáveis pela insegurança da vida local e pela falta de cooperação.
Por meio da casta, evocava-se e reforçava-se a animosidade racial.
Qualquer comunidade possui um certo grau de integração, sendo
as suas partes componentes, até certo ponto, dependentes umas das
outras. Por conseguinte, toda a relação entre elas é até certo ponto
funcional e em certa medida disfuncional. Apontar para uma conexão entre casta de cor e animosidade não diz nada sobre se a animosidade seria maior ou menor se as relações entre negros e brancos
fossem reguladas por outro processo.

A interpretação estrutural que Dollard foi buscar ao esquema de Warner tem muito mais valor. Afirmava ele que, nas relações com os negros de classe média, a população branca de classe média combinava a lealdade à classe com a hostilidade de casta. As situações de vantagem na posição económica implicavam padrões de comportamento baseados na classe, enquanto as situações de contacto social e basicamente sexual evocavam padrões baseados na casta. A primeira tese não era difícil de documentar desde que o negro de classe média comprasse mais gasolina, melhores mercearias, melhorasse o seguro, adquirisse melhores serviços médicos, contratasse um advogado com mais frequência e fosse em geral um bom cliente – os brancos disputariam a freguesia destes negros e achariam benéfico manter os negros proprietários na mesma linha que eles. Um destes negros proprietários disse que os brancos o pressionavam para ele tratar os seus inquilinos como eles tratavam os deles. Outro usava a sua influência para dissuadir alguns dos negros locais de iniciarem um processo por danos potencialmente dispendioso e recebeu em troca favores especiais. Os negros instruídos são frequentemente objecto de uma atenção mais respeitadora e amigável, se nada acontecer que lembre as diferenças de casta. Estes sinais de simpatia inter-racial de classe têm de se colocar a par da hostilidade entre os brancos de classe média e os de classe baixa. Um dono de terras, por exemplo, deplorava a mesquinhez e a malevolência dos seus arrendatários brancos afirmando que no próximo ano os ia substituir por negros. Os brancos pobres eram intratáveis e pouco deferentes, mas havia negros que «sabiam qual era o seu lugar».

Na análise de Warner sobre a casta e a classe, um elemento-chave é a definição de situações. Isto exprime-se com maior clareza no livro *Deep South* (Davis *et al.*, 1941: 477), mas também se apresenta francamente no livro de Dollard. Aí descreve a situação de um negro senhor de terras que tinha cinco brancos a apanhar algodão para ele. Os riscos eram muito grandes, porque três eram mulheres. Se uma delas dissesse que ele tentou apanhar uma delas, isso poderia custar-lhe a vida. Se uma mulher branca o acusasse de quebrar as normas da casta, os brancos teriam aceite o seu testemunho sem hesitações. De outra vez, um lojista negro levou a tribunal um branco que não queria pagar a sua conta. Foi obrigado a pagá-la. O branco conside-

ESTRUTURA E FUNÇÃO

rou isto uma afronta intolerável e foi tentar bater-lhe: o negro, porém, ganhou a luta, e o branco apanhou uma sova. Os outros brancos recusaram-se a ajudá-lo; não tinham definido o incidente em termos de casta. Num terceiro caso, a um negro deparou-se-lhe um branco que ia visitar uma negra com quem tinha relações «amigáveis». O negro deu uma sova no branco, mas foi depois obrigado a fugir da cidade quando tentaram apanhá-lo (Dollard, 1937: 90-5, 165, 292). Aparentemente, o elemento sexual deu origem a que esta situação fosse considerada como um desafio às normas de casta. (Para um incidente semelhante e com um resultado parecido, ver Powdermaker, 1937: 192; e para o caso de um negro que não foi punido ao dar um tiro no gerente de uma plantação que vivia com sua irmã, ver Davis *et al.*, 1941: 337). Para entender como as normas de casta e de classe vigoram lado a lado, é necessário apreciar não só a natureza das normas mas também a influência das pessoas importantes na interpretação da sua relevância e a maneira como a estrutura sócio-económica gera certas espécies particulares de conflitos. Factores como a proporção de negros donos de terras e a competição entre agricultores arrendatários fazem, obviamente, uma grande diferença.

O livro de Powdermaker, baseado em doze meses de trabalho de campo em 1932-1934, escrito antes do aparecimento do volume de Dollard mas publicado depois, apresentava o retrato de Indianola como uma comunidade funcional, fornecendo ao mesmo tempo uma descrição da população negra vista de perto. O mérito do livro radica mais na qualidade da etnografia do que em qualquer uma das explicações da razão, visto a comunidade funcionar de um modo e não de outro. Para atingir o último objectivo, a resposta do autor foi atribuir um lugar destacado «às atitudes e tensões concomitantes com o processo de aculturação... a aculturação, com todas as suas dores e problemas, é o que os negros desejam». Powdermaker nota que, entre os brancos, é a classe alta a menos hostil aos negros, enquanto a classe baixa é a mais hostil; entre os negros passa-se exactamente o contrário. Sobre os brancos da classe baixa e os negros da classe alta, observa que «cada um serve como um agente da sua raça relativamente ao outro, fazendo coisas e expressando sentimentos com os quais o grupo como um todo não está preparado para se identificar» (1939: 372, 334). Mas o significado da «curiosa

A IDEIA DE RAÇA

inversão» de atitudes típicas e da hostilidade relacionada com a classe perde-se completamente. No mínimo, é necessário notar que, na estrutura sócio-económica mississipiana daquele tempo, o interesse dos brancos da classe alta residia em lançar os negros e os brancos de classe baixa uns contra os outros, enquanto o interesse dos negros de classe alta residia em criar um conjunto separado de instituições sociais. Isto, por sua vez, levanta o problema de saber que tipo de aculturação desejavam os negros. Desejavam ser aculturados segundo o modo de vida dos brancos de classe baixa do Mississipi (a que davam apodos desprezíveis) ou segundo um tipo de vida americana ideal, que nenhum alcançava? É uma pergunta importante, mas o conceito de aculturação usado pelos antropólogos americanos nesse tempo não consentia a existência de divisões numa população definida como possuidora de uma cultura particular.

O uso de Warner da expressão «casta de cor» atraiu intervenções críticas, especialmente de Cox, que mantinha, com muita razão, serem as relações raciais no Sul fundamentalmente diferentes das relações das castas na Índia. Dado o modo como Warner e os seus associados utilizavam o conceito de casta de cor, e a sua vantagem na identificação de uma categoria racial por um termo social em vez de biológico, a querela apenas respeita à viabilidade dos rótulos verbais e não merece a excitação despendida à sua volta. (Entre parêntesis, deve-se fazer notar que os temas levantados mais tarde no debate acerca da casta, conduzido por Barreman e Dumont, são mais fundamentais e com um significado muito mais considerável.) Uma objecção bastante mais importante às obras do grupo de Warner diz respeito à adequação dos métodos utilizados nos estudos de comunidades. Ela reveste-se de maior acutilância num estudo subsequente de uma comunidade de negros, chamada Kent (em Piedmont, região do Sul), efectuado por um sociólogo negro que, sobre o seu trabalho escreve: «O estudo foi concebido como um tratamento compreensivo da cultura num subgrupo», e que prossegue fazendo notar não ser esta a focagem mais correcta, embora o estatuto minoritário dos negros nos Estados Unidos como um todo seja muito relevante (Lewis, 1955: 5). O autor tem o direito de escolher a sua própria perspectiva, mas não pode oferecer um tratamento abrangente de uma comunidade local a não ser que consiga demonstrar os modos como a sua

ESTRUTURA E FUNÇÃO

vida é influenciada pelos acontecimentos na sociedade global. Sabendo o que agora se sabe sobre os movimentos sociais negros nos Estados Unidos durante os últimos vinte anos, não podem deixar de surpreender as conclusões do estudo de Kent: ele aponta para a evolução de uma subcultura nacional negra e para a necessidade de estudos comparativos de personalidades, sem mencionar os efeitos da luta pelos direitos civis e as orientações nacionais, e até mesmo internacionais, em matérias de política e de economia, que tanta repercussão tiveram nas comunidades locais. Neste sentido, o modelo do diagrama de Warner que necessita de um exame mais detalhado é a estrutura em caixa, que parte do princípio de que a comunidade local pode ser isolada como um sistema social relativamente independente. Esta convicção, considerada em si mesma, parece razoável, mas é essencial ter sempre presente todos os aspectos em que o sistema social local não é independente.

Outro problema que não recebeu a atenção que merecia é a questão da definição das categorias raciais. No Brasil e nas Índias Ocidentais, o cruzamento entre pessoas de ascendência europeia e africana produziu populações com várias tonalidades de cor de pele. Aí, a pigmentação atrai tanto a atenção como nos Estados Unidos, mas não é utilizada para definir duas categorias sociais que se excluem mutuamente. As diferenças na estrutura sócio-económica destes países durante os séculos XVIII e XIX explicam de certo modo o contraste, ainda que deva haver muita coisa para descobrir sobre as causas desta evolução. Os investigadores norte-americanos tenderam a tomar como certa uma concepção americana generalizada da categoria racial; não fizeram grande esforço para prosseguir uma investigação sobre as variedades de lugar, situação e circunstâncias, ou para comparar as forças que impelem à mudança ou ao reforço dessas definições.

Os estudos de Indianola foram levados a cabo num período de depressão económica (Dollard, 1937: 111, 114, 128). Depois da guerra civil, essa região conheceu aspectos de sobrepopulação e as condições de vida deterioraram-se. Entre 1870 e 1930, a superfície destinada à agricultura diminuiu, mas a força de trabalho nas quintas quase duplicou. As propriedades em mãos de negros produziram menos algodão. A fecundidade das negras declinou, por causa da

A IDEIA DE RAÇA

pelagra e das doenças venéreas. Os brancos, lutando por manter a sua posição numa economia em decadência, atiravam os negros ainda mais para baixo na escala social (sobre brancos a desempenhar antigas tarefas destinadas aos negros, ver Davis *et al.*, 1941: 427-28, 464). A recessão atingiu as áreas produtoras de algodão com uma violência particular. A única saída para os negros era a emigração, mas, excepto o período da guerra, sempre que havia trabalho no Norte surgiam os emigrantes brancos, que ocupavam os lugares. A principal debilidade dos relatos sobre Indianola e Kent – como na maior parte dos estudos de comunidades dessa época – reside na incapacidade de os autores mostrarem adequadamente como os padrões locais estavam relacionados com os padrões nacionais, e em especial com as forças políticas geradas no Estado, e, a nível federal, pelos interesses económicos e sociais. Esta era uma enorme tarefa, mas a dificuldade não deveria levar o cientista social a pôr de lado o seu significado para entender a discriminação racial. O livro *Deep South* representa uma tentativa conscienciosa e parcialmente bem sucedida para resolver estes problemas. O estudo intitulado *Black Metropolis* (Drake e Cayton, 1945), por outro lado, mostra que o modelo simples de uma comunidade local considerada dividida pela classe e pela casta de cor tem um valor bastante menor na interpretação das relações raciais num vasto complexo urbano como Chicago.

Deep South está dividido em duas partes iguais. A primeira metade descreve os padrões sociais da cidade de Natchez, uma pequena cidade com cerca de 10 000 habitantes, que conheceram melhores dias quando ela era um centro comercial na rota do rio, da zona do algodão para o mar. A segunda metade do livro analisa o seu sistema económico. Os autores distinguiram três níveis de adaptação do homem ao seu ambiente natural e humano. O primeiro é a adaptação técnica organizada e controlada por um sistema económico; o segundo é o sistema da organização social; e o terceiro, o das crenças e conceitos que explicam e racionalizam as outras adaptações. Uma mudança em qualquer um destes níveis repercute-se nos outros, mas eles consideram inútil e não científico postular que um destes níveis determina os outros (Davis *et al.*, 1941: 266-68). Não há, portanto, qualquer razão de princípio para apresentar o material

ESTRUTURA E FUNÇÃO

da primeira parte antes do da segunda. O sistema social é encarado como um todo auto-sustentado e a maioria das explicações sobre as suas formas é feita em termos das suas funções. Esta debilidade é particularmente clara no que diz respeito a um dos maiores problemas que, certamente, tal situação apresenta, nomeadamente na explicação do preconceito racial e da discriminação. Considerar-se-á a discriminação como um produto dos interesses económicos? Ou é o preconceito que distorce o sistema económico, pelo que a produção é menor do que deveria ser? São estas as questões que os autores evitam. Dizem que um sistema social não pode ser entendido, em termos de preconceitos, como uma atitude individual. Os sentimentos prejudiciais são expressos em práticas que fazem parte do sistema de casta; este tem a sua origem na divisão do trabalho nas plantações de algodão, sob um regime de escravidão. O problema da causa é assim enterrado.

Mas o sistema social tem de se ajustar continuamente às circunstâncias cambiantes. Em 1936, aumentaram os lucros do algodão e assistiu-se a uma tal escassez de trabalhadores agrícolas que houve necessidade de importar cerca de 10 a 15 mil apanhadores de algodão para a região do Delta, estudada por Dollard. Os representantes da lei apanhavam, para trabalhar nos campos, vagabundos que se escondiam nos vagões dos comboios e em colónias de vadios. Os donos das terras já antes tinham competido por bons arrendatários e muitos preferiram os negros, mas, com a melhoria nos lucros, a competição na região de Natchez tornou-se dura. Em tais circunstâncias, seria de esperar que os negros insatisfeitos emigrassem e que a competição entre os brancos desse origem a uma menor discriminação. Como era mantido o sistema? Davis e os seus colegas respondiam que o elemento mais importante era, de longe, as relações face a face do dono com o arrendatário. A intimidação e a subordinação legal alimentaram nos negros um hábito de dependência do dono da terra. Acostumaram-se a um baixo nível de vida e só abandonam o sistema em tempos de penúria ou em períodos, como durante a guerra, em que as condições estão perturbadas na sua generalidade. Os padrões de vida eram conservados uniformemente a níveis baixos pela pressão dos brancos da classe alta nas empresas industriais, capazes de pagar salários mais elevados aos negros do

A IDEIA DE RAÇA

que os convencionados noutros tipos de emprego Davis *et al.*, 1941: 401, 378, 261). Para examinar convenientemente a hipótese de dependência do negro seria necessário estudar as percepções de oportunidade de emigrar, ainda que existam no livro dados suficientes para levantar dúvidas ao leitor sobre a viabilidade desta explicação. Entretanto, surgem outras dúvidas sobre as relações políticas. Os autores descrevem o antagonismo entre os brancos de classe alta e os de classe baixa. Afirmam também que o poder político é exercido por um «círculo» que depende do apoio dos votantes de classe média e de classe baixa, que eram brancos na sua quase esmagadora maioria. A organização independente dos brancos de classe média foi frustrada. Constata-se que, em vez de ser mantido pela inércia e pelas reacções psicológicas, como a dependência e a habituação a baixos padrões de vida, o sistema social parece assentar no uso contínuo do poder governamental para equilibrar os brancos de classe baixa e os negros. O livro *Deep South* sublinha, justamente a importância do poder branco para a manutenção do sistema e os seus autores reconhecem que «estando o poder político nas mãos das classes alta e média da casta branca, não pode surpreender que haja uma conexão muito estreita entre o poder político e o controlo do sistema económico, que também está nas mãos destas classes» (1941: 491), mas não relacionam este facto como deviam com a história política do Estado ou com a explicação das características do sistema social.

A utilidade continuada do simplicíssimo modelo da sociedade rural do Sul, como uma sociedade dividida em duas castas de cor que se excluem mutuamente, foi recentemente demonstrada, a partir de outra perspectiva, por dois estudos que ilustram a definição do estatuto racial. Ambos se referem a minorias fora do normal: os Chineses e os índios Choctaw. Os Chineses vieram para o Mississipi por volta de 1870; eram solteiros a trabalhar com um contrato e, em grupos, vieram para a região a fim de tornarem cultivável o delta do Mississipi-Yazoo. Os operários eram então raros nesta região. Parece que alguns chineses, insatisfeitos com as condições de trabalho, despediram-se e estabeleceram lojas de revenda de artigos. Não falavam inglês. Um cliente negro poderia entrar na loja, pegar num ponteiro e indicar o que queria comprar; o comerciante nunca

166

ESTRUTURA E FUNÇÃO

deveria vender o seu último artigo, pois guardava-o para o mostrar ao vendedor quando este lhe fazia a sua visita mensal, a fim de saber que encomendas de produtos necessitava fazer. Alguns chineses viviam com negras e tinham filhos delas. De um modo geral, os chineses, socialmente, contavam como negros, embora em algumas cidades onde o seu número era razoável se construíssem escolas separadas, vivendo então como uma comunidade diferente e distinta.

Era difícil para os chineses trazer os seus parentes da China enquanto os brancos os tivessem em tão pouca consideração. Na luta para melhorar o seu estatuto, conseguiram um atributo social que demonstrou ser de grande importância, tornando as suas perspectivas muito diferentes das dos negros. Tinham uma estrutura familiar extensa e poderosa. Havia, nas comunidades chinesas, alguns indivíduos poderosos que podiam controlar os outros pelas suas relações com os vendedores grossistas e pelas suas posições-chave no esquema de comunicações com os brancos poderosos. Estes líderes forçaram os seus compatriotas a acabar com a associação com os negros e praticamente expulsavam quem demonstrasse ser recalcitrante. Quando uma das suas crianças era posta fora de uma escola de brancos, levantavam uma acção legal, que podia chegar, inclusive, ao Supremo Tribunal dos Estados Unidos. Esse órgão apoiou a opinião do Mississipi de que as escolas de brancos eram só para caucasóides, mas por persuasão, negociação e debate, os chineses começaram a conseguir progressos. Durante os últimos anos, de 1930 até 1953, as escolas de brancos foram abrindo cada vez mais as suas portas. Os chineses descobriram que era mais fácil serem aceites como brancos nas pequenas cidades onde apenas formavam uma pequena parte da população e onde os brancos eram também uma minoria, de modo que, contando os chineses como brancos, a maioria negra era de certa forma reduzida. Mas o seu êxito foi também devido em larga medida à sua riqueza (que permitia largas contribuições para causas em que os brancos estavam interessados, como os Títulos de Guerra) e à sua habilidade para projectar uma imagem favorável da sua comunidade. O movimento em prol dos direitos civis ajudou-os mais ainda; desde 1950 que 95 por cento dos chineses graduados numa escola superior continuavam na universidade, matriculando-se nos cursos que levam cinco anos, como engenharia e farmácia, o que confere estatuto pro-

A IDEIA DE RAÇA

fissional e um pagamento inicial relativamente elevado. Só muito poucos deixaram o Estado depois de se terem qualificado. A população chinesa do Delta, agora ligeiramente superior a 1200 indivíduos, tem sido reduzida pela saída de indivíduos principalmente do grupo de idade dos 20-40 anos (Loewen, 1971).

Os índios Choctaw habitavam o Mississipi antes da invasão branca. Enquanto a Inglaterra, a França e a Espanha lutavam pelo controlo da região, os grupos índios eram muitas vezes reconhecidos legalmente como «nações» índias, como aliados iguais ou semi-iguais. Os seus líderes receberam títulos europeus e, frequentemente, patentes na hierarquia militar do poder colonial. Quando se estabeleceram, os governos dos estados do Sul terminaram com a soberania índia e, nos anos do decénio de 1830, o grosso dos índios do Sudeste foi deslocado à força para Oklahoma. Alguns índios ficaram, já não como «nações», mas como minorias étnicas. Resistiram à escravização, pelo que, no período da escravatura, não havia lugar para eles na sociedade sulista. Foram forçados a viver na sua periferia geográfica e social e ninguém reparou neles, já que nada fizeram que chamasse a atenção. Até ao decénio de 1830, verificou-se que um número crescente de choctaw se ia convertendo ao cristianismo, aprendendo a ler e a escrever em inglês, mas durante o período da escravatura esta tendência sofreu uma inversão. Depois da guerra civil, este movimento voltou a afirmar-se. A mudança nas condições do trabalho agrícola, que deu como resultado a conversão de muitos brancos em parceiros na exploração da terra, tornou possível aos índios iniciar uma exploração de parceria sem serem tratados como pretos e sem se verem afastados do estatuto de brancos. As modificações nas relações entre brancos e negros tornou possível uma transformação no estatuto dos índios e uma mudança nas comunidades dos Choctaw (que atingem actualmente cerca de 3600 pessoas), que conduziu rapidamente a um progresso na alfabetização, na organização étnica e na conversão ao cristianismo. O último impacto do movimento dos direitos civis dos anos 1960 beneficiou tanto os índios como os negros (Peterson, 1971).

Num sistema social baseado em duas castas de cor há pressões para evitar a emergência de uma terceira categoria racial. Há objecções económicas evidentes a qualquer situação que exija a constru-

ESTRUTURA E FUNÇÃO

ção de um terceiro conjunto de salas de espera, escolas, fontes de água potável, etc., e também uma boa dose de hesitação política perante qualquer sistema que acabe por depender da formação de uma coligação entre duas das três categorias raciais. Mas também havia reservas de tipo ideológico, porque quantas mais categorias fossem reconhecidas tantas mais questões seriam levantadas sobre a definição das categorias originais (cf. Banton, 1967: 145-46). Numa região da Carolina do Sul, os índios Lumbee (um grupo sanguíneo misto, cf. Berry, 1972: 202-205) atingiam quase um terço da população e, aí, foram reconhecidas as três castas de cor. Nas outras regiões, a dimensão da minoria índia pôde decidir se eles contam como brancos ou como negros. Na área de concentração de índios no Mississipi, os Choctaw são classificados como não brancos e são-lhes negados quase todos os aspectos do estatuto de branco. Onde há poucos, são contados como brancos. Assim, desde que um índio viaje umas quarentas milhas, pode mudar de branco para não branco. Na sua área de concentração não há índios em número suficiente para criar, em combinação com os negros, uma minoria não branca, o que significa que os riscos políticos em os classificar na categoria inferior não são demasiados; noutros lugares, porém, o seu número e comportamento são tais que parecia menos inconveniente atribuir-lhes um estatuto de brancos (Peterson, 1972: 1288).

O estudo dos grupos intermédios, como o dos Chineses e o dos índios no Mississipi, pode ter um grande valor, independentemente da sua força numérica (note-se também a comparação feita por Dollard sobre a posição dos negros de classe baixa com os trabalhadores italianos imigrantes, 1937: 429-30). A investigação dos indivíduos que são anómalos relativamente às características gerais da estrutura social – como as crianças ou as uniões mistas – pode revelar bastante acerca dessa estrutura e do modo como se mantém. Pode inclusivamente sugerir perguntas sobre as características do padrão social que, de outro modo, seriam tomadas por garantias. Também reforça a perspectivação do estatuto das relações raciais como um campo de trabalho definido por uma tradição de inquérito, dado que a não definição em termos dos objectos de estudo sugere que o estudo de grupos como o dos Chineses do Mississipi se revelará encorajador para a disciplina.

A IDEIA DE RAÇA

O decénio de 1930 foi uma das décadas mais notáveis para o estudo das relações raciais. A contribuição dos autores já citados e de outros como Charles S. Johnson, Allison Davis, Burleigh Gardner, Kingsley Davis, Robert Merton, etc., culminou no juízo magistral da sua geração, *An American Dilema: The Negro Problem and Modern Democray*. A maior parte dos académicos que estudavam as relações raciais nos Estados Unidos foram nortistas (alguns deles inspirados pelos desabridos ideais ianques, que os sulistas acham tão cansativos) ou negros. Houve poucos brancos sulistas que, como E. T. Thompson, tentassem reconciliar a sociologia com o respeito pelos modos de vida do Sul. Era, portanto, apropriado que fosse um estrangeiro a sintetizar os seus pontos de vista. E assim, embora a investigação nacional fosse preparada por um grupo, a análise central e a interpretação pertencem a Myrdal e encontram-se sintetizadas na sua obra. Myrdal entendia que o «problema negro» era na verdade um «problema branco», formado por um:

> «[...] conflito sempre crescente entre, por um lado, as valorações mantidas no plano geral e que poderemos denominar "crença americana", sob a qual os americanos pensam, falam e agem sob a influência de preceitos nobre e cristãos, e, por outro lado, as valorações em planos específicos da vida individual ou do grupo, onde os interesses pessoais e locais: ciúmes económicos, sociais e sexuais; consideração do prestígio da comunidade e conformismo ... dominam as suas perspectivas.» (Myrdal, 1944: xlvii).

As considerações seguintes indicam que, embora o estudo seja meritório, esta análise tem dois erros em dois aspectos centrais.

Um indício do seu primeiro erro é o subtítulo com que introduz parte da sua tese, «The Negro Community as a Pathological Form of an American Community» (1944: 927). Ele parte do princípio de que os negros não só querem ser integrados na sociedade americana, tal como qualquer outro grupo minoritário, como pretendem, ainda, que só este resultado merece uma séria consideração. Tal como Warner na sua análise das relações intergrupos em *Yankee City*, Myrdal pensou que qualquer insistência dos negros em instituições separa-

170

das atrasaria a assimilação. Eles só podiam ser assimilados enquanto indivíduos. As associações de negros para combater a discriminação podem facilitar a aceitação do negro como uma categoria social e poderiam negociar os termos em que os negros dariam o seu apoio a outros grupos ou partidos na estrutura social, mas Myrdal passa por alto este ponto. O erro reside no facto de abordar estas matérias sob a influência de perguntas deste género: «qual é o problema?» ou «o problema é do tipo A ou do tipo B?». Do ponto de vista do governo, pode parecer só haver um problema, mas do ponto de vista das pessoas atingidas, o problema pode ser precisamente a natureza do seu governo. Nem há justificação para que os cientistas sociais monopolizem «o problema» com definições políticas. Há muitos problemas, e como os seres humanos não se têm manifestado até agora suficientemente exactos na predição dos acontecimentos, parece prudente basear as interpretações da magnitude de Myrdal na inevitabilidade de um determinado resultado.

O segundo grande erro foi a incapacidade de Myrdal para distinguir entre dilema e inconsistência. Existe um dilema quando alguém tem de escolher entre duas alternativas, ambas desfavoráveis para ela. Como já disseram muitos outros autores, a tragédia das relações raciais nos Estados Unidos está em não haver dilema. Os brancos americanos ficam preocupados quando a sua paz é perturbada e os seus negócios interrompidos, mas conseguem conviver amigavelmente com esse «conflito sempre crescente». Um crítico observou que, além dos «preceitos nacionais nobres e cristãos», há outras premissas valorativas igualmente aprovadas pela cultura americana, assim como algumas crenças americanas menos idealistas, a que Myrdal não atribui o devido peso. Myrdal não devia ter partido do princípio de que a mudança social operaria de modo a reduzir a inconsistência, visto, em muitos aspectos, «ela dividir os domínios sociais, aumentando as descontinuidades entre eles, mas oferecendo maneiras de regular aquilo que, para um estranho, pareceriam inconsistências» (Medalia, 1962: 223-27; Campbell, 1961: 228-34).

Para perceber a razão destes erros de Myrdal é necessário ter em mente que os Estados Unidos podem parecer diferentes e os americanos podem parecer compartilhar mais valores, quando vistos através dos olhos de um estrangeiro, especialmente quando estes olhos são

A IDEIA DE RAÇA

suecos. Em 1890, um de cada dez suecos vivia nos Estados Unidos. A América era a terra dourada e tinha uma atracção especial para os suecos radicais, porque, emigrando, as pessoas votavam com os pés, mostrando o que pensavam de sociedade sueca strindbergiana altamente estratificada. Myrdal já tinha visitado os Estados Unidos. A sua fama como economista, o seu amplo talento e a sua vivência num país afastado da herança americana da escravatura e da discriminação racial sugeriam aos patrocinadores do estudo que ele seria o homem indicado para lhes dar uma opinião independente sobre os temas que dividiam os Estados Unidos. Myrdal voltou então com a sua mulher – que se tinha destacado como política e embaixadora – e o seu assistente principal, Richard Sterner, da Real Junta Social de Estocolmo.

Num livro anterior escrito para o público sueco, Alva e Gunnar Myrdal afirmaram que o americano, mesmo o académico, não está muito consciente do que é característico da sua sociedade. «O segredo consiste em a América possuir um sistema vivo de ideais explícitos para a associação humana que é mais coerente, firme, claramente formulado e vivo na consciência popular do que o de qualquer outro país, pequeno ou grande, em todo o mundo ocidental ... na América costumávamos falar em "crença americana" para identificar o que tínhamos em mente» (1941: 33). As principais raízes do seu sistema de valores eram enumeradas como sendo as seguintes: a filosofia do Iluminismo, a concepção anglo-saxónica da lei e a religiosidade protestante. Estes dados são recapitulados em *An American Dilemma*, mas, originalmente, foram expostos de forma mais entusiástica: «A América conservou numa forma quase pura e transparente e de clara confiança na razão, característica do Iluminismo, a sua crença nas potencialidades dos indivíduos, a sua paixão pelos direitos individuais.» Havia também na sua abordagem o peso da influência étnica: «Para nós, os Suecos, a América nunca poderá ser um país estrangeiro entre outros países estrangeiros, porque nela vive entre um quarto e um terço dos indivíduos de ascendência sueca. Aí lutaram para progredir, aí construíram as suas casas, inserindo-se na grande democracia americana ... nas nossas numerosas e demoradas viagens, encontramo-los em todos os estados da União» (1941: 34, 315-16).

172

A vivência nacional de Myrdal também tem alguma coisa a ver com o segundo erro, porque a filosofia do Iluminismo, que foi impaciente com aquilo que pareciam inconsistências, exerceu uma influência poderosa na tradição radical sueca, com a qual Myrdal se identifica. Ele toca neste ponto na «nota pessoal» que termina o texto de *An American Dilemma*, onde afirma que «o estudo social trata de explicar o motivo por que este povo, potencialmente tão bom, torna tantas vezes a vida num inferno para si mesmo e para os outros» (1944: 1023). Esta filosofia – para inverter o título de um famoso ensaio sociológico – está baseada numa concepção sub-socializada de homem. As pessoas apresentam-se desde há muito tempo como morais e atiram as culpas para a sociedade, que dizem ser imoral: isto evita algumas perguntas aborrecidas. As pessoas estão também condicionadas e a sua sociedade pressiona-as com exigências que podem entrar em conflito (talvez cada vez mais), pelo que certas situações têm de ser definidas como diferentes de outras (por exemplo, os casos do Mississipi a que se aplicavam as normas de classe, comparados com os casos que evocavam definições de casta). É o seu racionalismo oitocentista que explica a conclusão, a que chegou Myrdal, de que a inquietação moral nos indivíduos é o principal factor causador da mudança ao nível social, eliminando os supostos sistemas de valores particularistas, que afirmariam não ser pior tratar os negros diferentemente em situações sociais íntimas do que reconhecer uma esfera de vida privada diferente da esfera governada pelas obrigações cívicas. Myrdal reconhece a importância do poder económico a nível nacional para a manutenção e a mudança da estrutura social, mas foi incapaz de relacionar este factor, convincentemente, com a sua tese de como as relações raciais colocam um problema moral ao nível dos indivíduos.

O estudo de Myrdal foi atacado de outras direcções. Aptheker denunciou que «o problema negro é basicamente um problema material, e não um problema moral», e que tinha de ser entendido em termos de luta de classes. Repudiou o gradualismo de Myrdal e criticou o seu estudo histórico. Aptheker concluía que «não há qualquer dilema americano para os crentes e lutadores pela democracia e pelos direitos totais de todo o povo» (1946: 66). Cox criticou Myrdal por ter empregado uma abordagem mística. Interpretou o trabalho de Myrdal como uma tentativa de explicar (primeiramente em termos de casta) as relações entre brancos e negros, o que por sua vez era vagamente concebido como uma crença na superioridade branca, que tem de ser mantida pela sua própria inércia e pelos interesses da casta superior. Isto pode não parecer místico e vago para toda a gente, mas Cox viu aqui uma sugestão de que as crenças raciais podem ser, em primeiro lugar, forças sociais, ao passo que ele estava completamente seguro de que elas tinham sido intencionalmente organizadas para facilitar a execução de um determinado propósito. Cox não se mostrou muito interessado em descobrir os erros no trabalho de Myrdal, mas sim em definir a abordagem do sueco como motivada pela necessidade da classe dominante em ter à mão uma racionalização desta questão que desviasse a atenção da análise da classe política (1948: 509, 519, 531). Numa recensão que só vinte anos depois foi publicada, Ralph Ellison expôs críticas que cobriam praticamente a mesma área, mas de uma maneira diferente. Ele opôs-se à afirmação de Myrdal de que «toda a vida do negro, e também, consequentemente, as suas opiniões sobre o problema negro, deve ser considerada, na sua maioria, como reacção secundária a pressões mais primárias vindas do lado da maioria branca». Em vez desta tese, pergunta: «Pode um povo (a sua fé num credo americano, acima de tudo) viver e desenvolver-se durante mais de trezentos anos simplesmente *reagindo*?» Quando Ellison se referiu ao «povo negro» queria significar muito mais do que cabia na visão de Myrdal. Ellison encontrou no estudo de Myrdal «a documentação mais pormenorizada, a humanidade dos negros da América». Lamentou-se de que a *Esquerda* tivesse «fracassado até mesmo em *pôr* o problema em termos humanos tão latos» e elogiou as capacidades de Myrdal. Para o autor sueco o problema era inevitável: tinha de fazer perguntas sobre as motivações dos seus anfitriões e apresentar as duas descobertas de modo a não os ofender. Tinha de dizer ao Sul algumas coisas desagradáveis sobre ele próprio, e apresentar factos inaceitáveis para certos sectores reaccionários da classe capitalista. As suas descobertas têm de ser colocadas no contexto da necessidade de uma nova abordagem ideológica ao problema negro; elas seriam o esquema «para uma exploração mais eficaz dos recursos naturais, industriais e humanos do Sul». A «motivação lucrativa da

ESTRUTURA E FUNÇÃO

Direita» tem de ser levada em linha de conta tanto como as intenções e raciocínios do autor (Ellison, 1964).

Um dos livros mais impressionantes sobre as relações raciais dos anos 30 e 40 é *Caste, Class and Race* de Oliver C. Cox, que constitui uma das primeiras obras teóricas em que o autor insere as suas asseverações num contexto, pois nele apresenta, simultaneamente, os estudos críticos dos seus predecessores (neste caso, Park, Benedict, Warner e Myrdal). Um dos principais méritos do livro é oferecer uma síntese coerente de todo o campo. Há dois temas que o percorrem. Um é o significado de «casta». O outro deriva da convicção de Cox de que os problemas raciais – e também a maior parte dos problemas sociais – só podem ser explicados em termos de análise da classe política. O segundo tema consiste na tentativa de explicar e expor as artimanhas intelectuais dos escritores que rejeitam esta abordagem e procuram apresentar em seu lugar teorias menos perturbadoras da ordem estabelecida. Como este livro contém uma abordagem completamente diferente das já examinadas até agora e uma reivindicação tão importante, merece um tratamento demorado.

A preocupação com o significado de casta é quase uma obsessão. No seu prefácio, Cox nota que gastou alguns meses a observar as operações parciais de casta entre os milhares de índios orientais na ilha de Trindade, onde nasceu. Tudo indica que, devido ao seu conhecimento anterior da casta, Cox ficou intelectualmente magoado quando Lloyd Warner começou a usar o termo nos seus escritos sobre as relações raciais na América. Não havia nada de novo no reconhecimento da relativa rigidez do estatuto em certos sistemas sociais. «Contudo, o que é novo é a tentativa insistente de muitos estudiosos da estratificação social em identificar a rigidez do estatuto social, em qualquer contexto social, com a casta; e em conceber as castas como meras classes sociais petrificadas, rígidas ou endogâmicas» (1948: 298). Estudou, então, a bibliografia sobre as castas na Índia e analisou-as com uma perspicácia que lhe valeu os elogios de Dumont (1966: 295). Na primeira parte deste livro, Cox mantinha que «uma casta não pode existir numa sociedade carente de castas, porque estas são um fenómeno social interdependente. Levantaram-se contudo algumas questões sobre a «possibilidade de existir um sistema baseado em duas castas». Recusou-se a apresentar uma nova definição de casta, juntando a sua à já longa lista de definições acessíveis. Em vez disso, apresentou a casta hindu como um único sistema de relações que se distingue por uma série de características (1948: 3, 5). Visto que Cox se inclina para a interpretação económica das relações raciais, quando discute a casta afasta-se dessa linha e destaca em seu lugar as características do sistema cultural.

O conceito de sistema está precisamente no centro da concepção que Cox possui de sociedade. Ele vê o aparecimento de muitos fenómenos como exigências do sistema e a sua continuidade é explicada pelas funções que eles desempenham no sistema. «As guerras são funções significativas dos sistemas sociais.» «Quer a ideologia da "raça de senhores" quer o fascismo são atributos sociais de um determinado sistema social.» «A escravatura moderna pode ser concebida como tendo a sua origem na necessidade de proletarização rápida dos trabalhadores.» «A moralidade é uma função do sistema social, e um sistema melhor pode modificar a moralidade e a natureza humana para melhor.» «O preconceito racial e os padrões dos negros ... são ambos produzidos pelos calculados interesses económicos da oligarquia sulista. Quer o preconceito quer os estatutos dos negros são funções dependentes desses interesses.» «A exploração dos povos militarmente fracos é inerente ao capitalismo.» «Não haverá "patetas" e "negros" depois da revolução socialista porque a necessidade social desses tipos terá sido eliminada nessa altura ... Se tentarmos ver as relações raciais com realismo, o significado da função capitalista não pode escapar» (Cox, 1948, xxix, xxxvüi, 357, 537, 530, 477, 537). Até mesmo nos termos do próprio Cox o problema que estes extractos levantam é o seguinte: serão porventura os sistemas sociais, e particularmente o capitalista, tão bem integrados que estes vários desenvolvimentos possam ser encarados como necessários e a explicação funcionalista aceite sem melhores provas do que as que até hoje dispomos? Às vezes, até o próprio Cox vacila quanto a estes resultados. Por exemplo, escreve: «De certo ponto de vista, o senhor não tem uma grande necessidade de antagonismo racial durante a escravidão. Os trabalhadores negros podiam ser explorados em condições relativamente pacíficas» (1948: 525). Se a necessidade de racionalizações e tácticas divisionistas varia com o

ESTRUTURA E FUNÇÃO

estado do sistema, é necessário discutir os limites da variação e as proposições que a este respeito devem integrar-se na explicação. Segundo Cox, a luta de classes é o motivo que está por detrás da história da nossa era. «O antagonismo racial faz parte desta luta de classes, *porque* se desenvolve dentro do sistema capitalista como um dos seus traços principais. Pode-se demonstrar que o antagonismo racial, tal como agora o conhecemos, nunca existiu no mundo antes de 1492; além disso, o sentimento racial desenvolveu-se concomitantemente com o moderno sistema social.» O itálico foi acrescentado à citação por me parecer que a conexão apontada por Cox não é tão evidente como ele pensa. A sequência histórica é única e muitas coisas para ela contribuem. Não há modo de determinar quais as características necessárias e quais as acidentais. A este nível de abstracção é impossível descobrir relações de tipo causal. É certo que a este nível, muito geral, os sentimentos raciais se desenvolvem concomitantemente com o sistema social, mas é duvidoso que haja uma transformação tão marcada por volta de 1492 ou que os antagonismos raciais sejam «uma característica fundamental» do capitalismo. Cox não desejava que extraíssem da sua obra a conclusão de que só a raça branca é capaz de preconceito racial. «É provável que sem o capitalismo, um acaso entre os brancos, o mundo nunca tivesse conhecido o preconceito racial.» Além disso, o autor sublinhava:

«Se se tivesse de indicar o ano que marca o começo das modernas relações raciais, escolheria 1493-94. Este é o período em que se assume oficialmente um desprezo total pelos direitos humanos e pelo poder físico dos povos não cristãos por parte das duas maiores nações colonizadoras da Europa... Contudo, o espírito capitalista, a motivação para o lucro, foi constantemente inibido, entre os Espanhóis e os Portugueses do século XVI, pela filosofia e orientação da Igreja Católica Romana» (Cox, 1948, xxx, 345, 331-33).

Cox sublinhou veementemente a função que o preconceito racial desempenha dentro do sistema social e por isso apresenta como uma entidade combinada aspectos que se distinguem melhor pela análise. Assim, escreve: «O preconceito racial, como fenómeno psi-

177

colológico, é uma emoção complexa que se manifesta numa atitude positiva de superioridade e de dominação brancas e numa reacção adaptativa das pessoas de cor» (1948: 350-51). Tem seguramente muito pouca utilidade inscrever numa descrição do preconceito o relato das reacções dos outros a ele. A emoção, a atitude, a manutenção da distância e outras facetas de relações sociais desiguais, são mais convenientemente estudadas de um modo que distinga as causas das funções. A inflação, como um fenómeno económico, pode ser manipulada por uma classe privilegiada. Poder-se-ia então dizer que ela serve uma função no sistema social; a inflação, porém, tem variadas causas e consequências e não pode ser convenientemente interpretada em termos da sua função.

Uma característica peculiar de *Caste, Classe and Race* é o modo como o capítulo XVI, que trata da história do antagonismo racial, cede rapidamente lugar a um capítulo que descreve sete situações de relações raciais. Como o autor está fundamentalmente preocupado com as qualidades dos sistemas sociais, o leitor espera encontrar uma tipologia que mostre como as estruturas das relações raciais estão associadas com sistemas sociais determinados e fases do seu desenvolvimento; porém, Cox avança com as suas sete situações simplesmente como as formas gerais em que se apresentam os conflitos raciais no mundo moderno. Uma tipologia sistemática estabeleceria o critério de classificação e acabaria provavelmente com alguns quadros, que poderiam estar vazios.

Cox define as relações raciais como «o comportamento que se desenvolve entre as pessoas que estão conscientes das respectivas diferenças físicas, autênticas ou imputadas» (1948: 320) e tem bastante para dizer sobre os tipos de consciencialização que caracterizam as diversas situações. As mais importantes são as situações da classe dominante e as situações bipartidas, e é com este esquema que Cox compara as sociedades de Trindade e do Sul dos Estados Unidos, que ele conhece muito bem. As primeiras três situações são casos de espécies diferentes: estranhos, contacto original e escravatura. As situações com estranhos ou de contacto original podem revelar-se em ocorrências de classe dominante ou bipartidas. A escravatura assemelha-se à última, mas tem uma base legal diferente. Cox aponta o Brasil como representando uma amálgama, quando, pelo seu critério, pareceria dever-se incluir na situação de classe dominante. É quando descreve a situação de amálgama que discute o nacionalismo como «um instrumento explorador, sócio-psicológico, da classe dominante potencial ou actual». A sétima categoria, a situação nacionalista, é descrita com grande brevidade e inadequadamente; para desdobrar a teoria que expõe noutro lugar, Cox necessitaria descrever as forças materiais no Haiti em 1972 ou na Índia em 1857, que são as bases dos levantamentos que ele menciona. O nacionalismo dos miseráveis aparece como uma espécie de processo pelo qual as pessoas se levantam, mas qualquer sugestão de que as crenças possam ser os factores motivadores principais é, segundo Cox, misticismo, e põe-o de lado. As relações necessárias à manutenção do sistema têm o primeiro lugar. «O Haiti pode ser visto como a clássica exemplificação de um grupo racial explorado que alcançou a independência nacional. Os negros americanos talvez nunca se tornem nacionalistas; o equilíbrio numérico das raças não permitirá o desenvolvimento do antagonismo nacionalista por parte da população de cor» (1948: 403). Neste esquema, a classe dominante branca tem um poder para dominar tanto as mentes como os corpos dos cidadãos negros, numa dimensão que nem mesmo durante a escravatura foi possível.

Poderia também justificar-se um estudo da tipologia de Cox sob uma perspectiva diferente e perguntar se não há na sua obra uma outra cadeia de raciocínio de que nem o autor está completamente consciente e que, por conseguinte, não consegue desenvolver como podia. Em certo momento, Cox critica Myrdal por pensar que as crenças sobre a natureza da raça são «forças sociais primárias». Myrdal não reconhece que os propagadores das ideias dominantes nos Estados Unidos sabiam que tais crenças eram desprovidas de justificação, tendo-as espalhado deliberadamente por elas servirem um determinado propósito (1948: 531). Esta é uma explicação muito clara da tese mencionada, no capítulo I, de que a raça é uma ideia política. Se um sociólogo adoptasse este ponto de vista e definisse as relações raciais em termos de uma consciencialização de «diferenças físicas autênticas ou imputadas», tentaria identificar as espécies de estruturas políticas e económicas que geraram essa consciencialização. Cox apresenta, na verdade, a situação bipartida como uma situação em que «as atitudes raciais definitivas se desenvolvem, mas não analisa a sua sétima situação em termos do cultivo de crenças raciais ou ainda em termos de relações exploradoras. Algumas das suas situações não ilustram nem um caso nem outro e, a este respeito, a sua tipologia é tão inconsistente como as suas próprias teorias.

No seu capítulo dedicado às conclusões, Cox afirma que o problema racial nos Estados Unidos «é primariamente a manifestação da oposição entre a permanente necessidade de assimilação por parte dos negros e a decisão mais ou menos imodificável dos brancos nacionalistas racialmente eloquentes de que aqueles o não podem fazer ... a solidariedade dos negros americanos nem é nacionalista nem nativista». A política racial do país é formulada pela classe dominante sulista e a posição política dos negros é muito débil. Para que cheguem à humanização e à cidadania completas, é também necessária a libertação dos brancos pobres do Sul. «Um grande líder dos negros será quase seguramente um branco, mas ele também será o líder das massas brancas desta nação.» Cox parece ter pensado que deveria ser alguém como Franklin D. Roosevelt (1948: 545, 581-82). O tempo não foi favorável a este diagnóstico e torna-se necessário perguntar se há alguma coisa na sociologia de Cox que o tenha conduzido a um erro de tal ordem. A resposta sugerida por esta análise é a de que Cox sobrestimou a integração do sistema capitalista e subestimou a independência das crenças no processo social. Nesta óptica, é sintomático o seu debate dos movimentos religiosos. Escreve: «Em todas as revoluções sociais significativas, a religião organizada estará necessariamente envolvida ... a Igreja é normalmente de direita» (1948: 171). Não há conhecimento da crença religiosa como inspiradora das insurreições de escravos ou dos movimentos para uma melhoria de estatuto. As crenças religiosas têm andado frequentemente associadas com o nacionalismo dos grupos não privilegiados e desempenharam um papel crucial no processo pelo qual os negros americanos atingiram uma nova consciência de si mesmos. As opiniões de Oliver C. Cox impediram-no de ver os dados significativos da sua própria observação. «Uma pessoa sente-se impressionada com a força da fé simples dos negros mais velhos, analfabetos e rurais. Indefesos nas mãos dos seus exploradores brancos, eles ultrapassam-nos e vão directamente, quase felizes, ao seu

ESTRUTURA E FUNÇÃO

Deus omnipotente, na certeza de que serão retribuídos» (1948: 566). Eis aqui um facto que não está determinado pelas necessidades do sistema social, e foi desta espécie de força psicológica que emergiu um novo movimento.

Os escritos sociológicos dos anos de 1930 e 1940, que culminaram na grande síntese de Myrdal, persuadiram os cientistas sociais de que «o problema negro» na América era, no fundo, um «problema branco» e que o determinante mais importante das relações raciais não era uma incapacidade intrínseca do negro, mas o preconceito do branco. Este movimento intelectual conheceu um novo ímpeto com o anti-semitismo nazi. Muitos académicos judeus que fugiram da Alemanha trouxeram as suas preocupações para a investigação americana. Isto levou à publicação, em 1950, do volume intitulado *The Authoritarian Personality*, de autoria de T. W. Adorno e outros escritores, obra que, pela sua esfera e impacte, merece um lugar ao lado de *An American Dilemma*. Ao examinar o tipo de pessoas vulneráveis à propaganda fascista, Adorno e os seus colegas descobriram um tipo especial de personalidade. As pessoas desta espécie, além de terem tendência para as doutrinas fascistas e simpatizarem com as atitudes anti-semitas e antinegros, manifestam grande preocupação com a decência sexual, e assim por diante. Se se pudesse oferecer uma terapia a estas pessoas, eliminar-se-ia por este processo uma importante fonte de tensões nas relações sociais. Esta possibilidade inspirou grande parte da investigação americana na esfera das relações raciais durante o decénio de 1950, uma década em que, graças a homens como Joseph McCarthy, a investigação sobre as origens sócio-estruturais do preconceito correu o risco de ser incluída na lista das actividades anti-americanas. Mas esta não foi a única razão para que a investigação se concentrasse no lado branco da equação inter-racial. Os brancos liberais, como Myrdal, pensavam que não havia nada na natureza da raça que impedisse o negro de ser tão bom cidadão como o branco. Se os Polacos, os Italianos e os Arménios vão sendo assimilados, os negros também têm de procurar a assimilação. O único obstáculo é o preconceito. A esquerda política, quer negra quer branca, destaca a formação da classe e nega que a longo prazo haja outra base para a solidariedade. Também se preocupam com o preconceito branco, apesar de possuí-

A IDEIA DE RAÇA

rem uma outra teoria sobre a sua origem. Os anos da década de 1950 não foram, por conseguinte, bons tempos para a investigação sobre a estrutura das relações raciais. Os problemas centrais parecem ter sido resolvidos e o interesse académico deslocou-se para a aplicação desta nova perspectiva.

VIII

Etnogénese

Nos anos 30 e 40, os cientistas sociais aprenderam alguma coisa acerca da natureza das relações raciais a partir dos estudos da sociedade dos americanos brancos e da posição da minoria negra nessa sociedade. Embora muito deste saber novo fosse característico do contexto americano, uma boa parte relacionava-se com o processo social fundamental, baseado, tal como a psicodinâmica do preconceito e a estrutura do sistema social, em duas categorias e podia, portanto, ser aplicado em tentativas de explicação de padrões de relações intergrupos noutros países. Os novos movimentos sociais que se manifestaram entre os negros americanos nos anos 60 tinham certamente algo para ensinar, mas, a esta distância no tempo, não se pode estar excessivamente confiante acerca do seu autêntico carácter. Este capítulo mostrará que, enquanto os primeiros estudos punham em destaque a natureza e o poder das maiorias, os anos 60 iluminaram o poder que as minorias podiam mobilizar em condições modificadas. Defenderá também que se compreenderão com maior facilidade ambos os lados das relações a analisar pela oposição do conceito de etnicidade ao de raça, de modo que o primeiro reflicta as tendências positivas de identificação e inclusão e o último as tendências negativas de dissociação e exclusão.

As provas mais evidentes do poder branco e do modo como foi utilizado provêm dos tempos do linchamento. Entre 1889 e 1940 houve 3833 linchamentos registados, dos quais quatro quintos eram negros, e com uma maior incidência no Sul. O número de assassínios raciais não registados foi provavelmente muito mais elevado. É também evidente que em muitos casos as vítimas eram falsamente acusadas ou tinham exasperado os brancos por uma mera quebra da etiqueta das relações raciais – por exemplo, por comprar um carro

A IDEIA DE RAÇA

(Myrdal, 1944: 564). Nem houve sequer qualquer carácter judicial em muitos linchamentos; muitas vezes incluíam tortura, violência sexual (castração) ou uma luta, para obterem dedos ou outras porções do corpo como recordação ou para exibição. As notícias dos linchamentos eram regularmente publicadas no jornal da Associação Nacional para o Progresso da População de Cor e o seu testemunho da falta de vontade dos governos dos Estados Unidos para proteger os seus cidadãos ardeu como uma chama nas memórias de mais de uma geração de negros. É uma passagem da experiência negra que afecta desde há muito o juízo dos negros sobre a sociedade americana.

Contra os dados deste tipo levanta-se o optimismo tenaz sobre os ideais americanos que inspirou gerações de líderes negros e que foi caracteristicamente expressa na linguagem de púlpito de Martin Luther King, no discurso de Washington de 1963, em que afirmava: «Eu tenho um sonho.» Era um sonho de uma sociedade em que a discriminação racial já não existisse. Em 1963, já essas esperanças estavam matizadas de desespero. As expectativas tinham sido despertadas pela declaração de 1954 do Supremo Tribunal dos Estados Unidos, que mandava prosseguir nas escolas «com deliberada velocidade» a acção anti-segregacionista. Os americanos negros esperaram, mas sentiram uma crescente frustração, pois as suas esperanças não foram concretizadas. Com a mecanização da agricultura do Sul, foram deixando essa terra para se dirigirem cada vez em maior número para as cidades do Norte. No ano de 1960 assistiu-se à admissão de muitos países africanos nas Nações Unidas e também a um novo impulso no movimento em prol dos direitos civis dos negros americanos.

Os líderes negros dos anos 60 tiveram mais êxito do que os seus predecessores a conseguir apoio e a mobilizar os seus seguidores potenciais. Beneficiaram da nova situação económica e social, que concentrou muitos negros nas cidades, melhorou a comunicação de massa e enfraqueceu os controlos tradicionais. Até então, a terminologia da raça tinha sido principalmente usada pela população branca como um meio de definir os outros. «Negro» era um adjectivo depreciativo, um insulto potencial que se escondia por detrás do termo mais simpático de «pessoa de cor». Os activistas transformaram-no, persuadindo os seus adeptos a mostrar o «orgulho negro» e a elevar

184

a «cultura negra». Todos os não brancos foram convidados a unir-se à luta. O *slogan* «poder negro» que Stokeley Carmichael lançou no Mississipi em 1966 marcou o início de um processo pelo qual diversos grupos subordinados chegaram à consciência da sua posição, definindo-a em oposição ao que eles concebiam como uma estrutura de espoliação do poder branco explorador, e inverteram o uso do termo raça, apresentando-o como um princípio definidor da pertença ao grupo. O êxito foi enorme e sem precedentes; estimulou outros grupos a seguir o seu exemplo e obrigou a maioria branca a mudar alguns dos seus programas governamentais de modo a oferecer novas oportunidades a todas as minorias. Um desses grupos era o de língua espanhola da Califórnia, que ilustra a nova tendência para usar a terminologia da raça como um meio para recrutar o apoio da minoria, dado que se chamavam a si próprios *La Raza* e *Chicanos*. Mas não foram só as minorias dos Estados Unidos que beneficiaram. Os grupos negros na Grã-Bretanha inspiraram-se nos líderes negros dos Estados Unidos e nas suas estratégias, e o impacto da experiência americana entre os negros da África do Sul também foi significativo.

Um elemento fundamental para o êxito do movimento do poder negro foi a cobertura que lhe dispensaram os meios de comunicação de massa. Os temas prestavam-se a uma apresentação dramática e muita gente, particularmente as gerações mais novas, acabou por se identificar com os manifestantes. Fora dos Estados Unidos, os homens e as mulheres que se sentiam ambivalentes a respeito da ascensão dos Estados Unidos à sua posição directora nos negócios mundiais eram os mais dispostos a simpatizar com uma minoria tão claramente mal tratada no que às vezes se chamava as traseiras da América. Assim se espalhou a imagem dos negros americanos como uma minoria política relativamente unida nas exigências que fazia à América branca, embora a investigação dos cientistas sociais revele uma situação muito menos clara. Este ponto foi esclarecido por uma série de inquéritos sobre as concepções de «poder negro» levadas a cabo em Detroit em 1967, nas áreas da cidade em que tiveram lugar os actos de violência (Aberbach e Walker, 1970). Quando se lhes perguntou «O que é que a expressão "poder negro" significa para si?», cerca de 23 por cento dos negros inquiridos responderam

«Não penso nada» (que se usa geralmente como termo de irrisão); no total, cerca de 49,6 por cento dos negros disseram que, para eles, a expressão tinha conotações negativas, enquanto 42,2 por cento lhe atribuíram um significado positivo. Os inquiridos também foram solicitados a pronunciar-se sobre a forma de relações raciais que mais lhes interessava: integração, separação, ou outra solução intermédia. Entre os negros que apresentaram uma interpretação favorável do poder negro, 46 por cento favoreceram a integração e 46 por cento qualquer coisa intermédia, mas os que advogavam a separação representaram um número insignificante do ponto de vista estatístico. Os que não se sentiam atraídos pelo poder negro favoreciam presumivelmente uma ampla integração. O apoio ao *slogan* veio fundamentalmente dos negros mais jovens, que nasceram ou foram criados em Detroit, que não pertenciam às igrejas e que começavam a duvidar da rectidão dos governos federal e municipal. As suas principais preocupações centravam-se na unidade negra e na participação. Do estudo parece transparecer uma grande vontade de participação nas campanhas políticas de toda a espécie, mas há outras fontes que demonstram a existência de um movimento para a organização de uma comunidade negra mais unificada e mais empenhada; porém, as diferenças de consciencialização política e de orientação continuavam a ser profundas.

É notável que os negros tenham atingido objectivos políticos de tanto significado num tempo de debilidade económica, num tempo em que alguns comentadores perguntavam: «Quem é que precisa dos negros?»

«A tremenda mutação histórica está a realizar-se do seguinte modo: ele não é necessário. Ele é mais indesejado que oprimido; mais desnecessário que indesejado; e mais ignorado que enganado. Os brancos dominantes já não têm necessidade de explorar a minoria negra... A América branca emprega uma nova tecnologia, não com a finalidade de a incorporar mas, ao contrário, para prescindir da raça de cor» (Willhelm, 1970: 210-11).

Como repetidamente fez este autor, pergunta-se: porque se emprega a discriminação se o mero emprego de critérios objectivos faz com que os candidatos negros fracassem? A eliminação da discriminação não reduziria as desigualdades raciais. É também importante estudar as mudanças entre os negros contra o padrão dos grupos de pressão dos Estados Unidos. Consegue-se muito na política americana através das coligações, processo pelo qual diversos grupos de interesse convergem no apoio a um determinado candidato ou partido. A política étnica entregou-se muitas vezes a este processo, mas não havia um único grupo que estivesse interessado em identificar-se com os negros, e os seus líderes tinham as maiores dificuldades para entrar em coligação com os outros grupos. Para sair desta armadilha era necessário algo mais do que o voto negro: os negros tinham de desafiar a estrutura existente, de modo a estimular os elementos doutros grupos (especialmente os brancos liberais) a formar coligações tácitas com eles.

Qualquer sistema social oferece aos seus participantes recompensas à sua lealdade e empenhamento. Aos imigrantes brancos, a América prometia progresso material e a oportunidade de participarem na construção e no governo da sociedade. Para que o sistema funcionasse, os brancos tinham de transferir a sua fidelidade para uma nova bandeira, para uma nova constituição numa nova língua e apoiar as regras. Tinha de valer a pena tudo isto porque, não sendo cidadãos originais desse país, se lhes oferecia a oportunidade de viver nos Estados Unidos, embora formando comunidades separadas, como alguns grupos religiosos que se auto-segregaram, ainda que numa escala mais vasta. Os negros não tiveram, durante muito tempo, esta oportunidade, embora houvesse algumas comunidades negras auto-segregadas. Ninguém pensou procurar a aliança dos cidadãos negros, porque eles pareciam não ter outro futuro senão a assimilação, e a assimilação estabelecida em termos de brancos. Os negros iam entrar na sociedade maioritária esperando a aceitação por parte dos brancos e como os não brancos desejavam ser identificados com a categoria social mais baixa da hierarquia, seria duvidoso que os negros fossem aceites do mesmo modo que os membros de outras minorias menos características o foram. Portanto, os negros tinham de lutar contra a discriminação branca argumentando que ela era anti-americana, e isto encerrou-os numa posição que implicava preferirem eles próprios a companhia dos brancos à companhia dos

A IDEIA DE RAÇA

negros. Para sair desta armadilha, tiveram de fazer os brancos acreditar que eles tinham uma escolha e que a sua fidelidade à América era uma coisa que não deveria ser tomada por certa. Não poderiam persuadir os brancos deste ponto até terem efectivamente uma outra via; mesmo que noventa e nove por cento optassem pela sociedade maioritária, haveria sempre a possibilidade de o equilíbrio se deslocar para uma alternativa pouco simpática aos americanos.

A história da política negra nos Estados Unidos, desde os primeiros anos deste século – o período em que a esperança dos negros estava reduzida à sua ínfima expressão –, pode ser vista como um período de teste de estratégias e possibilidades alternativas. Booker T. Washington foi – como se tem dito – um líder com maior influência na opinião da população branca que na da negra. Marcus Garvey, com o seu movimento de «negros para a África», desempenhou um papel importante no desenvolvimento do orgulho negro, mas o seu programa exercia apenas um apelo muito limitado. Do mesmo modo, certos movimentos religiosos não ortodoxos, como os judeus negros e os muçulmanos negros, tiveram uma importância muito maior do que o número de inscritos faria supor, porque elaboraram concepções alternativas para a posição dos negros no meio da América branca. O novo elemento foi assinalado no título do estudo de Essien-Udom sobre a «nação do Islão», *Black Nationalism*. Os cientistas sociais estudaram as barreiras à assimilação do lado branco e nunca investigaram o lado negro; mas talvez haja uma facilmente identificável nestes movimentos e quiçá o seu carácter seja melhor apreendido através do conceito sociológico de nacionalismo, definido do seguinte modo:

> «[...] a crença de um grupo de que possui, ou deve possuir, um país; de que participa, ou deverá participar, numa herança comum de língua, cultura e religião; e que a sua herança, modo de vida e identidade étnica são diferentes das de outros grupos. Os nacionalistas pensam que devem governar-se a si mesmos e definir o seu próprio destino, e que, portanto, devem controlar as suas instituições sociais, económicas e políticas» (Essien--Udom, 1962: 21-2).

188

ETNOGÉNESE

Algumas das nações de África são excessivamente heterogéneas para se qualificarem segundo este critério, mas o nacionalismo negro nos Estados Unidos apresenta uma dificuldade muito especial em se adaptar a esta definição. Essien-Udom apresenta um objectivo mais limitado a partir de afirmações como as de Dubois, que acreditava ser «o dever dos americanos de ascendência negra, como um todo, manter a sua identidade racial até a missão do povo negro se tornar numa possibilidade prática». Esta doutrina de nacionalismo embrionário, de preparação para um futuro em que seja possível um programa mais positivo, denomina-se nacionalismo cultural. Nos últimos anos ela recebeu muitos elementos novos da cultura africana, confirmando a profecia de Franklin Frazier em 1962, quando, no decurso de uma onda de crítica amarga dos intelectuais negros, asseverou que «os negros americanos em pouco contribuíram para a África, mas a África, logo que alcance a independência, salvará provavelmente a alma dos negros americanos oferecendo-lhes uma nova identificação, uma nova imagem de si mesmos e um novo sentido da dignidade pessoal» (Edwards, 1968: 279).

A identificação cultural com a África chegam, provavelmente, apenas uma minoria pensante. Os americanos, em geral, estão normalmente mal informados acerca da África anterior à estreia na política internacional dos Estados negros independentes. Nos anos da década de 50, os americanos negros pensavam que os africanos não tinham civilização, de modo que, ao verem, no fim do decénio, no ecrã da televisão, homens de Estado e diplomatas africanos e ao saberem da atenção que mereciam nas Nações Unidas, sentiram que tinham sido ultrapassados por atletas que julgavam estar muito atrás deles na corrida. Começaram a olhar para as suas próprias condições de uma nova maneira. Este elemento de novas expectativas, de novos grupos de referência, parece ter sido vital na nova consciência de identidade. A comparação de si mesmos com as nações africanas e os discursos da nacionalidade não transformavam os negros americanos numa nação, mas capacitavam-nos para encontrar um novo tipo de pertença que talvez possa ser melhor expresso dizendo que passaram a sentir-se, então, muito mais conscientes da sua diferença como povo vivendo no quadro dos Estados Unidos. Este processo de criação de um povo foi descrito por Lester Singer (1962) como

A IDEIA DE RAÇA

etnogénese. O autor fez reviver uma expressão previamente utilizada em França há mais de um século (Moreau de Jonnès, 1861; Broca, 1974, ii: 508) e que nos últimos anos tem sido crescentemente usada – sem dúvida independentemente – pelos antropólogos soviéticos (Bromley, 1974: 18).

A relação entre a etnogénese e o nacionalismo exige um estudo mais amplo, mas, tomando por princípio que houve alguns desenvolvimentos do tipo descrito no parágrafo anterior, será útil fazer uma paragem para investigar a sua relação com os esquemas conceptuais que fizeram parte da tradição sociológica. Já se fez notar que os sociólogos falharam em predizer o resultado de meados dos anos 60, embora falar de previsões em tais situações seja pedir demasiado a uma disciplina como a sociologia, e, sem dúvida, os cientistas sociais americanos apontaram, durante vários decénios, as relações raciais como relações que colocavam problemas muito mais sérios do que aqueles que os políticos e o público em geral estavam preparados para reconhecer. Uma crítica mais séria é a de que o desenvolvimento dos anos 60 não podia ser satisfatoriamente interpretado dentro do quadro conceptual de Cox, Myrdal ou de ambos. Nenhum destes autores prestou atenção suficiente à dinâmica da comunidade negra. Trataram-na como uma comunidade involuntária, uma categoria criada pelos brancos, mas se existe uma base para a identificação, as minorias põem em acção a ajuda e solidariedade mútuas, criando laços positivos entre os seus membros. Myrdal falhou no estudo das pré-condições para a assimilação na cultura americana. Cox desprezou o aviso de Max Weber de que a acção comunitária, assente no sentimento de pertença a um conjunto, tem de se distinguir da acção societária, baseada na uniformidade do cálculo individual; tratar «classe» conceptualmente como se tivesse o mesmo valor de comunidade conduz a uma distorção, porque as situações de classe só emergem na base da acção comunitária. (Weber, 1947: 183-85; cf. 1968: 928-30). A tradição das obras sociológicas tem sido olhar os negros como as vítimas de outros grupos ou classes e menos como grupos de direito próprio. Nem Myrdal nem Cox os apresentaram como pessoas que construíam a sua própria história.

Os sociólogos tiveram a maior dificuldade em investigar que tipo de comunidade era a comunidade negra porque, na tentativa de es-

190

ETNOGÉNESE

tabelecer bases independentes para a sua matéria, os teóricos sociólogos negligenciaram as dimensões políticas na formação do grupo. Os manuais modernos prestam ainda menor atenção ao conceito de nação do que ao modo como os povos se definem a si próprios como raças. Procurando rectificar esta negligência, Ellie Kedourie argumentou ser o nacionalismo uma doutrina inventada pelos filósofos europeus no começo do século xix que merece a maior atenção (1960: 9). Antes deste século, a população da Europa estava unida e dividida segundo várias linhas de convergência, como a língua, a religião e a região: a nação não era uma forma predominante. Afinal de contas, a Itália só alcançou a unidade em 1870 e a Alemanha em 1871. Mas o movimento do século xix conseguiu pelo menos convencer as pessoas de que a posse de uma nacionalidade era uma coisa natural ao homem; que era de esperar que ele desejasse ser governado como membro de uma unidade nacional; e que esses sentimentos eram politicamente legítimos. Como explica Ernest Gellner (1964: 147-50), estas reivindicações implicam proposições de tipo filosófico-antropológico, psicológico e normativo que parecem muito menos persuasivas quando são sujeitas a uma análise crítica. Os movimentos nacionalistas, afirma, inventaram nações onde elas não existiam. E porque procederam assim? Para que os indivíduos e os grupos se agitassem para os seus próprios fins.

Os economistas liberais do século xix não esperavam que o nacionalismo se tornasse numa força importante. A expansão das redes comerciais mundiais criaria inúmeros interesses, que actuariam como contrapesos. Nem os marxistas. A sua filosofia da história ensinava-lhes que o principal determinante dos padrões sociais reside nos meios e nas relações de produção. Tudo o resto lhe deve estar subordinado. Mas a verdade é que se a previsão marxista se está a realizar, o processo é deveras vagaroso. A consciência nacional dos povos tem tido um efeito profundo sobre as suas actividades produtivas. O nacionalismo tornou-se um dos factores mais potentes e mais legítimos na política do século xx, encorajado por Woodrow Wilson, o professor que se tornou presidente dos Estados Unidos. Ele trouxe para a política internacional a convicção de que os únicos governos legítimos eram os do povo. A todos os povos devia ser permitido que se autogovernassem. Um dos seus quatro princípios para a paz, de-

A IDEIA DE RAÇA

pois da guerra de 14-18, era o de que «todas as aspirações nacionais bem definidas serão tanto quanto possível realizadas». Mas quem era o povo? Que era uma nação? Wilson não considerava os Irlandeses como uma das nações «lutando pela liberdade», e o ministério britânico dos Negócios Estrangeiros avisou que «seria claramente pouco prudente dar um passo, por mais pequeno que fosse, na admissão das reivindicações dos negros americanos» (um ponto contra Wilson!), «ou dos sulistas, Irlandeses, Flamengos ou Catalães, apelar para a Conferência Inter-estatal passando por cima do seu próprio governo». Contudo, a filosofia política de Wilson teve tanta influência na cena diplomática que a guerra acarretou que parecia o triunfo final do nacionalismo, ao mesmo tempo que a paz levava à criação de um órgão internacional, a Sociedade das Nações, que o tornou um dos princípios mais respeitados. Aplicado à emaranhada geografia política da Europa, deu a diversas minorias novas bases para se queixarem sem oferecer qualquer esquema satisfatório para as renegociações de fronteiras. Israel Zangwill, o teórico do «cadinho de raças», comentou sardonicamente a debilidade da nova doutrina, fazendo notar que «o pensamento nacional não é uma cerebração mas um contágio, não é uma actividade mas uma epidemia» (1917: 64).

A guerra de 39-45 deu nova força ao nacionalismo e enfraqueceu as unidades políticas que, como os impérios coloniais, não se baseavam numa nação. Efectivamente, o nacionalismo determinou o caminho da independência para as antigas colónias como um caminho que levava à formação de Estados (cada um deles com os seus próprios problemas de minorias) num corpo reconstituído, que era internacional, no sentido de ser global e, ao mesmo tempo, uma organização de nações – as Nações Unidas. Contudo, o desenvolvimento do nacionalismo nem sempre seguiu o mesmo caminho em todas as circunstâncias. Pode formar-se em oposição: neste caso, muitos aspectos há que dependem de quem são os vizinhos ou os governantes do território e das questões que suscitam a hostilidade das massas contra eles. Há uma diferença muito importante entre um movimento nacionalista tentando mobilizar as suas forças e a situação em que alcança êxito, convencendo os outros de que há agora uma nova nação, defrontando-se assim com o problema de cultivar a unidade em novas circunstâncias. O Bangladesh conseguiu

192

este objectivo e é agora aceite como uma nova nação. O Biafra não. A diferença entre as situações antes e depois é de tal ordem que uma autoridade nesta matéria reserva o termo nacionalismo para a primeira situação, preferindo falar de «sentimento nacional» a respeito das nações já estabelecidas (Smith, 1971: 68).

Os sociólogos do século XIX como Gumplowicz viram a raça e a nacionalidade como agrupamentos sociais que resultavam de qualidades inerentes à natureza humana num determinado estádio de evolução. Os sociólogos contemporâneos vêem os agrupamentos políticos como o resultado de um alinhamento em encontros de grupo. As pessoas podem cooperar umas com as outras numa situação comunitária sem estar conscientes daquilo que há de característico no seu grupo. Quando conhecem estranhos, tornam-se conscientes de aspectos a seu respeito que até tinham tomado por certos, e a espécie de consciencialização que adquirem da sua identidade pode ser influenciada por um desejo de se diferenciarem dos que são os vizinhos mais próximos. A ilustração mais simples deste processo pode-se encontrar na descrição de migrantes urbanos para as cidades mineiras da Zâmbia. Os homens deixaram as suas regiões etnicamente homogéneas e vieram para as cidades, onde encontraram outros africanos que falavam outras línguas e com outros costumes. Nestas circunstâncias, os homens aceitariam de bom grado como «irmãos» homens de grupos que poderiam ter sido inimigos em tempos passados, mas com quem têm, agora, mais em comum do que com outros estranhos mais afastados. Surgem assim rapidamente novos agrupamentos: migrantes de uma região opostos a migrantes de outra, e um agrupamento de todos os africanos como oposto aos europeus. À medida que se formam os novos grupos, os seus membros adquirem uma nova consciência de si mesmos como membros destes grupos, compartilhando interesses comuns com os outros membros e reconhecendo que estão em oposição a grupos cuja existência não conheciam anteriormente (Epstein, 1958: 231-40).

Parece que, nos últimos anos, se registou um grande incremento na consciência étnica em todas as partes do mundo, embora seja difícil documentá-lo e estar seguro de uma explicação para o fenómeno. Há jovens judeus nos Estados Unidos que hoje reagem contra a falta de vontade dos seus pais em participar nas cerimónias rituais

A IDEIA DE RAÇA

do judaísmo: as crianças estudam hebraico, visitam Israel, filiam-se nas sinagogas ortodoxas e reinstituem os rituais do Sabath e outros. Não é, igualmente, fácil de explicar este súbito interesse entre os judeus da União Soviética em emigrarem para Israel. Muitos dos emigrantes potenciais beneficiam de cargos privilegiados e de um nível de vida na União Soviética que só muito dificilmente poderão recuperar em Israel; e, contudo, arriscam-se a ser punidos e perseguidos, e inclusivamente as famílias, por persistirem no desejo de emigrar. Os judeus soviéticos sofreram a discriminação durante muitas gerações. Então, porque é que esta aparente mudança no sentimento só agora apareceu? O caso judeu tem algumas características especiais por causa do estabelecimento relativamente recente do Estado de Israel (que por sua vez estimulou um processo de etnogénese entre os Palestinianos), mas há desenvolvimentos semelhantes em todo o mundo. No Canadá e nos Estados Unidos, o sentimento étnico parece estar a revivescer. Em muitos países da Europa, como na região basca de Espanha, na Bélgica, na Escócia e em Gales, poucas dúvidas poderão existir sobre o seu significado. Na Malásia, na Índia e em certas regiões da África negra, as transformações políticas revelaram-se como um reforço do alinhamento étnico.

Tentar explicar as variações do nível de consciência étnica através de uma única causa seria repetir o mesmo tipo de erro do século xix. Os fenómenos a explicar são variados e têm ainda de ser analisados e classificados, mas talvez seja necessário fazer uma distinção básica entre o sentido da identidade étnica a nível nacional e esse sentido dentro do estado-nação. As rivalidades nacionais aumentam o sentido da solidariedade nacional e reforçam a consciencialização da pertença étnica. Mas a promessa de paz pode igualmente promover a consciência étnica ao nível inferior, dado que capacita os grupos dentro do Estado para expressar os seus sentimentos de diferenciação sem desafiar a unidade mais vasta. As mudanças económicas e sociais nos últimos vinte anos aumentaram a importância das identificações étnicas dentro dos Estados. O desenvolvimento do comércio mundial significou que os Estados já não eram corpos soberanos, no antigo sentido do termo. Que grandes quantidades de pessoas migrassem para trabalhar noutros países não é um acontecimento novo, mas é notável que já não fiquem sob tanta pressão

ETNOGÉNESE

como antigamente para assimilarem a cultura da sociedade que os recebe. Podem, de variadíssimos modos, ficar em contacto com as sociedades donde vieram: já não se limitam ao envio de cartas, mas telefonam, enviam fotografias, gravações e, inclusivamente, fazem visitas. Para um emigrante irlandês em Boston visitar os seus familiares em Killarney custar-lhe-á menos do que um mês de salário e pode integrar essa visita numas férias de duas semanas. Há cinquenta anos custaria muito mais e levaria muito mais tempo. Com a melhoria dos níveis de vida, muita gente parece querer cultivar as diferenças étnicas como um modo de tornar as suas vidas um pouco mais interessantes. A importância crescente para a vida das pessoas das suas opções como consumidores tem muito a ver com esta situação. Depois, a tremenda expansão e significado dos meios de comunicação de massa deu à população de muitos países a sensação crescente de pertencer a uma sociedade internacional, enfraquecendo o seu apego ao *slogan*: «Viva o meu país, quer tenha razão quer não.» Há uma grande variedade de sentimentos que podem afectar o nível e o carácter da consciência étnica e ela deve ser continuamente comparada com outros tipos de identificação Por exemplo, tem-se sugerido às vezes que o nacionalismo galês e o escocês devem ser encarados como uma reacção à pressão inglesa no sentido de as diferenças de classe em Inglaterra desempenharem um papel importantíssimo. O nacionalismo dá aos Galeses e aos Escoceses uma base para as relações que intersecta linhas de classe e para afirmar valores para os quais a classe é irrelevante.

Em cada situação de modificação da consciência étnica interage uma grande variedade de forças e circunstâncias. Numa perspectiva histórica, pode-se agora ver que o influente sociólogo americano Louis Wirth conduziu os seus colegas por um caminho errado quando os persuadiu de que seria melhor abordar esta área de problemas com um conceito eclético de uma minoria. Ele estudou os agrupamentos que na Europa e na América contemporâneas se denominavam minorias e discutiu as suas características comuns. O que descreveu foi o conceito popular europeu e americano de minoria, que tem tanta relação com a análise sociológica como a concepção popular de raça com a análise das relações entre os povos de diferentes cor da pele. Para Wirth, um grupo só é uma minoria se se des-

A IDEIA DE RAÇA

tacar pelo tratamento diferente que originam as suas características físicas e culturais e se os seus membros se consideram, portanto, objecto de discriminação colectiva e tendem a desenvolver atitudes diferentes que os afastam ainda mais da sociedade global (Wirth, 1945: 347). Wirth classificou as minorias segundo a sua orientação para a sociedade global, mas não explorou o significado das relações sociais das diferentes espécies de características físicas e culturais que as singularizam. Ao insistir que o conceito de minoria não era estatístico, que um grupo pode ser superior a 50 por cento da população e ainda constituir uma minoria, Wirth foi seguido por outros autores igualmente influentes na sua geração (por exemplo, Wagley e Harris, 1958: 10).

A definição de Wirth combina muitas características que podem ser individualizadas com utilidade. Desvia a atenção das divisões dentro das minorias e da natureza da unidade dentro da qual um grupo constitui uma minoria. Entra em oposição com a utilização normal do termo, que permite a uma pessoa dizer que os católicos são uma maioria na cidade de Boston mas uma minoria no estado de Massachusetts ou nos Estados Unidos da América. Se uma minoria é definida numericamente, fácil será identificar minorias dentro de minorias e aplicar o termo a grupos linguísticos, religiosos, privilegiados, e assim por diante. Segundo a definição de Wirth, os negros na África do Sul são uma minoria, embora constituam bastante mais de metade da população. Se os negros conquistassem uma maior participação no poder político poderia chegar um momento em que seria difícil chegar a acordo sobre se eles eram ou não uma minoria, segundo a definição de Wirth. Por outro lado, é evidente poder-se afirmar que eles constituem uma maioria numérica mas uma minoria política (apesar de tal afirmação partir da suposição de que o poder se pode medir) e que, além disso, se encontram divididos em diversas minorias étnicas (zulu, xosa, venda, etc.).

Na maior parte das situações intergrupos as minorias são definidas de dois modos diferentes: por si mesmas e pela maioria. A classificação das minorias feita por Wirth, em assimilacionistas, pluralistas, secessionistas e militantes, está relacionada com as políticas das minorias e não leva em linha de conta as variações nas disposições da população maioritária. A abordagem que aqui se de-

196

ETNOGÉNESE

fende parte do princípio de que há duas fronteiras, uma de inclusão, reflectindo o reconhecimento que os membros da minoria têm uns dos outros como pertencentes a uma unidade, e uma de exclusão, que reflecte o modo como a secção mais poderosa da população define uma categoria social menos poderosa como um grupo que deve ser posto de lado (e que pode ser uma maioria numérica). Quando uma minoria se isola, a maioria responderá, segundo todas as probabilidades, traçando uma fronteira que a exclui de certo tipo de relações sociais. Quando uma maioria exclui uma categoria da população da participação em qualquer área da vida social, o normal é que esta se mobilize em defesa dos seus próprios interesses e construa uma fronteira inclusiva. As bases das fronteiras inclusivas são, regra geral, as crenças sobre a nacionalidade comum, a mesma etnia e a mesma religião. As crenças acerca da raça serviram frequentemente de base para a formação de fronteiras exclusivas. Esta maneira de definir os grupos raciais e étnicos também apresenta os seus problemas, dado que a ideologia racial das minorias brancas, e a dos nazis, funcionou quer para definir fronteiras inclusivas quer para estabelecer fronteiras exclusivas. Para classificar as diversas inter-relações possíveis entre fronteiras inclusivas e exclusivas em diferentes circunstâncias, tornar-se-ia necessária uma tipologia complexa, mas para os objectos deste capítulo não é obrigatório entrar numa análise comparativa. Basta notar que se as minorias rácicas e étnicas forem definidas em termos de fronteiras, como sugeriu pela primeira vez Michael H. Lyon (1972), isso capacita o estudioso a olhar para as forças sociais de ambos os lados, o que define as unidades sociais envolvidas no processo. Também leva a distinguir os valores, culturalmente transmitidos, das práticas sociais, dado que uma crença sobre a natureza da raça pode ser vista como um elemento definidor da fronteira e a própria fronteira como uma força de manutenção da crença. Do mesmo modo, as mudanças na natureza de uma fronteira podem ser relacionadas com mudanças nos grupos a que dizem respeito.

Pelo exame do tipo de fronteira e da justificação avançada para o sustentar, pode-se chegar à definição dos tipos de minorias. Uma minoria racial cria-se quando a oposição à incorporação social de uma minoria é justificada em termos das características hereditá-

A IDEIA DE RAÇA

rias dos membros da minoria, especialmente com base nos traços físicos associados com a cor da pele e nas doutrinas da tipologia racial do século XIX. A insistência por parte de uma elite em manter distinções de tipo cultural e político – como na África do Sul – pode resultar na criação de uma maioria racial. As justificações raciais podem também ser usadas para a manutenção de uma minoria puramente voluntária, inclusiva, mas na prática, durante o último século, a característica sociológica principal das relações consideradas «raciais» era que envolviam uma categoria da população contra a qual se tinham erigido fortes barreiras sociais. Uma minoria nacional abarca pessoas que são cidadãos de outro Estado, ou que se olham a si próprias como tais, reivindicando uma revisão do mapa político para que o seu estatuto seja reconhecido e para que eles possam viver com os seus concidadãos da mesma nacionalidade. Um movimento nacionalista é um movimento que pressiona no sentido de obter o reconhecimento de um novo Estado-Nação. Uma minoria étnica é uma minoria que cultiva uma diferença baseada na descendência comum e que quer ver este facto reconhecido no Estado em que vivem os seus membros. Uma classe social pode também ser uma minoria com fronteiras exclusivas e inclusivas, tal como um grupo religioso. A formação de uma minoria étnica depende de uma crença existente entre os membros da minoria de que a natureza da sua ascendência comum exige ou justifica a sua junção e ela seria mais fácil se a maioria compartilhasse também, por sua vez, essa mesma crença. Neste ponto é que a natureza do Estado em que vivem se pode revelar de importância primordial. Em algumas sociedades, é normal que qualquer cidadão tenha uma identidade étnica e nacional, mas, em outras, o ideal da cidadania comum é suposto superar os particularismos étnicos e os sentimentos étnicos são mal vistos e pouco encorajados. Nas áreas em que o Estado se identifica com uma dada religião (como nos países islâmicos e em Israel) haverá menor tolerância para as organizações étnicas com aspirações à separação. A formação das minorias étnicas e a esfera de acção que lhe é reconhecida depende portanto de uma crença comum na legitimidade das organizações de base étnica.

Uma característica importante de classificação que defendemos é que ela toma em consideração o facto de uma minoria ser

ETNOGÉNESE

simultaneamente étnica e racial e as mudanças nas relações entre as fronteiras inclusivas e exclusivas. A história dos negros americanos principia como a história de indivíduos capturados entre uma variedade de povos da África Ocidental e logo separados da sua cultura tradicional. Ao princípio eram uma categoria, uma minoria racial constituída pelas atitudes e pelo comportamento dos brancos. A partir da sua experiência elaboraram uma herança comum e a vontade de se identificarem uns com os outros. Tornaram-se um grupo. A discriminação continuou e um negro americano não se pode unir à maioria branca do mesmo modo que o pode fazer um imigrante branco da Europa, mas esse imigrante também não pode juntar-se ao grupo negro. Os negros americanos tornaram-se uma minoria étnica e uma minoria racial. Por outro lado, os asiáticos entraram na África Oriental como uma série de minorias étnicas e religiosas (goeses, guzarates, sikhs, ismaelitas, muçulmanos, etc.), isolados por fronteiras inclusivas. A sua auto-segregação contribuiu para o crescimento da hostilidade dos africanos contra eles, que eram vistos como uma única categoria, de tal modo que na última fase da sua permanência no Uganda todos os asiáticos formavam uma minoria étnica. Os judeus na Europa de Leste ilustram uma sequência diferente nos finais do século XIX. Constituíam simultaneamente uma minoria racial (pelo que eram frequentemente marginalizados e perseguidos pela maioria) e uma minoria étnica (pois possuíam as suas próprias instituições e encaravam o casamento fora do grupo como uma vergonha). Os que emigraram para Nova Iorque descobriram que o seu sentimento de identidade já não era reforçado pela hostilidade dos outros. Tiveram de desenvolver novas instituições para responder ao novo desafio da assimilação. Logo que a fronteira exclusiva enfraqueceu, os membros da minoria trataram de reforçar a fronteira inclusiva.

Embora os Estados Unidos se destaquem pelo número das duas minorias étnicas, a diversidade de tipos de minorias é provavelmente maior no Reino Unido, de modo que a classificação proposta será muito mais bem testada no material britânico. O Reino Unido é um Estado que contém três nações: Ingleses, Galeses e Escoceses. A população que vive na província da Irlanda do Norte é culturalmente diferente da que habita o resto da ilha; encontram-se politicamente

A IDEIA DE RAÇA

divididos e a identificação religiosa (ou sectária) é frequentemente utilizada como um indicador do alinhamento político. Há também diferenças culturais entre as duas secções. Embora os unionistas na Irlanda do Norte sejam uma maioria numérica e política, em relação ao Reino Unido eles constituem uma minoria étnica que, ao mesmo tempo que cultiva os traços característicos do seu grupo, está satisfeita em permanecer com a cidadania do Estado. Os republicanos são uma minoria nacional, dado que querem ser cidadãos da República da Irlanda. Há também votantes católicos que se opõem aos unionistas, mas cuja atitude relativamente à República é mais equívoca. Mas do ponto de vista de que o Estado irlandês deve integrar os seis condados, são os unionistas no Norte que aparecem como uma minoria nacional. A distinção entre nacionalidade e cidadania tem interesse para a sociologia, embora não seja reconhecida quando os cidadãos do Reino Unido pedem o passaporte. Nessa altura dizem-lhe que a sua nacionalidade é britânica, em vez de inglesa, galesa ou escocesa. Esta prática reflecte a suposição de que a nação e o Estado são duas expressões do mesmo corpo popular, mas, como demonstram os desenvolvimentos normais do Reino Unido, as relações existentes entre as nacionalidades e o Estado são relações em transformação.

Entretanto, instalaram-se em Inglaterra minorias asiáticas com um certo significado. Os imigrantes hindus constituem uma minoria nacional que se divide em minorias étnicas, como os sikhs e os guzarates. Os Paquistaneses são uma minoria nacional com um estatuto constitucional ligeiramente diferente, já que os paquistaneses abandonaram a Commonwealth. Estão divididos em minorias étnicas (Mirpuris, Chhachhis ou Campbellpuris, outros grupos do Punjab e Pathans). Os Ingleses não têm normalmente consciência destas divisões étnicas e podem muito bem considerar todos os asiáticos como um único grupo. Porém, os asiáticos andam longe de se unir, mesmo ao nível do grupo étnico. As ideias da origem étnica e da identidade étnica derivam de um modo de pensar sobre a linha de ascendência, que é como as secções de um telescópio que podem ser congregadas ou montadas umas sobre as outras. Em certas circunstâncias, as pessoas identificam-se com determinados grupos de ascendência, desde a família em que vivem até à linhagem ou clã, de modo que os segmentos de uma linha de ascendência são como

200

as secções de um telescópio. Noutras circunstâncias, é precisamente um pequeno grupo de pessoas estreitamente relacionadas por laços familiares que se juntam, mas, às vezes, é um desafio externo que estimula a constituição de uma série de grupos. As divisões étnicas de uma minoria nacional podem ser também identificadas com diferentes posições numa escala de estatutos sociais ou estar baseadas numa divisão religiosa, de modo que há sempre a possibilidade de se formarem diversas alianças entre grupos, dependendo da natureza dos estímulos que se exercem sobre eles.

Neste momento parece ser evidente um argumento fundamental subjacente à organização social. Afirma que a sociedade humana utiliza as diferenças e as relações naturais como uma maneira de organizar as relações sociais (cf. Banton, 1967: SJ-68). Há uma diferença sexual entre homem e mulher e há relações de carácter biológico entre pais e filhos. As sociedades humanas desenvolvem papéis adequados ao género, mas que vão mais além dos imperativos ditados pela sexualidade. Elas criaram princípios de parentesco que ultrapassam os princípios da genética e as relações necessárias para a educação das crianças. Os indivíduos utilizam também as diferenças físicas, que são consideradas raciais, para ajudar a criar e a identificar os papéis sociais. Utilizam o património comum em matéria de língua, cultura e experiência compartilhada, para desenvolver as noções de nacionalidade. Alguns teóricos poderão dizer que, sobre as divisões do trabalho que originam, as sociedades formulam as ideologias das relações de classe, e embora esta análise sugira um diferente tipo de relação, há suficientes semelhanças para ter em conta esta abordagem.

Já se propôs uma definição de minoria, mas falta ainda esclarecer o que é a etnicidade. Tal como a nacionalidade, deve ser encarada como uma qualidade compartilhada, «uma condição de pertença a um grupo étnico» (para seguir o *Dicionário de Inglês* de Oxford), mas com a particularidade de os membros significativos terem consciência de pertencer ao *grupo*. Eles pensam que o grupo possui um carácter étnico e este carácter é aceite pelos outros como tal. A exigência de que um grupo étnico seja um grupo autoconsciente distingue-o daquilo que os etnógrafos soviéticos denominam o *etnos* ou a comunidade étnica, um grupo de pessoas possuindo o mesmo

A IDEIA DE RAÇA

tipo de vida comum, mas que não se encontra comprometido num processo de competição por recursos com outros grupos semelhantes. Eles encaram estas comunidades como «unidades básicas» que existem antes da consciência étnica (Bromley. 1974: 19-23). Em inglês, estes grupos podem ser perfeitamente denominados *ethne* (plural de *ethnos*) para captar este sentido primordial. Há exemplos contemporâneos que podem ser examinados entre algumas das pequenas sociedades das florestas da Nova Guiné, cuja existência só recentemente se tornou conhecida para o mundo ocidental. Estando isoladas e tendo pouco contacto com outros povos ou *ethne*, *os* indivíduos nessas sociedades não poderiam ter o mesmo nível de consciência que surge em áreas onde os povos mantêm um contacto regular. Já antes se fez referência aos africanos que deixavam as suas sociedades tradicionais para se juntarem à sociedade heterogénea das cidades mineiras. O que se denomina «tribalismo» é uma manifestação de etnicidade que se desenvolve nas cidades como uma resposta a relações sociais competitivas.

Ninguém é obrigado a ser membro da mesma minoria étnica ou religiosa de seus pais porque, se o indivíduo for suficientemente determinado, pode romper com essa identidade e integrar-se com qualquer outro grupo. Às vezes, a oportunidade para abandonar a identidade dos pais é extremamente pequena ou os custos proibitivos, mas em geral pode-se encarar com grandes probabilidades a identificação religiosa e étnica como uma opção individual e como um elemento da formação de minorias voluntárias. Este é um dos principais impulsos que estão por detrás das mudanças das fronteiras e leva-nos a voltar ao debate das inter-relações entre os dois tipos de fronteiras. O nível da consciência étnica é influenciado pela acção dos indivíduos que procuram mobilizar o sentimento étnico para a obtenção dos seus objectivos, que normalmente são de carácter material. Os índios Choctaw, do Mississipi, fornecem um bom exemplo, que já anteriormente se referiu. A sua história sugere que, de 1930 a 1960, mantiveram um sentimento de identidade, de modo que, quando as oportunidades aumentaram, eles foram capazes de se organizar como um grupo diferente dos outros. A publicação em 1964 da lei dos Direitos Cívicos e as suas disposições relativamente ao emprego abriram as portas da indústria local aos Choctaw. O em-

ETNOGÉNESE

prego na indústria aumentou rapidamente. Registou-se, portanto, um grande incremento nos fundos disponíveis na Agência Choctaw e no Conselho Tribal Choctaw, que iniciou um programa que conseguiu, pela primeira vez, o acesso dos Choctaw a lugares profissionais e directivos. Em 1968 recuperaram o direito de administrar a justiça ao seu próprio povo e na sua própria terra, e começou então a funcionar um tribunal tribal que era o primeiro depois de 140 anos de ausência. A formação da Tribos Unidas do Sudeste testemunha o poder crescente dos governos tribais e a crescente consciência do povo de possuir uma identidade diferente como índios do Sudeste (Peterson, 1971: 123; 1972: 1289. Para um estudo particularmente instrutivo da influência do interesse de classe sobre a formação de grupos étnicos chineses na Jamaica e na Guiana, ver Patterson, 1975).

O caso dos Lapões na Escandinávia oferece um exemplo muito similar, mas completamente estranho à influência do desenvolvimento americano. Há cerca de 10 000 Lapões na Suécia e 22 000 na Noruega, e quantidades menores na Finlândia e na União Soviética. A partir de 1960 registou-se um incremento na organização étnica dos Lapões na Suécia e nos seus sentimentos étnicos, coisa que não tem ainda paralelo na Noruega, embora aqui constituam uma proporção maior na população. Os acontecimentos na Suécia têm mais interesse porque os Lapões constituem a única minoria indígena no país, e é um grande avanço para um país, já de si quase homogéneo (que sublinha fortemente a igualdade constitucional entre todos os seus cidadãos), considerar certos cidadãos como formando parte de um grupo especial que merece uma representação de tipo diferente daquele que é normalmente atribuído aos outros grupos dentro da população maioritária.

Os Lapões suecos formaram uma associação em 1950 denominada Svenska Samernas Riksförbund (SSR). Doze anos depois surgiram dois importantes desenvolvimentos com grande relevância para eles. Um foi a reforma do governo local, que deu a todas as cidades, inclusive às cidades lapónicas (dado que o termo cidade é utilizado para pequenas instalações), o direito de terem os seus próprios conselhos. O outro foi a decisão do governo central de nomear um *ombudsman* especial para os Lapões, fazendo-o responsável perante o SSR. Este facto foi extremamente importante porque os planos

A IDEIA DE RAÇA

que incluíam a construção de estações hidroeléctricas nas montanhas do Norte, de reservatórios, de bases de misseis, de novas estradas, a exploração de novas minas, e assim por diante, iam privar de pastos as manadas pertença dos pastores lapões e interferir seriamente com as rotas dos seus rebanhos nas deslocações de transumância entre os pastos de Verão e de Inverno. O *ombudsman* dos Lapões levou alguns destes casos a tribunal e obteve, para os seus clientes, acordos impossíveis de alcançar sob os antigos procedimentos. Por exemplo, uma proposta norueguesa no sentido de afastar os Lapões suecos de algumas das suas pastagens tradicionais do lado ocidental das montanhas levou a uma acção judicial em que o Supremo Tribunal de Justiça norueguês condenou as propostas oficiais norueguesas como contrárias a um códice apenso a um tratado de 1751. O êxito destas acções tem estimulado o moral dos Lapões e a sua organização, que é realmente impressionante, porque os Lapões vivem normalmente em pequenas comunidades espalhadas a enormes distâncias umas das outras e com comunicações extremamente precárias. O Conselho Nórdico dos Lapões, fundado em 1953, para agremiar os Lapões residentes em diferentes países, tem alcançado um reconhecimento cada vez maior. A ideologia do SSR modificou-se. Em lugar de se considerar uma associação voluntária representante de um grupo de interesses, apresenta-se agora às autoridades suecas como o organismo que deve representar os Lapões em todas as matérias que lhes digam respeito, como membros de um grupo étnico (Svensson, 1973). Às vezes falam de si próprios como a «nação lapónica» e recentemente fundou--se um partido político lapão. O reforço da sua consciência étnica está claramente ligado a interesses materiais característicos, embora não se explique exclusivamente através deles. A acção do governo sueco, ao criar e encorajar uma estrutura de base para a organização étnica, é um dado fundamental para explicar as diferenças registadas entre os desenvolvimentos da minoria na Suécia e na Noruega.

O exemplo dos Lapões é ainda importante noutro sentido. É relativamente fácil para os membros de uma minoria identificarem-se como um grupo étnico se vivem numa sociedade que reconhece a etnicidade e na qual se espera que as pessoas tenham uma identidade étnica, como, por exemplo, na Nigéria e em certas regiões dos Estados Unidos. Porém, é muito mais difícil atingir este objectivo numa

ETNOGÉNESE

sociedade que define as divisões étnicas como ilegítimas ou transitórias. Embora as oportunidades e a resistência sejam diferentes de lugar para lugar, a força fundamental que está por detrás de movimentos como o dos Choctaw e o dos Lapões é a de que, ao organizarem-se como minorias étnicas, os membros da minoria podem obter vantagens materiais de carácter individual. A organização da minoria fornece serviços aos seus membros. Ajuda os Lapões a controlar um nicho ecológico e económico característico, ao defender o seu monopólio legal sobre os rebanhos de renas. Em muitas cidades industriais, a força de trabalho em certas secções é, em grande parte, formada por uma minoria e as pessoas que aí trabalham têm muitas facilidades em empregar os seus familiares e amigos quando aparecem vagas. Ao estreitar e reforçar os laços familiares (que são uma defesa em tempos de dificuldades) e ao dar uma base para a formação de clubes de crédito e outras formas de ajuda mútua, as organizações étnicas apoiam a formação de capital, que é um dos factores mais decisivos na mobilidade vertical ascendente das minorias.

Os membros de pequenas minorias como os Choctaw e os Lapões têm uma posição social idêntica (participando na mesma classe social), uma experiência semelhante de tratamento discriminatório por parte da maioria e um sentimento comum de pertença a um grupo étnico ou nacional. Os negros americanos tinham um sentimento mais fraco da diferença natural e as suas maiores esperanças de progresso social cifravam-se na mobilidade ascendente de modo que conseguissem ser aceites por causa do seu estatuto, apesar de a cor da pele militar em contrário. Mas, não obstante os indivíduos subirem e as barreiras terem sido eliminadas nos anos 50 e 60, a meta parecia ser inatingível. Apesar do rendimento crescente da minoria negra e das diferenças de estatuto dentro dela, os negros de classe média afastaram-se das vagas perspectivas da assimilação e, quiçá encorajados pela imagem positiva dos líderes negros africanos, começaram a identificar-se mais segundo as linhas de cor. Tornou-se então aparente uma tendência para falar dos negros americanos em vez dos americanos negros, o que implicitamente sugeria que os americanos negros tinham mais em comum com os negros africanos do que com os americanos brancos. Também implícito na ênfase desta diferença se encontrava um novo modo de utilizar a palavra raça.

A IDEIA DE RAÇA

Os sociólogos do século XIX tiveram boas razões, mas talvez não suficientes, para negar aos agrupamentos nacionais um lugar importante nos seus esquemas conceptuais. Mas esta atitude revelou-se errada. A nova doutrina do nacionalismo, para o bem ou para o mal – e Kedourie, pelo menos, pensa que foi para o mal –, capturou a imaginação dos homens e as nações converteram-se em importantes unidades. Do mesmo modo, os sociólogos modernos negaram que a semelhança do tipo racial levasse naturalmente à formação de uma unidade social, mas o curso dos acontecimentos demonstrou que também aqui a teoria necessita de revisão. Existe uma diferença importante entre os dois casos porque, por definição, não há nação alguma que possa ser intrinsecamente melhor do que outra qualquer, enquanto as raças são supostas ser desiguais. As raças só se podem tornar agrupamentos autónomos na sociedade quando os grupos anteriormente subordinados aceitam as designações raciais do mesmo modo que as nacionais, e quando o preconceito da desigualdade é superado. Suspeito que um processo deste género começou por volta de 1960. Foi como se os líderes negros nos Estados Unidos declarassem: «Vocês definem-nos como um grupo racial. Perfeitamente. Aceitamos esse rótulo. Vamos mostrar-vos que a nossa posição subordinada não é um resultado da nossa natureza física mas sim da nossa posição social e política. Provaremos este facto pondo fim à nossa subordinação e mantendo as nossas características raciais.»

Houve sempre alguns negros que se identificaram a si mesmos racialmente. W. E. B. Du Bois, numa conferência proferida em 1960, com a idade de 92 anos, disse que estava à vista o momento em que os negros poderiam reivindicar a igualdade social e civil completa. «Isso não representará, como muitos hão-de pensar, um fim para o denominado problema negro, mas sim o princípio de problemas ainda mais difíceis de raça e cultura.» E continuava, perguntando ao seu público negro se, nessa circunstância, eles deviam adoptar pura e simplesmente os ideais dos americanos.

«Isso significa que deixaríamos de ser negros e passaríamos a ser brancos do ponto de vista da acção, ou até mesmo complemente brancos.

206

Fisicamente, significaria que poderíamos ser integrados nos americanos, perdendo em primeiro lugar todas as evidências físicas de cor de tipo racial. Perderíamos a nossa memória da história negra [...] » (Du Bois, 1975: 46).

Embora a identificação racial fosse primeiro utilizada pelos brancos como um instrumento para manter os negros à distância, Du Bois usou-a para evocar a solidariedade negra. Parece haver agora alguns negros americanos também inclinados a utilizar essa identificação para promover a consciencialização étnica como uma base para uma fronteira inclusiva e, se assim for, isso não deixará de assinalar uma nova fase no percurso da ideia de raça.

IX

A Ideia de Racismo

É provavelmente um truísmo notar que uma característica-chave no crescimento do conhecimento em qualquer campo é o desenvolvimento de um aparelho de conceitos cada vez mais precisos e com uma aplicação cada vez mais ampla. Uma característica dos trabalhos americanos da década de 60 foi a demonstração de desprezo para com os conceitos e esquemas disponíveis à investigação sociológica das relações raciais; esta atitude manifestou-se na tentativa de formular um novo conceito, como «colonialismo interno», e na tendência para interpretar os acontecimentos em termos de opressão, exploração, revolta e outras expressões valorativas da mesma índole. Neste período, a palavra racismo foi bruscamente recuperada para servir objectivos novos, tornando-se nessa altura uma ideia política que integrava a afirmação da desigualdade racial, anteriormente divulgada por escritores que adoptaram a interpretação contrária, baseados nas mesmas observações. Se se der à palavra um significado mais amplo, será isso um passo para um modo de análise mais penetrante?

A palavra «racismo» parece ter sido introduzida em Inglaterra no final dos anos 30, para identificar um tipo de doutrina que, em essência, afirma que a raça determina a cultura. Uma vantagem desta aplicação é que não procura abarcar outros fenómenos, com os quais estas doutrinas estão frequentemente associadas. Não faz pressuposições sobre os motivos ou intenções das pessoas que propuseram ou adoptaram tais doutrinas, nem sobre as funções que a doutrina desempenha na sociedade global. Para identificar estes aspectos tornar-se-ia necessário usar outros conceitos. As palavras «racismo» e «racista» foram utilizadas por pessoas que desejavam atacar as doutrinas da desigualdade e assim, dentro dos círculos em

A IDEIA DE RAÇA

que eram empregues, adquiriram fortes conotações pejorativas que ajudam a explicar a recente tentativa de ampliar a sua aplicação. O melhor exemplo é-nos dado por dois líderes negros bastante influentes, que escreveram: «Por racismo entendemos a aplicação de decisões e políticas em função da raça com o propósito de *subordinar* um grupo racial e manter o controlo sobre este grupo...» Para distinguir o racismo individual do racismo institucional, afirmam que «o racismo institucional se baseia nas operações penetrantes e activas de práticas e atitudes antinegras. Prevalece um sentimento de grupo associado a uma posição superior: os brancos "são melhores" do que os negros e, portanto, os negros devem estar subordinados aos brancos. Esta é uma atitude racista e ela permeia a sociedade a nível individual e institucional, camuflada e abertamente» (Carmichael e Hamilton, 1967: 19-21). Esta abordagem entra com um mundo de suposições em matéria de cultura, motivos, instituições, atitudes e crenças sobre a superioridade: pode ser politicamente eficaz, mas não se adequa à análise comparativa ou histórica. Há outros autores que escreveram sobre «sociedades racistas» e «estruturas sociais racistas»; afirmaram que a Grã-Bretanha ou os Estados Unidos são sociedades racistas sem especificar (como deveriam ter feito) de que modo uma sociedade racista se deve distinguir de uma sociedade não racista ou como determinar o momento em que qualquer uma destas sociedades se torna racista.

Qualquer conceito deve ser encarado isoladamente e como pertencente a uma determinada família de conceitos que estão relacionados uns com os outros, apoiando-se mutuamente. O «racismo» pertencia, regra geral, à família de conceitos que inclui nacionalismo, romantismo e doutrinas associadas com certos autores e determinados períodos históricos. Os novos usos da palavra podem ser encarados como parte da demonstração de que as doutrinas já não são a chave para as relações raciais e que o conceito de «racismo» deve ser integrado noutra família de conceitos. Na verdade, alguns escritores identificam de tal modo o racismo com a história da Europa Ocidental e da América do Norte que o colocam quase a par com o capitalismo, enquanto conceito. O racismo pode ser simplesmente olhado como o modo por que se expressam as forças do desenvolvimento capitalista sob determinadas condições. Outros autores favo-

210

A IDEIA DE RACISMO

recem uma abordagem estruturalista e podem considerar racista, por exemplo, uma sociedade em que as distinções raciais estão impressas na estrutura social (há aqui uma dificuldade semelhante à distinção entre uma sociedade com escravatura e uma sociedade escravizada: em que ponto é que uma sociedade com divisões raciais se torna uma sociedade racista?). Todas estas propostas parecem correr o risco de exigir que o conceito desempenhe demasiadas tarefas diferentes.

Uma das principais preocupações dos cientistas sociais americanos que trabalhavam no campo das relações raciais nos anos 50 era com a legislação antidiscriminatória, a desagregação e a aplicação da psicologia à redução das tensões intergrupos. Não é de admirar, portanto, que se concentrassem no estudo das relações interpessoais, negligenciando a análise dos aspectos macrossociológicos dos conflitos raciais. Os autores da década seguinte preferiram sublinhar que a incidência da discriminação racial não pode ser entendida num contexto interpessoal, mas que ela anda associada com amplos movimentos históricos que deram forma a essas sociedades. Como as categorias raciais só podem ser identificadas quando há grupos amplos que compartilham concepções acerca de outros como significativamente diferentes, elas têm de inserir-se em padrões culturais. Estas categorias são normalmente institucionalizadas em organizações que atribuem às pessoas certos recursos, pelo que são também um fenómeno económico e social. E como as definições raciais se baseiam nas características externas imediatamente evidentes das pessoas, o que implica que os membros de categorias diferentes divergem quanto à sua natureza essencial, são facilmente integráveis no processo psicológico e o preconceito racial encontra-se muitas vezes mais profundamente enraizado e é mais resistente do que outros tipos de preconceito. A influência das categorias raciais estende-se a tantas esferas da vida numa sociedade multirracial que estas diversas características são quase seguramente apoiadas pelas doutrinas da diferença racial ou da desigualdade. Grande parte da atracção exercida pelo amplo uso da palavra «racismo» é que o termo chamou a atenção para o modo como a discriminação estava inter-relacionada com as outras formas da organização social.

A maneira de determinar se há maior utilidade em localizar o termo «racismo» em uma ou outra família de conceitos consiste em estudar um texto relevante e ver qual a acepção que permite ao autor desenvolver, o mais satisfatoriamente possível e do modo mais conciso, as suas teses. Um texto nestas condições, e tão bom como qualquer outro do género, é o programa de *Uma Década de Acção para Combater o Racismo e a Discriminação Racial*, aprovado pela Assembleia Geral das Nações Unidas em 2 de Novembro de 1973. O programa é exposto num documento com perto de 4000 palavras. Logo no princípio, recorda que as Nações Unidas se têm oposto a todas as manifestações de discriminação racial e, em particular, ao *apartheid*. Declara que qualquer governo cuja política ou prática esteja baseada na discriminação racial está contra a Carta das Nações Unidas. A seguir, condena a colaboração com os regimes racistas; porém, como estes não são definidos separadamente, tem de se supor que os regimes racistas são precisamente os acima indicados, ou seja, aqueles cuja política ou prática esteja baseada na discriminação racial. Há referências no texto aos «dogmas racistas», às «teorias racistas», às «políticas ou práticas racistas» e às «situações que levem ao racismo»; no entanto, considerando o documento como um todo, é bastante difícil ver nas palavras «racismo» e «racista» outro significado para lá de «promoção da discriminação» racial». Por conseguinte, neste texto, a vantagem de ampliar a aplicação da palavra «racismo» não tem justificação, mas o texto também não pode camuflar a necessidade de melhorar os limites dos conceitos adequados a análise dos diversos fenómenos associados com a discriminação racial.

Ao discutir o uso da palavra «racismo» inclino-me para a proposição de uma tese que já apresentei noutra ocasião e que alguns sociólogos encararam como uma mera controvérsia entre mim e o professor John Rex. Como se espera que eu responda a algumas dúvidas que Rex levantou, o melhor é recapitular um pouco a matéria. Em 1969 fiz uma comunicação na Associação Britânica de Sociologia em que tomei como ponto de partida as definições de racismo que vêm nos dicionários e nos melhores manuais e na qual procurei identificar o desenvolvimento dos conceitos em determinadas épocas decisivas. Debati, além disso, três explicações da origem do racismo, que se podem encontrar, implícita ou explicitamente, em obras sobre o assunto. Quando preparava o discurso, considerei a possi-

A IDEIA DE RACISMO

bilidade de tentar descrever as várias fases da história das doutrinas racistas, e referi-me, na verdade, a um racismo de «fase dois», mas decidi concentrar-me numa questão que pensava ser extremamente importante. Nas gerações passadas, as pessoas que negavam tratamento igualitário aos membros das minorias étnicas justificavam-se normalmente com argumentos biológicos ambíguos; porém, mais recentemente – notava eu – tratavam de se basear nas observações levadas a cabo pelas ciências sociais. Parecia-me que se fôssemos ampliar o uso do termo «racismo» incorporando estas novas utilizações, sem levar em linha de conta as transformações daquilo que a palavra designava, poderíamos vir a encorajar um erro de diagnóstico que acabaria por prejudicar a campanha contra a intolerância.

Depois de reflectir no acolhimento que o meu discurso teve na Associação fiz algumas emendas, quiçá a mais importante no que tocava à primeira das três explicações do racismo, que apresentei pela primeira vez, depois de ter descrito o racismo como um erro, dizendo que «a abordagem marxista tenta explicar o erro mostrando a função que ele desempenha na sociedade capitalista». Para clarificar ainda mais a ideia de que o que me interessava era a aplicação das explicações funcionalistas, afirmei a propósito deste excerto que as teorias racistas são às vezes encaradas como uma resposta científica às necessidades do capitalismo contemporâneo. Fiz notar que embora esta explicação tivesse sido desenvolvida por autores influenciados pelo marxismo, a sua perspectiva era, evidentemente, em muitos casos, oposta à dos funcionalistas.

Nas comunicações apresentadas à conferência parece ter havido diferenças significativas, na concepção de alguns destes temas, entre o professor John Rex e eu próprio. Desejando encorajar a análise conceptual, sugeri que trocássemos uma série de cartas para clarificar a natureza da diferença e que enviássemos cópias das mesmas ao nosso editor, Sami Zubaida. Se a troca de correspondência fosse interessante, ele poderia compulsá-la para escrever uma introdução. Ora, ainda que por essa altura o professor Rex não considerasse isto um debate público, e foi ele que lhe pôs termo, publicou desde então uma das cartas que me enviou, emendada em diversos aspectos menores e não mencionados. Na carta (1973a: 223-29), Rex diz que se sente obrigado pela sua profissão a considerar este problema parti-

213

cular. Muitos sociólogos sentiriam a mesma exigência e justamente pelas mesmas causas: explicar as origens e a edição da carta.

Além desta carta, o professor Rex comentou a minha palestra numa carta à revista *New Society* (17 de Abril de 1969), num livro (1970: 6), num artigo (1973b: 483) e em duas outras contribuições para um volume de ensaios (1973a: 172-73, 221). A primeira observação é a de que Rex, nos seus trabalhos, se refere exclusivamente à versão não revista da minha comunicação, tal como apareceu em *New Society* (10 de Abril de 1969). Embora não rejeite a formulação que apareceu nessa revista, prefiro naturalmente o texto final, mais polido, que preparei para o livro (Rex teve a oportunidade de rever a sua comunicação para o livro e, desde então, tornou a revê-la mais uma vez). Pergunta-se, por conseguinte, por que motivo se refere ele à primeira versão quando teve em seu poder a versão definitiva num período muito anterior. Tudo indica que Rex tem menos interesse em debater os meus argumentos do que em atacar o autor do texto.

As observações fundamentais do professor Rex principiam com a afirmação de que na minha comunicação «a ideia de que as crenças racistas podem ser explicadas em termos funcionalistas se encontra associada à interpretação marxista ... e todas essas explicações foram já consideradas improcedentes como marxismo» (1970: 6). Para lá de os leitores poderem avaliar por si próprios a veracidade destas afirmações, só acrescentarei que, na minha opinião, há marxismo bom e mau, e que numa das minhas cartas a Rex, referindo-me às suas extravagâncias, fiz notar que não me importei nada quando alguns dos autores mencionados na minha comunicação me saudaram como um camarada marxista. Alguns historiadores utilizaram o modelo marxista de sociedade e aumentaram os nossos conhecimentos em aspectos da maior importância; outros tentaram explicá-lo de uma maneira super-simplificada, e mecânica. Creio que esta acusação está longe de corresponder às intenções de Rex, mas pela minúcia demonstrada em pormenores de pouco interesse, corre o risco de aparecer como um defensor do marxismo pobre e do academismo. Faz também notar que «quando o racismo e o racialismo se tornaram sérios problemas políticos na Grã-Bretanha, Banton utilizou o seu saber académico da história do racismo para afirmar que o senhor Peter Griffiths e o senhor Enoch Powell não

A IDEIA DE RACISMO

deveriam ser chamados racistas» (1973a: 483). Estas observações, na minha opinião, denunciam uma atitude superficial relativamente à importância de um diagnóstico correcto para a reforma social, embora também possa indicar uma perspectiva diferente das relações entre a teoria e a acção. A minha tese é a de que não há qualquer afirmação de Powell que caia nas definições de racismo que citei e que este facto merece a nossa atenção; acautelei-me, porém, contra qualquer incompreensão desta afirmação, dizendo explicitamente que não considerava o etnocentrismo novo estilo melhor que o racismo ao velho estilo.

Entre outras afirmações de Rex deve-se atentar naquela em que diz não haver na minha abordagem «base para investigar se as doutrinas apresentadas por Enoch Powel e por Peter Griffiths ... têm a mesma função que as doutrinas racistas ...» e noutra, em que me atribui a opinião de que «seria errado discutir o que eles disseram no contexto da teoria do racismo» (1973a: 173, 221). É difícil encontrar uma justificação para tais afirmações, quer numa quer noutra versão do meu trabalho. Se tivermos de discutir a função das crenças, precisamos primeiro de analisar com muita cautela essas crenças, de forma a sabermos de que estamos a falar. Nem Rex nem eu tentámos fazer uma análise das afirmações de Powell mas, à primeira vista, parece-me ter Powell tentado apresentar, primeiramente, as relações raciais na Grã--Bretanha como, fundamentalmente, um problema de imigração. Ele afirma que nunca falou no problema das relações raciais, mas eu suponho haver, mesmo nos seus próprios termos, uma excepção à regra num discurso pronunciado depois da nossa conferência, que eu citei na versão revista da minha comunicação. Em segundo lugar, Powell demonstra uma preocupação central com o que na geração presente constitui a nacionalidade inglesa, e o seu apelo contém um importante componente de nacionalismo. Se assim for, então a minha comunicação dá uma modesta contribuição para a tarefa da análise. Descrever os meus raciocínios, como Rex fez, é a demonstração de que não teve a mínima preocupação profissional relativamente à estrutura da tese, pondo em primeiro plano as suas motivações.

A possibilidade de existir uma semelhança funcional entre o racismo à antiga e as doutrinas não biológicas contemporâneas constitui um tema bastante importante, que merece um estudo inde-

A IDEIA DE RAÇA

pendente. Não é, contudo, justificação suficiente para alargar as definições predominantes. Tendo em vista as afirmações que se fazem sobre este tema, não posso deixar de me espantar que haja tão pouca investigação sobre o que as pessoas normais pensam da natureza da raça e do seu lugar nas questões humanas. Tal investigação exige mais imaginação e mente receptiva do que bolsas e subsídios (para um pequeno estudo das consequências das crenças sobre as relações sexuais inter-raciais, ver Pearson, 1973).

Durante as conferências, o professor Rex perguntou-me se a minha comunicação era acerca da história das ideias ou uma contribuição para a sociologia. Repliquei que se tratava, como estava devidamente assinalado, de uma discussão do valor de diagnóstico do conceito de racismo. Achei a pergunta surpreendente porque queria que o trabalho fosse julgado em si mesmo, e para essa apreciação as minhas intenções eram irrelevantes. Mas tinha ainda uma razão para não escolher entre essas duas alternativas classificatórias simplistas e seria decepcionante se este livro ainda não conseguiu tomar essa razão evidente. Na minha comunicação distingui o problema da origem das teorias racistas da explicação de como elas foram politicamente usadas. Fiz notar, como algo muito pouco polémico, que estas teorias foram recolhidas, ampliadas e submetidas a um processo publicitário porque eram convenientes a quem detinha o poder na Europa por essa altura. O elemento da conferência que mais irritou John Rex foi a minha crítica ao mau uso das explicações funcionalistas. A sua réplica mostrou que esta crítica era ainda mais importante do que eu pensava, nessa altura.

A ideia de racismo – quer designe uma doutrina ou uma constelação mais ampla de instituições, valores e atitudes – é importante ainda de outro modo para o assunto deste livro. E isto porque se argumenta muitas vezes que as relações raciais são um tipo especial de relações sociais, por causa da qualidade da hostilidade envolvida e da dissociação que o racismo introduz nelas (cf. as referências para máximos e mínimos de racismo em Schermerhorn, 1970: 73-7). Esta opinião tem de ser contestada. As crenças raciais levam às vezes a olhar as pessoas adstritas a uma categoria racial diferente como ainda mais diferentes do que pessoas diferenciadas pela classe, nação, religião, ou outros critérios, e no entanto a opressão e a hostilidade

216

podem, nestes casos, ser maiores. Mas ninguém apresentou dados suficientes que provassem que as relações raciais, como espécie de relações sociais, são diferentes dos outros tipos de relações que se estabelecem entre grupos de pessoas ou categorias sociais. Todas as características das relações raciais, excepto o rótulo, se podem encontrar também em outras espécies de relações sociais. Esta tese pode exprimir-se concisamente dizendo que as relações inter-raciais não diferem em espécie das relações intra-raciais.

A crença de que as relações raciais são diferentes em determinados e importantes aspectos é um erro mas, como é sabido por qualquer estudante de sociologia, se o homem define determinadas situações como situações reais, elas acabam por ser reais nas suas consequências. Se as pessoas acreditarem que as relações raciais são diferentes das outras relações sociais, abordá-las-ão de maneira diferente e, assim, num período histórico limitado, as relações entre pessoas passam a distinguir-se racialmente, enquanto em outras partes do mundo podem apresentar algumas características particulares comuns. Leo Kuper, por exemplo, argumentou que, embora houvesse diferenças de classe em Zanzibar e no Ruanda depois da independência e na Argélia antes da independência, logo que a revolução se desenrolou nesses países eles passaram a desenvolver-se segundo linhas raciais, em vez de seguirem linhas de classe. A partir daqui conclui que apesar de os conflitos de classe serem a fonte da mudança revolucionária em muitas sociedades, há algumas em que as coisas não se passam assim, e define as sociedades «plurais» como sociedades construídas à volta de conflitos de natureza não classista. A conquista de um povo por outro de raça diferente leva frequentemente à formação de sociedades plurais, onde «são as relações políticas a determinar substancialmente a relação com os meios de produção, em vez do contrário, e o catalizador da revolução encontra-se mais na estrutura do poder do que nas transformações económicas, que esgotam as possibilidades de um determinado modo de produção» (Kuper. 1974: 226).

Como a relação entre classe e raça é muitas vezes uma fonte de controvérsia, é importante prestar atenção à tentativa de Kuper para distinguir ambos os conceitos. As estruturas de classe – afirma – são intrínsecas à sociedade, mas não sucede o mesmo com a raça. «As

A IDEIA DE RAÇA

sociedades de classe podem ser encaradas como emanando directamente da interacção dos membros da sociedade», enquanto a raça «é em certo sentido extrínseca a essa interacção. Na verdade, a estrutura racial também é constituída pela interacção, mas as diferenças raciais, que são socialmente elaboradas, precedem essa interacção» (1974: 61). Tal formulação desperta vários tipos de objecções. A perspectiva convencional é outra: a divisão do trabalho é que é intrínseca e é ela que dá origem à classe, mas torna-se necessário algo mais (que, não convencionalmente, se pode designar por ideia de classe), antes que apareça a consciência de classe e ganhe existência a classe em si mesma. As diferenças de classe não levam necessária e directamente à consciência de classe, e creio que seria conveniente prestar atenção ao seu aviso de que «já não é possível pensar que se pode entender uma classe fora da sua cultura ou que a maior parte das classes modernas possa ser compreendida fora da sua nacionalidade» (Genovese, 1971: 21). Nestes termos, pouco significado terá opor as sociedades de classe a outros tipos de sociedade. A opinião de Kuper de que os conflitos em Zanzibar, no Ruanda e na Argélia possuíam já ou adquiriram um carácter racial sugere que os revolucionários também são motivados por uma consciência racial, mas isto é utilizar categorias intelectuais fundamentais e básicas que, para um investigador branco criado na África do Sul, podem nada ter a ver com o modo como um hutu, no Ruanda, apreende um membro da elite tutsi.

Uma componente mais valiosa do trabalho de Kuper é a maneira como utiliza a formulação tardia e mais flexível da teoria da sociedade plural, em que M. G. Smith acentua mais a estrutura política que as diferenças culturais, introduzindo como conceito central o modo de incorporação política (1974: 241). Seguindo a última formulação, é possível utilizar as contribuições que saíram da análise das sociedades plurais sem aceitar a opinião de que constituem um tipo societário diferente. As unidades sociais e culturais que se combinam na África do Sul e nos tipos de sociedade que se têm denominado plurais podem ser consideradas exemplos do tipo de agrupamento a que Max Weber chamou *stand* e que pode traduzir-se melhor por estamento (por exemplo, *inter alia*, Huges, 1961: 346), em vez de «grupo de *status*». Os estamentos diferenciam-se uns dos

A IDEIA DE RACISMO

outros por diversos critérios: classe, *status,* partido, concepção de si mesmo, prática religiosa e interpretação da sociedade de que faz parte (Bendix, 1959: 259-60). É um tipo de comunidade e o seu comportamento colectivo não pode ser explicado sem se considerar como se inter-relacionam os vários critérios que o definem. Tal argumento deve ser identificado por traços raciais ou pode aparecer pela simples razão de que a maioria trata os seus membros discriminatoriamente. Como notou Weber numa passagem que no original leva o título «A origem das qualidades raciais» (1968: 385-38), os traços físicos e culturais podem ser usados para definir as pessoas como não elegíveis para membros do grupo e como uma base a partir da qual o grupo procura conquistar o monopólio de determinados papéis sociais. Quando os traços culturais são utilizados para definir uma minoria, os indivíduos têm normalmente a possibilidade de escolher o grupo com o qual querem ser identificados; porém, quando os traços são físicos, isso deixa aos indivíduos muito poucas alternativas.

Como a raça, a classe, a nação e os outros modos de diferenciação se encontram bastante misturados em cada comunidade e como a estrutura étnica de certos países é sempre única, uma grande parte da investigação das relações raciais tem de ser histórica. Quanto mais o investigador caminhar no estudo de situações e de sequências peculiares, tantas mais dificuldades sentirá em conceber as relações raciais como um campo diferente de estudo. É aqui que o estudo da estrutura política em função dos diferentes tipos de integração de minorias se pode combinar com as perguntas que se fazem ao passado na orientação histórica. Para entender a posição de uma comunidade relativamente a outra é fundamental rever as circunstâncias em que se formou a perspectiva dominante. Por exemplo, para explicar o forte apoio dos trabalhadores brancos da África do Sul aos capitalistas brancos que exploram os trabalhadores negros, é quase desnecessário remontar a teorias ideológicas. Utilizando o seu poder político nos anos 20, os trabalhadores brancos conseguiram conquistar vantagens económicas muito pouco comuns, que agora pretendem conservar ao ser desafiados pelos negros. De resto, eles desfrutam de um monopólio sobre quase todos os tipos de trabalho especializado porque, de certo modo, entrincheiraram a sua posi-

A IDEIA DE RAÇA

ção na estrutura política antes que os negros estivessem capacitados para mobilizar esse poder político, como eles anteriormente o tinham feito. A cena sul-africana não se tem caracterizado pelo «racismo biológico», como pensam os observadores do exterior; este ponto, porém, pouco significado tem, dado que se poderá responder que os estamentos estão tão marcadamente diferenciados e o desafio à ordem estabelecida é tão fraco, que os brancos não vivem sob um tipo de pressão favorável à propagação de doutrinas quase biológicas. O processo pelo qual se incorporou na nação a minoria locutora do *afrikaans* tornou mais importante a consciência nacional e menos importante a consciência racial, tanto para eles como para toda a população. A sequência por meio da qual os *afrikanders* vieram a sentir-se num *volk* (um povo) e a diferenciar-se dos sul-africanos de língua inglesa levou-os a considerar-se a si mesmos como uma nação. Passaram depois a interpretar a natureza e os outros estratos à luz do que pensavam de si próprios. Ninguém foi capaz de os impedir de alcançar a nacionalidade e, do mesmo modo, ninguém seria capaz de impedir os africanos de fazer a mesma coisa, se isso fosse a meta da História. Os estamentos estão definidos em bases que, para o observador externo, parecem bases raciais, mas a ideia de raça que se encontra por detrás deles não é a que se entende actualmente nos Estados Unidos ou na Grã-Bretanha. Toda a política de desenvolvimento separado pode ser considerada como um meio de controlar o mercado de trabalho negro. Procura salvar as estruturas dos grupos africanos tradicionais, hoje em dia em desintegração, para manter e controlar uma força de trabalho industrial barata dentro ou perto dos *homelands* (bantustões). Tem-se afirmado ser a utilidade desta política que vai reforçar a tendência para descrever os diversos estamentos mais em bases nacionais que em bases raciais (Wolpe, 1972: 451), enquanto a consciencialização da grande massa dos trabalhadores sul-africanos parece mais nacionalista (por exemplo, zulu, xosa ou venda) que racial.

A análise de outras sociedades multirraciais em função dos diferentes tipos de incorporação dos vários estamentos e as implicações dos vários tipos de incorporação podem aproximar as interpretações sociológica e histórica e iluminar processos que até agora têm sido postos de lado. John Rex reinterpretou as implicações existentes

220

A IDEIA DE RACISMO

para os trabalhadores das Indias Ocidentais e asiáticos, como indivíduos, de estarem socialmente marcados com uma identidade colonial. Esse facto reforçou outras tendências já existentes, fazendo com que entrassem, no mercado de trabalho e em outras instituições da sociedade maioritária, não já no estrato mais baixo, mas como pessoas consideradas diferentes. Esta característica reduziu-lhes a capacidade de fazerem coligações com os trabalhadores brancos e isso tornou-os menos receptivos à ideia de que essa gente devia entrar nas suas instituições. Os trabalhadores asiáticos adquiriram agora certos monopólios sobre determinados empregos, considerados pouco atractivos, nas fundições e nas indústrias têxteis; tentam entretanto utilizar o poder que lhes dá essa posição para manter a situação, enquanto os trabalhadores brancos defendem os seus monopólios sobre o trabalho especializado. As diferenças raciais, de classe ou de nação, estão inter-relacionadas, como se fosse um novelo. A debilidade da posição de que partiram os negros americanos era ainda maior do que a dos trabalhadores coloniais nas sociedades metropolitanas, mas o seu poder político sofreu recentemente um incremento com a concentração de votantes negros num certo número de cidades-chave. Os ganhos que obtiveram no campo do emprego foram conseguidos em áreas bastante abertas à pressão política (federal e governamental), sendo menos consideráveis no campo das profissões onde os sindicalistas brancos protegeram o que consideravam as «suas» oportunidades. A classe média negra tem crescido rapidamente à medida que os seus membros foram participando cada vez mais nos benefícios que a sociedade instituída está preparada para oferecer. Esses benefícios foram suficientes para garantir a assimilação dos primitivos grupos étnicos brancos, mas as actuais estruturas raciais não podem ser assim tão facilmente dissolvidas.

Se por um lado, portanto, foi um erro acreditar, logo de início, que as relações raciais constituíam um fenómeno de classe muito especial, tudo indica, por outro, que haveria razões práticas para que várias gerações as considerassem como um campo especial de estudo: para clarificar a natureza do erro, traçar as suas consequências e examinar as novas formas em que ele aparece. Ao considerar as implicações desta atitude, o melhor é distinguir os dois modos de definir um campo de estudo. Um é defini-lo descritivamente,

A IDEIA DE RAÇA

identificando as suas características e os factores que o tornam num campo de preocupações. O outro é definir a área prescritivamente, estabelecer o que se deve investigar e o que deve guiar o trabalho dos investigadores para determinados tipos de problemas.

Alguns estudiosos tentaram definir o campo das relações raciais especificando a sua matéria, como que construindo uma barreira à volta dos seus limites e reivindicando tudo o que se encontra dentro desse perímetro. As matérias caracterizam-se mais pelas perguntas a que tentam responder do que pelos factos que investigam, já que estes são muitas vezes comuns a várias disciplinas. As matérias também são muitas vezes definidas pelas pessoas que participam na empresa de investigação, pelas suas experiências, valores e interesses. Qualquer tentativa de definição que ignore o modo como se organizam as actividades dos estudiosos e o carácter do organismo que leva o estudo por diante, será forçosamente deficiente. Eu defendo por conseguinte que qualquer definição descritiva de um campo de estudo deve ser apresentada não em termos de fronteiras, mas em termos de núcleo: os problemas centrais que estão no cerne desse campo. A melhor solução é, pois, a delineada no primeiro capítulo, que apresenta o campo de estudo das relações raciais como um campo definido por uma tradição baseada no inquérito. Há um certo número de académicos que comunga dos mesmos interesses e comentam as respectivas obras, atraindo para o seu campo de investigação outros indivíduos interessados. Emerge então gradualmente uma tradição, que se modifica na forma e na orientação à medida que o tempo passa (em parte devido à acumulação do saber) e que muitas vezes se volta para novos assuntos, deixando o velho material que parece esgotado. Haverá quiçá subtradições com interesse em alguns países (quando se enfrentam escolas de pensamento) ou em diversos países, mas apesar de tudo nota-se uma continuidade que capacita os membros de várias gerações ou países a reconhecerem-se uns aos outros como participantes numa empresa comum.

Uma definição prescritiva do campo das relações raciais coloca outros problemas. É fácil lamentar que a herança intelectual que actualmente recebem os investigadores dos seus antecessores não ofereça linhas de solução para os problemas que hoje os preocupam. A tradição necessita ser ampliada ou, como outros dizem, reo-

222

A IDEIA DE RACISMO

rientada. Em que se transformará? Há académicos que insistem em que as relações raciais devem ser encaradas como «um subcaso de uma teoria da estratificação» (Harris, 1969: 204; cf. Zubaida, 1970: 3-9). Alguns mantêm que as situações de relações raciais podem ser distinguidas de outros tipos de situação e, tendo em vista a sua importância política, merecem ser convertidas num campo especial de estudo. John Rex tentou recentemente desenvolver e melhorar alguns dos argumentos da obra de Oliver C. Cox a este respeito, e seguiu a sua orientação (indubitavelmente pelas mesmas razões) na elaboração de um conceito de situação de relações raciais. Argumentou que as condições necessárias e suficientes para identificar uma tal situação são a presença de (1) exploração e opressão; (2) atribuição de papéis sociais; (3) uma teoria determinista dos grupos sociais (1973a: 203). Este tipo de caracterização está cheio de dificuldades. Considere-se a posição dos Chineses na Malásia. O governo decidiu que nas novas indústrias tem de haver uma percentagem de empregos para Malaios. Favorece os Malaios ao dar licenças para negócios (Mohamad, 1970: 41-7). Provavelmente, tal facto constitui uma distribuição de papéis sociais com base num critério racial, segundo Rex. Os comerciantes chineses têm prosperado nas suas relações com os agricultores malaios e na economia malaia, mas a partir de que momento se poderá dizer que tudo isto se converte em exploração? E quem se encontra oprimido – os Malaios, pelas actividades económicas dos Chineses, ou os Chineses, pelo uso que o governo faz do poder do Estado? Não há uma teoria determinista. Significa isto, porventura, que uma situação que levou a motins que parecem estar relacionados com a raça não deve ser estudada em conexão com as situações raciais? Podem-se aplicar as mesmas considerações aos asiáticos, imediatamente antes da sua expulsão do Uganda, pois aí, segundo parece, também a exploração e a opressão operavam em sentidos contrários.

Os perigos das definições prescritivas baseadas nas áreas que se querem reivindicar têm dois aspectos. Primeiro, a dificuldade em definir os limites promove controvérsias inúteis. Quando se empregam critérios múltiplos haverá sempre situações que exemplificam muitas das características em questão, mas nunca todas. Assim, tem-se afirmado que a estrutura da contenda sectária na Irlanda do Norte se

223

A IDEIA DE RAÇA

adequa à definição que Rex dá das situações raciais, mas a verdade é que ela nada de novo revela sobre a Irlanda do Norte. Tem-se defendido igualmente que a discriminação da mulher e as ideologias da subordinação da mulher produzem, em certos países, uma forma de racismo que é basicamente o mesmo que o dirigido contra os negros. Tais argumentos devem lembrar aos estudiosos que as definições e as tipologias não podem ser avaliadas devidamente em termos abstractos. Elas têm de provar a sua operacionalidade, mostrando que têm capacidade explicativa. Ora, isto leva-nos ao segundo ponto, já que a melhor maneira de um académico convencer outros a estudar os problemas que ele pensa serem importantes é demonstrar o que pode ser feito. A recomendação geral de estudar situações de opressão pode desencorajar um jovem sociólogo do estudo das minorias intermédias (especialmente, uma tão pequena como os Chineses do Mississipi!). Mas, na verdade, pode-se obter, às vezes, uma perspectiva interna e valiosa do funcionamento do sistema social a partir do estudo de uma categoria anómala ou de um grupo intermédio. É até importante insistir em que o estudo das relações raciais pode ter tanto a aprender como a investigação de situações em que as relações parecem boas e com pequena tensão, como com o estudo de situações de exploração e hostilidade.

Esta abordagem ao problema lembra as palavras de Max Weber no fecho de um discurso em que demoliu os argumentos para uma interpretação racial da sociedade, avançados pelo fundador da Sociedade Internacional para a Higiene Racial (e deve-se notar que o próprio Weber era membro da Liga Nacionalista Pangermânica). Afirmou então que «não me parece útil circunscrever os domínios do saber *a priori*, antes de se terem reunido os conhecimentos sobre a matéria, e dizer: isto pertence à nossa ciência e aquilo não. Por este modo, apenas conseguiremos multiplicar as querelas inúteis» (Weber, 1924: 456-b2). Pensava ele que era possível entender o comportamento racional dos seres humanos reconstruindo-o mentalmente, e nestes capítulos eu sublinhei a importância de entender o que significavam as categorias raciais para os diferentes indivíduos em vários lugares e tempo. Embora haja outras consequências no domínio da sociologia, a verdade é que a definição prescritiva do campo das relações raciais continua em vigor. Os académicos têm

224

A IDEIA DE RACISMO

então de responder a novas perguntas sobre a contribuição para os padrões das relações raciais por grupos subordinados, pela sua percepção da situação, o seu sentido de identidade, os seus modos de mobilização e as suas ligações internacionais. Têm de interrogar as estruturas políticas, tidas como definitivas, dentro das quais se negoceiam os conflitos. Têm de investigar nas culturas maioritárias os determinantes dos tipos de avaliação que reforçaram as distinções entre privilegiados e não privilegiados, visto, a maior parte das vezes, ser a maioria «o problema». E, especialmente, têm de estudar as regularidades no comportamento social e as estruturas sociais, de que nem sequer estão conscientes os próprios participantes.

Este estudo deveria ter levado o leitor a reflectir em que, se uma pessoa começa por supor que a humanidade está dividida em raças, é extremamente fácil organizar os dados disponíveis nesta base e desprezar a importância ou a ambiguidade da suposição inicial. O estudo das relações raciais parte de um erro histórico e não pode seguir para a frente sem que o erro seja analisado. Se o estudioso acreditar que o erro é o produto da estrutura económica e política e que a origem da ideia de raça pode ser explicada pelo uso subsequente, acaba por ser levado a uma concepção muito diferente da natureza da tarefa, assumindo uma atitude estranha àquela que eu desenvolvi neste livro. O meu ensaio sobre a filosofia racial de Charles Kingsley é também relevante para este problema. Kingsley foi mais um popularizador do que um pensador original, e o meu ensaio demonstrava que o desenvolvimento e a variada utilização da ideia de raça tinham de ser integrados em todo o quadro social da Inglaterra vitoriana e não podiam ser entendidos como parte dela.

A base do erro acerca da raça reside numa doutrina formulada no decénio de 1850. Tenho afirmado ser mais fácil entender esta doutrina e as suas origens se se a encarar como uma teoria da tipologia racial. Esta designação funda a teoria no uso contemporâneo do conceito de tipo em outras esferas de inquérito. Tem a vantagem de identificar uma versão de racismo a que se pode atribuir uma localização histórica e de reduzir substancialmente a área de confusão terminológica e de disputa. Os escritores primitivos afirmaram que os brancos e os negros eram espécies diferentes sem contudo avançar qualquer teoria sobre o número e natureza das espécies da humani-

225

A IDEIA DE RAÇA

dade. Mas, uma vez esta teoria apresentada sob a forma de tipologia racial, dizer que os brancos e os negros eram espécies diferentes era fazer uma afirmação muitíssimo mais significativa.

A concepção tipológica de raça é um erro, quer segundo a biologia quer no reino sociológico. No primeiro capítulo mostrei como os biólogos superaram o erro apresentando conceitos com maior capacidade explicativa, e entendo que os sociólogos deveriam proceder da mesma forma. Robert Park foi um dos primeiros a tentarem seguir por este caminho, porque ensinou não haver uma categoria especial de relações raciais e empregou outros conceitos para a elucidação dos problemas que pensava pertencerem ao seu campo. Apresentou as relações raciais como as relações de pessoas conscientes das diferenças raciais e sublinhou o modo como a ideia de raça criou um máximo distanciamento entre as partes participantes numa relação. Enquanto os darwinistas sociais apresentavam as relações raciais como relações para lá de qualquer possibilidade de influência por parte do homem, Park viu-as como fenómenos históricos, o produto da expansão europeia e dentro do reino da moralidade. Os investigadores sociais do decénio de 30 seguiram esta orientação e demonstraram que o preconceito racial não é herdado, mas sim aprendido; que é em parte o reflexo de uma personalidade fraca e que, muitas vezes, é irracional. Mostraram também que o padrão das relações sociais entre pretos e brancos, na parte sul dos Estados Unidos, não foi o resultado da natureza racial de ambos os grupos, mas a consequência de uma característica do sistema social, em que havia claras recompensas e terríveis punições para reforçar os modos de comportamento socialmente aprovados. Mostraram ainda que a forma como as pessoas diferenciavam as normas raciais de conveniência das normas de classe era o produto das lutas políticas do passado, e que o preconceito servia não só funções económicas como também psicológicas.

Os homens responsáveis por este progresso foram na sua maior parte brancos empenhados num programa reformista. Concentram-se, de resto compreensivelmente, na explicação do preconceito branco, dirigindo-se entretanto aos seus concidadãos americanos brancos. As limitações desta perspectiva tornaram-se evidentes nos anos 60 quando, aproveitando a modificação das circunstâncias, os negros americanos começaram a formular as suas exigências sobre a sociedade americana, revelando a inadequação da concepção de assimilação que tanto dominou o pensamento anterior sobre as relações raciais. Os negros americanos, com efeito, diziam querer fazer a sua própria história e ser eles a decidir em que bases estariam dispostos a colaborar com os outros grupos na sociedade americana. A natureza do grupo a que pertenciam era determinada não só pela raça, pela sua exclusão pelos brancos, mas também pela etnicidade, pela sua identificação voluntária de uns com os outros. Esta reorientação, tão significativa nos Estados Unidos, apareceu num momento de crescente consciencialização étnica em todo o mundo. Tal como os brancos fizeram antes deles, os negros de diversos continentes passaram a utilizar a sua cor como uma base para entrar em alianças. E os políticos africanos, se pensassem poder obter vantagens com esta conduta, associariam os negros do Novo Mundo às instituições africanas e à política internacional africana. Os sentimentos raciais seriam estimulados e a ideia de raça entraria numa nova fase. A possibilidade de a ideia de raça integrar um significado tão novo como este demonstra que um dos problemas centrais do estudo das relações raciais, para o sociólogo, deve ser a natureza da consciência racial e a explicação da forma em que se manifesta.

A natureza variável da consciência racial é uma razão para acreditar que o conceito-chave que o sociólogo deve comparar com o conceito de «população» dos geneticistas é o conceito de «minoria». Tem de se desenvolver um aparelho conceptual para que as aparentes características especiais das relações raciais possam ser explicadas num quadro que compreenda toda a gama dos fenómenos sociais. Tenho afirmado poder-se chegar a esta meta distinguindo as minorias étnicas das minorias raciais e desenvolvendo uma concepção de relações intergrupos que dê peso igual aos processos de ambos os lados das fronteiras do grupo.

Ao diagnosticar os problemas que exigem atenção, o intelectual desempenha um papel da maior importância. Ele tem o equipamento e, normalmente, maior oportunidade para clarificar o que está em debate, mas torna-se importante manter a sua independência e criticar todas as interpretações dominantes, especialmente as avançadas pelas pessoas que merecem a sua simpatia política, dado ser a crítica

A IDEIA DE RAÇA

um instrumento essencial para clarificar o pensamento Por exemplo, é moda actualmente nos Estados Unidos e na Grã-Bretanha dizer «a comunidade negra», «a comunidade polaca», «a comunidade chinesa» e, às vezes, até «a comunidade branca». Os grupos assim designados têm as suas próprias divisões e conflitos, que são profundos. Podem ser incapazes de desenvolver uma actividade colectiva e a única «comunidade» existente pode ser de exclusivo carácter sentimental. Na Grã-Bretanha, o tipo de comunidade que existe entre os imigrantes de um lugar determinado do Paquistão é diferente de todas as outras formadas por todos os paquistaneses ou asiáticos. Só um pequeno número de pessoas, com uma alta consciência política, está receptiva a uma comunidade negra que inclua os asiáticos e todas as pessoas de remota origem negra. Nestas circunstâncias, designar quase todas as minorias como «comunidade» é, no fundo, uma acção política, porque atribui a essa minoria maior solidariedade e maior potencial para a acção concertada que aqueles que presumivelmente possui. Dizer a um indivíduo que ele pertence a uma determinada comunidade pode ser uma maneira de lhe sugerir onde estão os seus aliados e que espécie de pessoa deve ser.

Nos Estados Unidos, o adjectivo «negro» foi adoptado por pessoas que não possuíam qualquer grau de ascendência negra. Tem havido uma tendência para importar esse adjectivo para a Inglaterra e, sem qualquer debate público das circunstâncias e dos grupos a que é adequado, aplicá-lo a todas as pessoas remotamente africanas ou asiáticas, inclusive cipriotas, malteses, árabes e outros povos que são muitas vezes objecto do preconceito branco. Os negros nos Estados Unidos atingiram recentemente uma nova consciencialização da sua identidade comum, mas já o mesmo se não pode afirmar com razoabilidade acerca dos vários grupos que se instalaram na Grã-Bretanha e que se dizem originários da Nova Comunidade [*New Commonwealth*]. Muitos dos imigrantes da primeira geração ainda olham para as suas terras de origem, mas a segunda geração desenvolve seguramente uma outra orientação. Ainda assim, todos os dados indicam que há muito poucas probabilidades de acontecer algo na Grã-Bretanha que unifique todos os cidadãos da Nova Comunidade numa aliança suficientemente coerente para justificar que se lhe chame «negra» numa extensão do uso americano do termo.

228

A IDEIA DE RACISMO

Uma das possíveis justificações para chamar «negros» a todos os cidadãos da Nova Comunidade deriva de uma teoria da história. Essa teoria sustenta que os processos económicos e sociais trabalham no mundo para uma meta comum: juntar todos estes cidadãos em oposição à exploração feita pelos brancos. Chamar-lhes «negros» é portanto apressar um desenvolvimento inevitável. Se esta tese se limitar a uma prova da convicção política do seu proponente, não há-de ter qualquer interesse de maior, mas se a imposição de um único rótulo sobre uma variada colecção de indivíduos vai limitar a liberdade de qualquer um deles para escolher e elaborar a sua própria identidade, então deve ser condenada. Os alinhamentos sociais modificam-se e os grupos alteram às vezes as suas características, de modo que há que descobrir novos nomes para eles. Quando os cientistas sociais decidem as designações que se devem usar, têm de tomar as suas responsabilidades muito a sério e estar em guarda contra as imposições das suas filosofias políticas pessoais. Devem criticar as categorias contemporâneas do pensamento tal como expõem as debilidades das primitivas concepções de raça. É um dever dos intelectuais fazer as perguntas penetrantes, e nunca devem esperar simpatia por fazer isso.

Referências Bibliográficas

Note-se que as datas se referem à primeira edição. O nome do editor assinala a edição a que se referem os números das páginas indicadas no texto.

ABERBACH, Joel D. e WALKER, Jack L. (1970) The Meanings of Black Power: a comparison of white and black interpretations of a political slogan. *American Political Science Review* 64: 367-88.

ADORNO, T. W., FRENKEL-BRUNSWICK, Else, LEVINSON, Daniel J., e SANFORD, R. Nevitt (1950) *The Authoritarian Personality*. New York: Harper.

ALTICK, Richard D. (1957) *The English Common Reader: a Social History of the Mass Reading Public, 1800-1900*. Chicago: University of Chicago Press.

APTHEKER, Herbert (1946) *The Negro People in America: A Critique of Gunnar Myrdal's 'An American Dilemma'*. New York: International Publishers.

ARNOLD, Thomas (1842) *Introductory Lectures on Modern History*. London: Fellowes.

BALL, Harry V., SIMPSON, George E., e IKEDA, Kiyoshi (1962) Law and Social Change: Sumner Reconsidered. *American Journal of Sociology* 67: 532-40.

BANTON, Michael (1967) *Race Relations*. London: Tavistock Publications.

BARKSDALE, Richard K. (1957) Thomas Arnold's Attitude towards Race. *Phylon* 18: 174-80.

BARZUN, Jacques (1932) *The French Race: theories of its origin and their social and political implications, prior to the Revolution.*

Studies in History, Economics and Pubtic Law, n.° 375. New York: Columbia University Press.

BARZUN, Jacques (1965) *Race: a study in supersitition.* New York: Harper (edição revista do trabalho de 1937).

BENDIX, Reinhard (1959) *Max Weber: An Intellectual Portrait.* London: Methuen.

BERRY, Brewton (1972) America's Mestizon. In Noel P. Gist e Anthony Gary Dworkin (eds.), *The Blending of Races: Marginality and Identity in World Perspective.* New York: Wiley.

BIDDISS, Michael D. (1970) *Father of Racist Ideology: the Social and Political Thought of Count Gobineau.* London: Weidenfeld & Nicolson.

— (1976) The Politics of Anatomy: Dr Robert Knox and Victorian Racism. *Proc. roy. Coe. Med.*, 69: 245-50.

BLOME, Hermann (1943) *Der Rassengedanke in der deutschen Romantik und seine Grundlagen im 18 Jahrhundert.* München & Berlin: Lehmann.

BLYDEN, Edward W. (1887) *Christianity, Islam and the Negro Race.* Nova edição (1967). Edinburgh: Edinburgh University Press.

BOISSEL, Jean (1971) Un Théoricien des races, précurseur de Gobineau: Victor Courtet de l'Isle. *Études Gobiniennes:* 203-14.

— (1972) *Victor Courtet 1813-1867. Premier théoricien de la hierarchie des races.* Paris: Presses Universitaires de France.

BOLT, Christine (1971) *Victorian Attitudes to Race.* London: Routledge & Kegan Paul.

BRACE, Charles L. (1863) *A Manual of Ethonology; or, the Races of the old World* (segunda ed. 1869). London: John Murray.

BRIGGS, Asa (1966) *Saxons, Normans and Victorians.* 1066 Commemoration Series, pamphlet 5. Bexhill-on-Sea e London: Hastings e Bexhill Branch of the Historical Association.

BROCA, Paul (1864) *On the Phenomenon of Hybridity in the Genus Homo.* London: Longman Green for Anthropological Society (original de 1859-60).

— (1874) *Mémoires d'Anthropologie,* 5 vols. Paris: Reinwald.

BROMLEY, Y. V. (1974) The Term 'Ethnos' and its Definition. In I. R. Grigulerich e S. Y. Kozlov (eds.), *Races and Peoples: Contemporary Ethnic and Racial Problems. Moscow:* Progress Publishers.

REFERÊNCIAS BIBLIOGRÁFICAS

BRYCE, James (visconde) (1902) *The Relations of the Advanced and Backward Races of Mankind.* Romanes Lecture. Oxford: Clarendon Press.

BUENZOD, Janine (1967) *La formation de la penseé de Gobinéau et l'Essai sur l'inégalité des races humaines.* Paris: Nizet.

CAMPBELL, Ernest Q. (1961) Moral Discomfort and Racial Segregation – an examination of the Myrdal hypothesis. *Social Forces* 39: 228-34.

CARMICHAEL, Stokely e HAMILTON, Charles V. (1967) *Black Power: the Politics of Liberation in America.* Harmondsworth: Penguin.

CARUS, Carl Gustav (1849) *Denkschrift zum hundertjährigen Geburtsfeste Goethes: Ueber ungleiche Befähigung der verschiedenen Menscheitstämme für höhre geistige Entwickelung.* Leipzig: Brockhaus.

CHATTERTON-HILL, George (1907) *Heredity and Selection in Sociology.* London: A. & C. Black.

COLEMAN, William (1964) *Georges Cuvier, Zoologist: a study in the history of evolution theory.* Cambridge, Mass.: Harvard University Press.

COSER, Lewis A. (1971) *Masters of Sociological Thought: Ideas in Historical and Social Context.* New York: Harcourt Brace.

COX, Oliver C. (1948) *Caste, Class and Race: a study in social dynamics.* New York: Monthly Review Press.

CURTIN, Philip D. (1964) *The Image of America: British Ideas and Action, 1780-1850.* Madison: University of Wisconsin Press, e London: Macmillan.

CURTIS, L. P. Jr. (1968) *Anglo-Saxons and Celts: a study of Anti-Irish Prejudice in Victorian England.* New York: New York University Press for Conference on British Studies at the University of Bridgeport, Conn.

DAVIS, Allison, GARDNER, Burleigh B., e GARDNER, Mary (1941) *Deep South: a social anthropological study of caste and class.* Chicago: University of Chicago Press.

DEMOLINS, Edmond (1898) *Anglo-Saxon Superiority to what it is due* (traduzido da 10.ª ed. francesa). London: Leadenhall Press.

DESMOULINS, A. (1826) *Histoire Naturelle des Races Humaines.* Paris.

DOLLARD, John (1937) *Caste and Class in a Southern Town*. New York: Doubleday Anchor.

— (1968) Hostility and Fear in Social Life. *Social Forces* 17: 15-26.

DOUGLAS, David (1946) *The Norman Conquest and British Historians*. David Murray Lecture. Glasgow: Jackson, Son & Co.

DRAKE, St. Claire and CAYTON, H. R. (1945) *Black Metropolis*. New York: Harcourt Brace.

DU BOIS, W. E. B. (1975) An Addresse to the Black Academic Community. *Journal of Negro History* 60: 45-52.

DUMONT, Louis (1966), *Homo Hierarchicus: the Caste System and its Implications*. London: Weidenfeld & Nicolson.

EDWARDS, G. Franklin (ed.) (1968) *E. Franklin Frazier on Race Relations*. Chicago: University of Chicago Press.

EDWARDS, W. F. (1829) *Des caractères physiologiques des races humaines, considérés dans leur rapports avec l'histoire: lettre à M. Amédée Thierry*. Paris: Compère Jeune.

ELLISON, Ralph (1973) An American Dilemma: A Review. In Joyce A. Ladner (ed.), *The Death of White Sociology*. New York: Vintage.

EPSTEIN, A. L. (1958) *Politics in an Urban African Community*. Manchester: Manchester University Press.

ESSIEN-UDOM, E. U. (1962) *Black Nationalism: a search for identity in America*. Chicago: University of Chicago Press.

FAVERTY Frederick E. (1951) *Matthew Arnold: the Ethnologist*. Evanston, III.: Northwestern University Press (New York: AMS Press).

FORBES, Duncan (1952) *The Liberal Anglican View of History*. Cambridge: Cambridge University Press.

FREDRICKSON, George M. (1971) *The Black Image in the White Mind: the Debate on Afro-American Character and Destiny, 1817-1914*. New York: Harper & Row.

FRIEDMAN, Lawrence J. (1970) *The White Savage: Racial Fantasies in the Post-Bellum South*. Englewood Cliffs, N. J.: Prentice-Hall.

FYFE, Christopher (1972) *Africanus Horton 1835-1883: West African Scientist and Patriot*. New York: Oxford University Press.

GASMAN, Daniel (1971) *The Scientific Origins of National Socialism: Social Darwinism in Ernst Haeckel and the German Monist League*. New York: American Elsevier Inc., e London: Macdonald.

REFERÊNCIAS BIBLIOGRÁFICAS

GELLNER, Ernest (1964) *Thought and Change*. London: Weidenfcld & Nicolson.

GENOVESE, Eugene D. (1969) *The World the Slaveholders Made*. New York: Pantheon Books.

— (1971) *In Red and Black: Marxian Explorations in Southern and Afro-American History*. London: Allen Lane.

GHISELIN, Michael T. (1969) *The Triumph of the Darwinian Method*. Berkeley e Los Angeles: University of California Press.

GOBINEAU, Le Comte de (1853-5). *Essai sur l'inégalité des Races humaines*. Paris: Firmin-Didot. As referências são da edição de 1967 (Paris: Belfond).

GOBINEAU, Arthur de (1915) *The Inequality of Human Races*. London: Heinemann (tradução do Vol. 1 de Gobineau [1913-1855J).

GREGOR, A. James (1967) Evolutionary Theory, Race and Society. Em Robert E. Kuttner (ed.) *Race and Modern Science*. New York: Social Science Press.

GUILLAUMIN, Colette (1972) *L'Idéologie raciste: genèse et langage actuel*. Publ. n.º 2 do Institute d'études et de recherches inter-ethniques et interculturelles de Nice. Paris e Haia: Mouton.

GUMPLOWICZ, Ludwig (1875) *Rasse und Staat: eine untersuchung uber das gesetz der staatenbildung*. Vienna: verlag der Manzschen Buchhandlung.

— (1881) *Rechtsstaat und Socialismus:* Innsbruck: verlag der Wagner schen universitaets-buchhandlung.

— (1883) *Der Rassenkampf: sociologische untersuchungen*. Innsbruck: verlag der Wagner'schen universitaets-buchhandlung.

HALLER, John S. (1971) *Outcasts from Evolution: scientific attitudes of racial inferiority 1859-1900*. Urbana: University of Illinois Press.

HALLIDAY, R. J. (1971) Social Darwinism: a definition. *Victorian Studies 14:*389-405.

HARRIS, Marvin (1964) *Patterns of Race in the Americas*. New York: Walker.

— (1968) *The Rise of Anthropological Theory*. New York e London: Routledge & Kegan Paul,

— (1969) Review of Banton's *Race Relations*. *Current Anthropology* 10: 203-204.

235

HILL, Christopher (1958) *Puritanism and Revolution: studies in Interpretation of the English Revolution of the 17th Century.* London: Panther.

HOFSTADTER, Richard (1955) *Social Darwinism in American Thought* (edição revista). Boston: Beacon Press.

HORTON, James Africanus Beale (1868) *West African Countries and Peoples. British and Native... and a vindication of the African Race.* Editado (1969) por George Shepperson. Edinburgh: Edinburgh University Press.

HUGHES, Everett C. (1961) Review of Reinhard Bendix, *Max Weber Comparative Studies in Society and History* 3: 341-48.

— (1969) Robert E. Park. Em Timothy Raison (ed.), *The Founding Fathers of Social Science.* Harmondsworth: Peguin.

— (1975) Colonies, Colonization and Colonialism. Em John W. Bennettand S. Paul (eds), *The New Ethnicity. Perspectives frorn Ethnology. 1973 Proceedings of the American Ethnological Society. Minneapolis:* West Publishing Co.

HUNT, James (1865) On the Negro's Place in Nature: *Memoirs read before the Anthropological Society of London* I. 1863-64: 1-64.

HUNTER, G. K. (1967) Othello and Colour Prejudice. *Proceedings of the British Academy* 53: 139-63.

JORDAN, Winthrop D. (1968) *White over Black: American attitudes towards the Negro, 1550-1812.* Chapel Hill: University of North Carolina Press. Edição resumida (1974): *The White Man's Burden: historical origin of racism in the United States.* New York: Oxford University Press.

KEDOURIE, Ellie (1960) *Nationalism.* London: Hutchinson.

KEITH, Sir Arthur (1931) *The Place of Prejudice in Modern Civilization.* London: Williams and Norgate.

KLEMM, Gustav (1843-1852) *Allegemeine Cultur-Geschichte der Menschheit.* 10 vols. Leipzig: Teubner.

— (1851) *Grundideen zu einer allegemenen Cultur-Wissenschaft. Sitzungsberichte der philosophisch-historischen Classe der K. Akad der Wiessenschaft.* Wien.

KLIGER, Samuel (1952) *The Goths in England: a study in seventeenth and eighteenth century thought.* Cambridge, Mass: Harvard University Press.

REFERÊNCIAS BIBLIOGRÁFICAS

KNOX, Robert (1850) *The Races of Men: a fragment* (segunda edição, 1860). London: Renshaw.

KUPER, Leo (1974) *Race, Class and Power: Ideology and Revolutionary Change in Plural Societies*. London: Duckworth.

LAPOUGE, Georges Vacher de (1899) *L'Aryen: son role social*. Paris: Albert Fontemoing.

LATHAM, Robert Gordon (1850) *The Natural History of the Varieties of Man*. London: Van Voorst.

LAVER, James (1966) *The Age of Optimism: Manners and Morals, 1824-1914*. London: Weidenteld & Nicolson.

LEOPOLD, Joan (1970) The Aryan Theory of Race in India, 1870-1920: Nationalist and Internationalist Visions. *The Indian Economics and Social History Review* 7: 271-97.

(1974) British applications of the Aryan theory of race to India, 1850-1870. *The English Historical Review* 89: 578-603.

LEWIS, Bernard (1971) *Race and Colour in Islam*. New York: Harper Torchbooks.

LEWIS, Hylan (1955) *Blackways of Kent*. Chapel Hill: University of North Carolina Press.

LOEWEN, James W. (1971) *The Mississippi Chinese*. Harvad East Asian Series 63. Cambridge, Mass.: Harvard University Press.

LORIMER, Douglas A. (1972) *British Attitudes to the Negro, 1850-1870*. Ph. D. thesis, University of British Columbia. Leicester University Press.

LYMAN, Stanford M. (1972) *The Black American in Sociological Thought*. New York: Putnam's.

LYON, Michael H. (1972) Race and Ethnicity in Pluralistic Societies: a comparison of minorities in the UK and USA, *New Community* 1: 256-62.

LYTTON, E. (1874) *Speechcs of Edward, Lord Lytton*. 2 vols. Edinburgh: Blackwood.

MARX, Karl (1956) *Karl Marx: Selected Writings in Sociology and Social Philosophy* (organização de T. B. Bottomore e Maximilian Rubel). Harmondsworth: Penguin.

MASON, Philip (1962) *Prospero's Magic: some thoughts on Race and Class*. London: Oxford University Press.

MASSY, Richard Tuthill (1855) *Analytical Ethnology: the mixed tribes of Great Britain and Ireland examined, and the political, physical, and metaphysical blunderings on the Celt and the Saxon exposed.* London: Ballière.

MEDALIA, Nahum Z. (1962) Myrdal's Assumptions on Race Relations: a conceptual commentary. *Social Forces* 40: 223-27.

MEIER, August (1963) *Negro Thought in America. 1880-1915: Racial Ideologies in the Age of Booker T. Washington.* Ann Arbor: University of Michigan Press.

MOHAMAD, Mahathir bin (1970) *The Malay Dilemma.* Singapore: Donald Moore for Asia Pacific Press.

MOORE, F. C. T. (ed.) (1969) *The Observation of Savage Peoples by Joseph-Marie Degérando.* London: Routledge & Kegan Paul.

MOREAU DE JONNES, A. C. (1861) *Ethnogenie Caucasienne: recherches sur la formation et lieu d'origine des peuples.* Paris: Cherbuliez.

MORTON, Samuel George (1839) *Crania Americana; or, A Comparative View of the Skulls of Various Aboriginal Nations of North and South America, to which is prefixed an Essay on the Varieties of the Human Species.* Philadelphia e London.

— (1844) *Crania Aegyptica: or, Observations on Egyptian ethnography.* Philadelphia e London.

MURRAY, Gilbert (1900) The exploitation of inferior races in ancient and modern times. In *Liberalism and the Empire,* três ensaios por Francis W. Hirst, Gilbert Murray e J. L. Hammond. London: Johnson.

MYRDAL, Alva and Gunnar (1941) *Kontakt med Amerika.* Stockholm: Bonniers.

MYRDAL, Gunnar com a colaboração de Sterner, Richard e Rose, Arnold (1944) *An American Dilemma: the Negro problem and modern democracy.* New York: Harper.

NOTT, J. C. e Gliddon, G. R. (1854) *Types of Mankind; or, Ethnological Researches.* Philadelphia: Lippincott e London: Trübner.

— (1857) *Indigenous Races, or New Chapters of Ethnological Enquiry.* Philadelphia: Lippincott e London: Trübner.

PARK, Robert E. e BURGESS, Ernest W. (1921) *Introduction to the Science of Sociology.* Chicago: University of Chicago Press.

REFERÊNCIAS BIBLIOGRÁFICAS

PARK, Robert E. (1950) *Race and Culture*. Glencoe, III.: The Free Press.

— (1973) Life History. *American Journal of Sociology 79:* 251-60.

PARSONS, Talcott (1937) *The Structure of Social Action: A Study in Social Theory with Special Reference to a Group of Recent European Writers*. New York: Free Press.

PATTERSON, Orlando (1975) Context and Choise in Ethnic Allegiance: A Theoretical Framework and Caribbean Case Study. Em Nathan Glazer e Daniel P. Moynihan (eds.), *Ethnicity: Theory and Experience*. Cambridge, Mass.: Harvard University Press.

PEARSON, Veronica (1973) Telegony: A Study of this Belief and its Continued Existence. University of Bristol. Peel, J. D. Y. (1971) *Herbert Spencer: the evolution of a sociologist*. London: Heinemann.

PERRATON, H. D. (1967) British Attitudes towards East and West Africa 1880-1914. *Race 8:* 223-46.

PETERSON, John H. (1971) The Indian in the Old South. In Charles M. Hudson (ed.), *Red, White, and Black: Symposium on Indians in the Old South*. Southern Anthropological Society Proceedings, n° 5. Atlanta: University of Georgia Press.

— (1972) Assimilation, Separation and Out-migration in an American Indian Group. *American Anthropologist 74:* 1286-95.

PIKE, Luke Owen (1866) *The English and their Origin: a prologue to authentic English history*. London: Longmans, Green & Co.

PIVETEAU, Jean (1950) Le débat entre Cuviner et Geoffroy Saint-Hilaire sur l'unité de plan et de composition. *Révue d'Histoire des Sciences 3:* 343-63.

POLIAKOV, Léon (1974) *The Aryan Myth: a history of racist and nationalist ideas in Europe*. London: Chatto, Heinemann, para a Sussex University Press.

POPPER, Karl R. (1957) *The Poverty of Historicism*. London: Routledge & Kegan Paul.

POWDERMAKER, Hortense (1939) *After Freedom: A Cultural Study on the Deep South*. New York: Atheneum.

PRICHARD, James Cowles (1826) *Researches into the Physical History of Mankind* (segunda edição). London: Arch.

— (1843) *The Natural History of Man*. London: Ballière.

RAWICK, George P. (1972) *From Sundown to Sunup*. Vol. 1 de *The American Slave*. Westport, Conn.: Greenwood.

REX, John (1970) *Race Relations in Sociological Theory*. London: Weidenfeld & Nicholson.

— (1973a) *Race, Colonialism and the City*. London: Routledge & Kegan Paul.

— (1973b) Sociological Research und the Politics of Racial Justice. *Race* 14: 481-88.

ROSE, Arnold (1951) *The Roots of Prejudice*. The Race Question in Modern Science. Paris: UNESCO.

SALLES, Eusèbe Fr. de (1849) *Histoire Générale des Races Humaines ou Philosophie Ethnographique*. Paris: Duprat.

SCHERMERHORN, R. A. (1970) *Comparative Ethnic Relations: a Framework for Theory and Research*. New York: Random House.

SEMMEL, Bernard (1960) *Imperialism and Social Reform: English. Social Imperial Thought, 1895-1914*. London: Allen & Unwin.

SINGER, Lester (1962) Ethnogenesis and Negro-Americans Today, *Social Research* 29: 419-32.

SINKLER, George (1971) *The Racial Attitudes of American Presidents from Abraham Lincoln to Theodore Roosevelt*. Garden City, New York: Doubleday.

SMITH, Anthony D. (1971) *Theories ot Nationalism*. London: Duckworth.

SMITH, Charles Hamilton (1848) *The Natural History of the Human Species*. Edinburgh: W. H. Lizars.

SOROKIN, Pitirim A. (1928) *Contemporary Sociological Theories*. New York: Harper.

STANTON, William (1960) *The Leopard's Spots: scientific attitudes towards race in America 1815-59,* Chicago: University of Chicago Press.

STARK, W. (1961) Natural and Social Selection. Em Michael Banton (ed.), *Darwinism and the Study of Society*. London: Tavistock Publications.

STOCKING, George W. (1968) *Race, Culture and Evolution: essays in the history of evolution*. New York: Free Press.

— (1971) What's in a Name? The Origins of the Royal Anthropological Institute. *Man* 6: 369-90.

REFERÊNCIAS BIBLIOGRÁFICAS

— (1973) From Chronology to Ethnology: James Cowles Prichard and British Anthropology, 1800-1850. Em J. C. Prichard, *Researches into the Physical History of Man*. Chicago: University of Chicago Press.

STONE, John (1972) James Bryce and the Comparative Sociology of Race Relations. *Race* 13: 315-28.

SUMNER, William Graham (1906) *Folkways: a Study of the Sociological Importance of Usages, Manners, Customs, Mores, and Morals*. New York: New American Library.

SVENSSON, Tom G. (1973) *Samernas Politiska Organisation: eu studie av en etnisk minoritet i förhallande till storsambället*. Stokholm: Akademisk avhandling.

THOMAS, J. J. (1889) *Froudacity: West Indian Fablies by James Anthony Froude* (com nova introdução, 1969). London e Port of Spain: New Beacon Books.

TOLL, Robert C. (1974) *Blacking Up: The Minstrel Show in Nineteenth Century America*. New York: Oxford University Press.

TURNER, Sharon (1799-1805) *History of the Anglo-Saxons*. London (quinta edição, 1828).

VOEGELIN, Erich (1933a) *Die Rassenidee in der Geistesgeschichte von Ray bis Carus*. Berlin: Junker & Dünnhaupt.

— (1933b) *Rasse und Staat*. Tubingen: Mohr.

— (1940) The Growth of the Race Idea. *The Review of Politics 2*: 283-317.

VOGT, Carl (1863) *Lectures on Man: his place in creation and in the history of the earth* (organização de James Hunt). London: Logman, Green for Anthropological Society, 1864.

WAGLEY, Charles e Harris, Marvin (1958) *Minorities in the New World: Six Case Studies*. New York: Columbia University Press.

WATSON, George (1973) *The English Ideology: Studies in the Language of Victorian Politics*. London: Allen Lane.

WEATHERFORD, Willis D. e JOHNSON, Charles S. (1934) *Race Relations: Adjustment of Whites and Negroes in the United States*. Boston: D. C. Heath.

WEBER, Max (1924) *Gesammelte Aufsätze zur Sociologie und Sozialpolitik*. Tübingen: Mohr.

A IDEIA DE RAÇA

— (1947) *From Max Weber* (organização de H. H. Gertl; e C. Wright Mills). London: Routledge & Kegan Paul.

— (1968) *Economy and Society: An Outline of Interpretative Sociology*. New York: Bedminster Press (primeira edição alemã publicada em 1921).

WESTERMARCK, Edward (1927) *Minnen Ur Mitt Liv*. Helsingfors: Holger Schildt.

WILLHELM, Sidney M. (1970) *Who Needs the Negro?* New York: Doubleday Anchor.

WIRTH, Louis (1945) The Problem of Minority Groups. In Ralph Linton (ed.), *The Science of Man in the World Crisis*. New York: Columbia University Press.

WOLPE, Harold (1972) Capitalism and cheap labour-power in South Africa: from segregation to apartheid. *Economy and Society* 1: 425-56.

ZANGWILL, Israel (1917) *The Principle of Nationalism* (Conway Memorial Lecture). London: Watts.

ZUBAIDA, Sami (ed.) (1970) *Race and Racialism*. London: Tavistock Publications.

242

Índice Geral

A Herança Intelectual. 9

A Racialização do Ocidente 25

A Racialização do Mundo 43

Uma Filosofia Racial do Século XIX: 89

Charles Kingsley 89

O Darwinismo Social. 123

A Interacção Social. 139

Estrutura e Função 153

Etnogénese 183

A Ideia de Racismo. 209

Referências Bibliográficas 231

Esta colecção visa essencialmente o estudo da evolução do Homem sob os aspectos mais genericamente antropológicos – isto é, a visão do Homem como um ser que se destacou do conjunto da natureza, que soube modelar-se a si próprio, que foi capaz de criar técnicas e artes, sociedades e culturas.

PERSPECTIVAS DO HOMEM

1. *A Construção do Mundo*, Marc Auge
2. *Os Domínios do Parentesco*, Marc Auge
3. *Antropologia Social*, E. E. Evans-Pritchard
4. *Antropologia Económica*, François Pouillon
5. *O Mito do eterno Retorno*, Mircea Eliade
6. *Introdução aos Estudos Etno-Antropológicos*, Bernardo Bernardi
7. *Tristes Trópicos*, Claude Lévi-Strauss
8. *Mito e Significado*, Claude Lévi-Strauss
9. *A Ideia de raça*, Micahel Banton
10. *O Homem e o Sagrado*, Roger Caillois
11. *Guerra, Religião, Poder*, P. Clastres, M. Gauchet, A. Adler, J. Lizot e tal.
12. *O Mito e o Homem*, Roger Caillois
13. *Antropologia: Ciência das Sociedades Primitivas*, J. Copans, S. Tornay, M. Godelier et al.
14. *Os Horizontes da Antropologia*, Maurice Godelier
15. *Críticas e Políticas da Antropologia*, Jaen Copans
16. *O Gesto e a Palavra I – Técnica e Linguagem*, André Leroi-Gourhan
17. *As Religiões da Pré-História*, André Leroi-Gourhan
18. *O Gesto e a Palavra II – A Memória e os Ritmos*, André Leroi-Gourhan
19. *Aspectos do Mito*, Mircea Eliade
20. *Evolução e Técnicas I – O Homem e a Matéria*, André Leroi-Gourhan
21. *Evolução e Técnicas II – Meio e Técnicas*, André Leroi-Gourhan
22. *Os Caçadores da Pré-História*, André Leroi-Gourhan
23. *As Epidemias na História do Homem*, J-J. Sournia, J. Ruffié
24. *O Olhar Distanciado*, Claude Lévi-Strauss
25. *Magia, Ciência e Civilização*, Jacob Bronowski
26. *O Totemismo Hoje*, Claude Lévi-Strauss
27. *A Oleira Ciumenta*, Claude Lévi-Strauss
28. *A lógica da Escrita e a Organização da Sociedade*, Jack Goody
29. *Ensaio sobre a Dádiva*, Marcel Mauss
30. *Magia, Ciência e Religião*, Bronislaw Malinowski
31. *Individuo e Poder*, Paul Veyne, J.-P. Vernant, Paul Ricoeur et al.
32. *Mitos, Sonhos e Mistérios*, Mircea Eliade
33. *História do Pensamento Antropológico*, E. E. Evas-Pritchard
34. *Origens*, Mircea Eliade
35. *A Diversidade da Antropologia*, Edmund Leach
36. *Estrutura e Função nas Sociedades Primitivas*, Radcliffe-Brown
37. *Canibais e Reis*, Marvin Harris
38. *História das Religiões*, Maurílio Adriani
39. *Pureza e Perigo*, Mary Douglas
40. *Mito e Mitologia*, Walter Burkert
41. *O Sagrado*, Rudolf Otto
42. *Cultura e Comunicação*, Edmund Leach
43. *O Saber dos Antropólogos*, Dan Sperber
44. *A Natureza da Cultura*, A. L. Kroeber
45. *A Imaginação Simbólica*, Gilbert Durand
46. *Animais, Deuses e Homens,* Pierre Lévêque
47. *Uma Teoria Científica da Cultura*, Bronislaw Malinowski
48. *Signos, Símbolos e Mitos*, Luc Benoist
49. *Introdução à Antropologia*, Claude Rivière
50. *Esboço de uma Teoria Geral da Magia*, Marcel Mauss
51. *O Enigma da Dádiva*, Maurice Godelier
52. *A Ciência dos Símbolos*, René Alleau
53. *Introdução à Teoria em Antropologia*, Robert Layton
54. *Claude Lévi-Strauss,* Catherine Clément
55. *Comunidades Imaginadas*, Benedict Anderson
56. *A Antropologia,* Marc Augé e Jean Paul Colleyn
57. *Intimidade Cultural*, Michael Herzfeld